人与经典

易经系辞传

吴怡 著

花山文艺出版社

河北·石家庄

图书在版编目（CIP）数据

人与经典·易经系辞传 / 吴怡著. —石家庄:花山文艺出版社,
2022.3
（人与经典文库 / 张采鑫，崔正山主编）
ISBN 978-7-5511-6023-0

Ⅰ.①人… Ⅱ.①吴… Ⅲ.①《周易》—研究　Ⅳ.①B221.5

中国版本图书馆CIP数据核字(2021)第278573号

丛 书 名：人与经典文库
主　　编：张采鑫　崔正山
书　　名：**人与经典·易经系辞传**
著　　者：吴　怡
策　　划：张采鑫　崔正山
责任编辑：张采鑫　李　鸥
特约编辑：柯琳娟
责任校对：李　鸥
装帧设计：东合社-安宁
美术编辑：胡彤亮
出版发行：花山文艺出版社（邮政编码：050061）
　　　　　（河北省石家庄市友谊北大街330号）

销售热线：0311-88643221
传　　真：0311-88643234
印　　刷：北京天宇万达印刷有限公司
经　　销：新华书店
开　　本：880×1230　　1/32
印　　张：11
字　　数：228千字
版　　次：2022年3月第1版
　　　　　2022年3月第1次印刷
书　　号：ISBN 978-7-5511-6023-0
定　　价：69.00元

一、今天我们为什么要读经典

意大利作家卡尔维诺（1923—1985）在《为什么读经典》这本书中，第一句话就说："经典就是你在重读的书，而不是你刚开始读的书。"这句话的意思是说，读经典不是只读一遍而已，而是要一读再读。卡尔维诺接着说："对于没有读过经典的人来讲，尤其重要，因为这是他重读的开始。"

那么我们该如何读经典呢？美国文艺评论家乔治·斯坦纳（1929—2020）在他的回忆录中的一段话很值得我们参考。他认为，我们在读经典的时候，应该注意三件事。第一，"我们要很清楚地知道经典在问我们：你读懂了吗？你知道我在说什么吗？你知道我想说什么吗？你知道我为什么要这么说吗？"换句话说，对于经典我们不只是读其表面意思，大概了解一下就行了，其实微言背后总是包含着大义，《中庸》说"人莫不饮食也，鲜能知味也"，就是这个意思。第二，他说："你既然知道经典在问你问题，你有没有运用你的想象力来回答？"意思是你要回答问题，就要发挥想象力与思考力，即《中庸》里所强调的"慎思之，明辨之"。第三，"你既然用你的想象力回答了问题，你自己在这个过程中有着怎样的收获？而这个收获将会使你产生哪些改变？"这就是孔子所强调的"闻义而徙"与"知之为知之"。读经典绝不能以望文生义的思维习惯去读字面的意思，读经典的目的是在启发你、接引你，发现自我，蒙以养正，最后让你有所改变，有所提升。

所以，我们读经典，应该深入其文本，思考文本的意涵到底在说什么，以及为什么要这样说，想象并体会作者在取材、书写时的思虑与用心，仿佛自己身临作者的境地，然后才能够代入自身体验，有所感动，进而化成行动——经典的阅读应以这样的态度来进行。

二、"人与经典"丛书的特色

"人与经典"丛书是一项人文出版计划。这项计划旨在介绍广义的中国经典作品，以期唤起新一代国民对中华文化的自信心，从而激发每个人生生不已的生命精神。取材的方向主要来自文学、历史、哲学方面，介绍的方法是对这些伟大作者的其人其事做深入浅出的概要介绍；以浅近的解析赏评为核心，并辅以语译或综述。"人与经典"强调以下三个特色：

其一，从人本主义出发，突出人文化成的功效，我们更强调"人"作为思考、践行，以及转化并提升生命、丰富生活的关键因素。

其二，我们不仅介绍经、史、子、集方面的经典，同时也试图将经典的范围扩大到近现代的重要作品。以此，我们强调重新诠释经典在为往圣继绝学，以及承先启后方面所产生的日新又新的时代意义。

其三，紧扣文本，正本清源解经典，不强调撰写者的个人感受，而特别体现出撰写者对经典的创新性解读与创造性转化的理念。

因此，今天我们重新解读经典与学习经典不应只是人云亦云。我们反而应该强调经典之所以能够流传长久，正因为其蕴藏的天人合一之常道及通古今之变的变道，每每成为后人温故而知新，以及经世致用的焦点，引起一代又一代人的思考与传承。只有怀抱这样对体用结合、形式与情境的自觉，我们才能体认经典所涵括的对传统的承继、人文精神的转换，以及政治理念、道德信条、审美意识的取舍等价值。

文学批评家萨义德（1935—2003）指出，经典的可贵不在于放诸四海而皆准的标杆价值，而在于经典入世的，以人为本、日新又新的巨大能量。

从《易经》《论语》《道德经》《诗经》《楚辞》到《左传》《史记》，从李白到曹雪芹，中国将近五千年的文化传统虽然只能点到为止，实已在显示古典历久弥新的道理。

人文是我们生活或生命中不可或缺的一部分。传统理想的文化人应该是文质彬彬，然后君子，若转换成今天的语境或许该说，人文经典能培养我们如何在现代社会里做个温柔敦厚、通情达理、知进退存亡而不失其正的真君子。

张采鑫　崔正山

2022 年 1 月 1 日

目录

导读　孔子与《易经》/ 1

系辞上传 / 25

第一章 / 26

第二章 / 46

第三章 / 55

第四章 / 62

第五章 / 80

第六章 / 96

第七章 / 103

第八章 / 112

第九章 / 126

第十章 / 134

第十一章 / 147

第十二章 / 167

扫一扫，
进入课程

系辞下传 / 183

　　第一章 / 184

　　第二章 / 197

　　第三章 / 210

　　第四章 / 212

　　第五章 / 215

　　第六章 / 238

　　第七章 / 243

　　第八章 / 252

　　第九章 / 257

　　第十章 / 262

　　第十一章 / 265

　　第十二章 / 268

说卦 / 279

　　第一章 / 281

　　第二章 / 284

　　第三章 / 288

　　第四章 / 292

　　第五章 / 293

　　第六章 / 296

　　第七章 / 298

　　第八章 / 299

第九章 / 300

第十章 / 301

第十一章 / 302

第十二章 / 303

第十三章 / 304

第十四章 / 306

第十五章 / 308

第十六章 / 310

第十七章 / 311

第十八章 / 312

序卦 / 315

杂卦 / 327

扫一扫，
进入课程

导
读

孔子与《易经》

一、我为什么写这本书

讨论孔子思想对《易经》的贡献，这已不是一个新论题，前人曾或多或少地触及过它。而我之所以特别在这里加以论述，主要有两个原因：

第一，自孔子把《易经》转入哲学的园地后，直到宋明，演变成儒家的易理而成为儒家形而上的根据；可是《易经》本为占卜之书，由这种神秘成分，也演变为象数谶纬的思想。这两条路线的发展，虽然都导源于《易经》，却泾渭分明。也就是说，研究中国哲学的学者自能分清这两条路线的不同。尽管由阴阳象数之学，《易经》影响到后来道教的炼丹思想，但在中国哲学的园地上，仍以儒家的易理为主。至于由象数变为谶纬，再演变成风水、算命的方术，尽管其中也有各自的依据，但它们都只是把命运寄托于外在的因素，而不是内在的德性。所以就易理来说，这是一种下坠、一种失落。当今社会，这种术数之学却大为流行，不仅一般人迷于此道，甚至许多知识分子也趋之若鹜，这一方面说明了他们精神的空虚，但同时也表明儒家易理还未能充分发挥作用，未能充实人们的精神，才使得人心为术数所乘。

第二，《易经》传入西方学术界后，各种翻译琳琅满目，但这些翻译都是为了占卜的目的，书店中也都把它们陈列于占卜星象或东方宗教之列。就拿最为西方学术界所推崇的卫礼贤（Richard Wilhelm）的《易经译解》一书来说，作者自谓该书的观点本于李光地的《周易折中》，而《周易折中》乃是集录宋儒们对于《易经》的看法，由此可以知道，卫礼贤的《易经译解》也是提倡儒家易理的著作。可事实上，许多西方学者和读者是把它当作占卜之书来运用的。

譬如，按照该书所示，用三个铜钱卜得一卦之后，便可依照卦文去卜问吉凶。当然，这本是中国的一种通俗的易占方法，日常使用也无可厚非。问题是，西方的读者们占得一卦后，便完全拘泥于卫礼贤的解释而不知变通，也无法变通。因为他们不能读原文的《易经》，又没有其他相关的中国哲学知识来会通研究，所以他们如果相信《易经》，就只有把卫礼贤的解释当作《易经》的原意来奉行，没有任何其他的选择余地和判断的凭借。可问题是，卫礼贤的解释往往加进了许多自己的臆解，而且又解得自成其理，使读者无法质疑。于是卫礼贤的注解之于翻译的《易经》，就像《象辞》之于原始《易经》一样，混在一起而不可分。有时，卫礼贤的一句猜测之词也被误认作易理。如他在艮卦中说："可能该卦含有瑜伽修炼的原则"，居然就有西方读者把该卦当作瑜伽来修炼。

由于以上的原因，我们认为儒家的易理实有待加强的必要，因为这并不只是为《易经》多加一种解释，而是能转占卜为智慧，使《易经》深入到精神道德的层面，对人心的失落与空虚有所贡献。

二、孔子与《易经》的关系

讨论孔子与《易经》的关系，这也是一个老问题。这个问题可分为三方面：一是孔子是否读《周易》；二是《周易》卦爻辞与孔子的关系；三是"十翼"与孔子的关系。

关于孔子读《易经》的问题，本是个不成问题的问题。因为《史记》里明言：

> 孔子晚而喜《易》，《序》《彖》《系》《象》《说卦》《文言》。读《易》，韦编三绝曰："假我数年，若是，我于《易》则彬彬矣。"（《孔子世家》）

《论语》里也有明文可资佐证：

> 子曰："加我数年，五十以学《易》，可以无大过矣。"

（《述而》）

纵然有人把这句话的"易"字，按照《鲁论》的版本改为"亦"字，变为："五十以学，亦可以无大过矣。"但在《论语》中，又明载了孔子引述《易经》的爻辞：

子曰："南人有言曰：'人而无恒，不可以作巫医。'善夫！'不恒其德，或承之羞'。"子曰："不占而已矣。"（《子路》）

"不恒其德，或承之羞"一语，明明是《易经》恒卦九三的爻辞。可见，孔子读《易经》自是铁案如山，不容置疑的。

关于卦爻辞为孔子所作的问题，也是一个不成问题的问题。因为自古以来，学者对于卦爻辞是文王所作，或卦辞为文王所作、爻辞为周公所作的传说没有特别的异议。只有清儒皮锡瑞在《经学通论》中说：

史迁、扬雄、班固、王充但云文王重卦，未尝云作卦辞爻辞。当以卦爻之辞并属孔子所作。盖卦爻分画于羲文，而卦爻之辞皆出于孔子。如此则与《易》历三圣之文不背。

近人熊十力先生更说：

《周易》完全为孔子创作，本与文王无干。细玩《论语》

子畏于匡章。孔子自任之重，自信之笃，可知其无所袭于文王也。皮锡瑞横断文王全无所作，亦逞臆太过。余谓文王当有总论六十四卦要旨之文。（《原儒·原内圣第四》）

又说：

汉人有谓文王作卦辞、爻辞。孔子只作“十翼”，此说全无根据。证以《史记·蔡泽传》以“飞龙在天，利见大人”为孔子之言。则《周易》完全出于孔子，断不容疑。（《原儒·原内圣第四》）

以上两种看法都欠缺正面和积极的证据。固然卦爻辞为周文王所作也无确据，但却不能因此而推给孔子。至于《史记》中蔡泽说的话：“圣人曰：飞龙在天，利见大人。不义而富且贵，于我如浮云”，此处的“圣人”显然是含混的指称，可以当作“圣人们”来看，我们没有理由硬说这里的“圣人”就是指孔子。而且只凭这一句话和孔子“自信之笃”，而断言全部《易经》出自孔子，也未免过于武断。我们既然承认孔子说过“加我数年，五十以学《易》”，则可见在孔子时《易经》已成书，不只是六十四组符号而已。既然成书，必有卦爻辞，否则何以判吉凶？既有卦爻辞，孔子便不会废之而自创新辞，因为孔子自言“述而不作”。再就卦爻辞来说，除了乾、坤等某些卦的文义极为明显而传神外，有许多卦爻辞颇为费解，而且黏着在占卜的神秘色彩里，如果孔子是亲作这些卦爻辞的人，岂不是他有意助长占卜？这与孔子的一贯精神不甚相符。所以，认为卦爻辞为孔子所作的看法，并不为学术界所采纳。

关于"十翼"是否为孔子所作的问题，却是个大问题。自司马迁明言孔子写《序》《彖》《系》《象》《说卦》《文言》后，唐代以前的学者都没有异论。直到宋代的欧阳修，他在《易童子问》中首先怀疑"十翼"不是孔子所作，认为像"河出图，洛出书，圣人则之"（《系辞上传》第十一章）等话不是孔子的思想。此后，关于"十翼"的作者是谁，是一人还是多人，是孔子还是七十二子中的某些弟子，或者是稍后的儒者，便成为中国学术史上一个聚讼不决的问题。对于这些问题，前人论述太多，引不胜引，本文也无意逞一己之见，平添枝节。不过归纳现代学者对"十翼"的看法，大致可以说："十翼"并非成于一人之手，当然不可能是孔子一人的亲作。那么其究竟是哪些人的作品？却都无法提出具体的人物，只能说是七十二弟子和后儒所传述了。

我们再回过头来看《易经》全书。先秦的子书都非成于一人之手，这一点前人已有定论，如孙星衍、严可均、冯友兰等（详见冯友兰《中国哲学史》第一篇第二章）。子书如此，经书更是如此。戴君仁（《谈易》）、黄庆萱（《周易纵横谈》）都认为，《易经》是一部丛书。这种看法显然比较客观，近乎史实。

以丛书的观点来看《易经》，卦爻辞的写成年代较早。据近代学者，如顾颉刚、余永梁、李镜池和屈万里等人的考证，大致成于周代初期。至于是谁所作，虽无定论，但从卦爻辞的内容可以看出，它完全是当作占卜之用的。不过，周代用《易经》的六十四卦来占卜，自有其特殊的意义。因为商代用的是龟卜，是以读龟甲上的裂纹来知吉凶祸福的。这种纯粹寄托于龟甲的方法，除了迷信龟能通灵之外，别无意义可言。到了周代的《易经》，用蓍草来占卜，以六十四卦为依据。尽管其中有许多神秘的色彩，但六十四卦的各爻关系毕竟有某些理路可循。尽管卦爻辞里有许多不能尽解的地方，可是仍然蕴藏了很多前人的智慧和经验。所以在古代的占卜中，《易经》是较为进步而且有价值的。

孔子之所以对《易经》有兴趣，并不是为了占卜，而是在于卦爻辞。《易经》是周代的筮法，为王官所掌。王官在当时是学术的中心，《汉书·艺文志》便有"诸子出于王官"之说。所以研究卦爻辞便可以吸取前人处理天道与人事问题的许多智慧，这是孔子之所以要学《易》的原因。另一方面，在春秋以前，卜筮是决定国家政事的大典，它左右了政治也指导了人生，是古代的一种精神信仰，所以研究卦爻辞，可以了解如何借神道以设教，这是孔子之所以要传《易》的原因。

孔子的学《易》，是为了要深察卦爻辞中的微言大义；孔子的传《易》，却为后世传下了不朽的"十翼"。

"十翼"虽然不是孔子亲作，却不能说不是孔子思想所灌注。否则孔子只知学《易》，而没有传《易》，他的学《易》便毫无意义了。孔子"五十以学《易》""五十而知天命"，是他生命中最重要的一个转换。孔子五十岁以后直至离世，在那么重要的二十余年中，如果说他和《易经》的天道思想毫无关系，这是不可能的。事实上，他的这套思想正表现在"十翼"之中。所以"十翼"也可看作孔子的另一部《论语》，只是这部《论语》是由他的弟子们记载了他对易理和天道的看法，以及稍后的儒家们附加的一些他们对《易经》的研究和注解。

在卦爻辞和"十翼"之间有座桥梁，这座桥梁就是孔子的思想。没有孔子的思想，"十翼"就没有生命；没有"十翼"，《易经》也只是一本古代的占卜之书而已，绝不会对中国的哲学文化、社会人生产生那么大的影响。

本书的目的就是要去看看，孔子的思想是如何把占卜的《易经》转变为儒家的易理的。

三、孔子思想对《易经》的贡献

在这里我们用"孔子思想"四字，而不直说"孔子"，是因为"十翼"不一定是孔子亲作，乃是弟子们秉承了孔子对《易经》的看法而加以发挥的，所以也是顺着孔子的思想而发展的。我们说"孔子思想对《易经》的贡献"，就是要强调在《易经》的源头上孔子所付出的心血和智慧，这比他是否亲手写某一两篇有关《易经》的文字更为重要。

关于孔子思想对《易经》的贡献，可以从四方面来讨论。

（一）为占卜揭开了天道

原始《易经》本为占卜之书，卦爻辞只告诉我们如何去求吉避凶，却并不会说明原因和道理。因为占卜本是神秘的筮法。譬如乾卦，卦辞只有"元亨利贞"四字。关于这四个字，前人的解释都是就《乾·文言》而说的，可是近人大多只将卦爻辞当作占卜之辞，而忽略其哲学意涵。如高亨便说：

> 乾、随之"元亨利贞"，犹言大享利占耳。《文言》《左传》四德之说，既无当于乾、随二卦之旨，亦大有背于《周易》全经之义。（《周易古经今注》第五篇）

这里，"元亨利贞"只是告诉我们，卜到了这一卦可以举行大祭，这是有利的一占。这样的卦辞，好像是一种神的谕令，它本身是神秘的，而它告诉我们如何去做的方法却是粗浅的。也就是说，它对卦爻辞背后的本体是关门式的，不容我们去窥测。由于我们无法在上一截通上去，于是在下一截的行动就变成了盲目的信仰。这就是一般占卜筮术的特色。

对于这种封闭式的筮术，"十翼"的作者（按：以后凡用"'十翼'作者"一语，皆指孔子及其以后的弟子）却为我们开了一个天窗，使我们看到了卦爻辞背后的天道。如在《乾·彖传》里即对"元亨利贞"四字解释说：

> 大哉乾元，万物资始，乃统天。云行雨施，品物流形。大明终始，六位时成，时乘六龙以御天。乾道变化，各正性命，保合太和，乃利贞。首出庶物，万国咸宁。

在这里，"十翼"作者用"元亨利贞"四字很简要地勾画出了《易经》的天道思想。"元"是指"万物资始"，也是指天道的创生万物；"亨"是指"大明终始"，也是指天道的周流不息；"利贞"是指"各正性命，保合太和"，也就是说，人禀天道，各得性命之正，而人能保此性命之正，便可与天道相和相合。

在这里，"元亨利贞"后面不是一个作威作福的神灵，而是纯粹至善的天道。这种天道，既不像一般宗教里的上帝和天堂的观念，也不像西方的宇宙论是一个物质聚散的场所，而是指天地生物的功能。这种功能在宇宙来说，是自然而然的发展，可是人参与其中，却能助成天地生育。这是中国哲学里"天人合一"的思想，这种"合一"不是合一在神秘的感应上，而是合一在生化的功能上。

《彖传》作者首先在乾卦上揭示出这种天人合一而生化不已的天道思想，在之后的各卦中，《彖传》几乎都是以这种观念来解释卦辞的。如：

> 至哉坤元，万物资生，乃顺承天。（《坤·彖传》）
> 雷雨之动满盈，天造草昧，宜建侯而不宁。（《屯·彖传》）
> 位乎天位，以正中也。利涉大川，往有功也。（《需·彖传》）
> 天地交而万物通也，上下交而其志同也。（《泰·彖传》）
> 其德刚健而文明，应乎天而时行。（《大有·彖传》）

从这几个卦的《彖传》里，已可以看出"十翼"作者是如何强调这种天人合一而生化的功能的。

在《论语》中，孔子虽然没有正面去谈论天道，但在《易经》"十翼"里却发挥了这种思想。我们不能因《论语》中没有涉及天道，便认为孔子思想不重视天道。其实，除了"十翼"之外，还有一本谈论到天道的书，就是《中庸》。《中庸》相传为孔子之孙子思所写，其年代正好和"十翼"的年代相当，该书对天道的看法也和"十翼"一致，如：

> 天命之谓性，率性之谓道，修道之谓教。……喜怒哀乐之未发，谓之中；发而皆中节，谓之和。中也者，天下之大本也；和也者，天下之达道也。致中和，天地位焉，万物育焉。（《中庸》第一章）

这段话可以说和"各正性命，保合太和"的思想是互相生发的，也就是说，在《论语》之外，孔子关于天道和性命的思想，有一个很重要的发展。

（二）寄天道于人道

在"十翼"作者把"元亨利贞"四字转入天道思想后，接着，其又在《乾·文言》中把它们转入了人道的范围，如：

> 元者，善之长也；亨者，嘉之会也；利者，义之和也；贞者，事之干也。君子体仁足以长人，嘉会足以合礼，利物足以和义，贞固足以干事。君子行此四德者；故曰：元亨利贞。

这是把"元亨利贞"转变为君子所践履的"四德"。"元"之德是一种永远创生、奋发为善的精神;"亨"之德是一种知天达命、善于处世的智慧;"利"之德是一种以大利为利、利益万物的行为;"贞"之德是一种坚守原则、忠贞不屈的节操。

这"元亨利贞"四字充满于《易经》的卦爻辞里,可以说是占卜的关键用语。经"十翼"作者把它们解作"四德"后,《易经》便由一部寄托于神秘筮术的书一变而成为个体修心养性之书。譬如,坤卦卦辞说的"利牝马之贞",这在占卜的用语上是指问牝马之事,因为失掉了牝马而求卜问卦(高亨《周易古经今注》)。可是经"十翼"的这一转折后,牝马便成了柔顺的德性,"利牝马之贞"乃是告诉我们要用柔顺的方法来处事,要以柔顺的德行来自修。

把这"元亨利贞"的"四德"用在人事上,最早的一个例子在《左传·襄公九年》:

穆姜薨于东宫。始往而筮之,遇艮之八。史曰:"是谓艮之随,随,其出也。君必速出。"姜曰:"亡。是于《周易》曰:'随,元亨利贞,无咎。'元,体之长也;亨,嘉之会也;利,义之和也;贞,事之干也。体仁足以长人,嘉德足以合礼,利物足以和义,贞固足以干事,然不可诬也。是以虽随无咎。今我妇人,而与于乱,固在下位,而有不仁,不可谓元;不靖国家,不可谓亨;作而害身,不可谓利;弃位而姣,不可谓贞。有四德者随而无咎;我皆无之,岂随也哉?我则取恶,能无咎乎?必死于此,弗得出矣!"

从这个例子中，我们正可以看出筮占和"四德"说的两种不同解释。筮者只是就随卦的占卜意义来解说，可是穆姜却就"四德"来反省自己。由此可见"四德"的思想对人心的影响之大了。

"十翼"也以"四德"来解释"元亨利贞"这种寄天道于人道的转变，表现得最明显的就是《大象传》。我们几乎可以说，所有的《大象传》都是就内外两卦的卦象来说明德性的修养的。如：

> 《象》曰："天行健，君子以自强不息。"（乾）
>
> 《象》曰："地势坤，君子以厚德载物。"（坤）
>
> 《象》曰："云雷屯，君子以经纶。"（屯）
>
> 《象》曰："山下出泉，蒙，君子以果行育德。"（蒙）

按照《大象传》来论，这六十四卦无疑是六十四种德性的修养，而这六十四卦的《大象传》便是六十四卦的灵魂。

（三）建立《易经》的儒家哲学

以上两层转折，大致说来都表现在《彖传》《象传》和《文言》里。接着在《系辞传》中，"十翼"作者更建立了一套占卜与天人之道及人性修养相融的《易经》的儒家哲学。《系辞传》所涉及的范围比较广而复杂。这里我们仅从四个方面来看。

1. 寂然不动的本体学。

《易经》，顾名思义，是一本讲变、讲动的书。事实上，全书也都是在讲变、讲动。可是《系辞传》里却说：

易无思也，无为也，寂然不动，感而遂通天下之故。非天下之至神，其孰能与于此？（《系辞上传》第十章）

在"十翼"里，谈寂然不动的本体处只有这么简单的几句话，但却非常重要。所谓"寂然不动"的本体有两层意义：一是，六十四卦所论都属于现象界，只要有一爻，便有阴阳、便有相对、便有吉凶；在未有一爻之前，本是一个无思无为、纯然至真的境界。不过在"十翼"里没有正面去谈论这一本体。二是，我们不能离开现象世界，也就是说，我们都在六十四卦之中。无论是占卜也好，运用易理也好，如果我们的心保持无思无为，也就是说心中没有私欲、没有贪念，而是纯然一片至诚，这就是"寂然不动"的本体。唯有这至诚，才能诚则明，才能至诚如神。

"十翼"作者之所以在全部讲变动的易理中，又安上了这个无思无为、"寂然不动"的本体，就是要我们去掉利欲私心，还归于至诚之道。孔子在《论语》中叹"不占而已矣"（《子路》），正是深契于这一本体。

2. 感而遂通的精神。

阴阳感应是进入现象界的钥匙，"阴"和"阳"也是"十翼"作者建立《易经》哲学的两个最重要的术语。这两个术语不见于卦爻辞中，仅中孚卦出现过一次"阴"字，即"鸣鹤在阴"，但只是当作树荫解，别无深意。可是在"十翼"里，阴阳却代表了宇宙间最基本的两种作用，即阳刚和阴柔。刚柔和阴阳本是指同一作用，阴阳是就原理上讲，刚柔则是就性能上讲。"刚柔"两字也不见于卦爻辞中，但阴阳和刚柔都是发挥卦里的"—"和"--"两爻的道理。"—"和"--"两爻在六十四卦中本是代表在不同位置上的不同做法而已，可是"十翼"作者把它们抽象化为阴阳刚柔的原理，便构成了一套阴阳相感与刚柔相济的宇宙观和人生论，如：

> 是故刚柔相摩，八卦相荡。鼓之以雷霆，润之以风雨。日月运行，一寒一暑，乾道成男，坤道成女。（《系辞上传》第一章）
>
> 一阴一阳之谓道，继之者善也，成之者性也。（《系辞上传》第五章）

阴阳刚柔的作用是相对法，在一般道家和佛家的思想中，相对法是有为法，所以他们都强调要超越相对，还归"寂然不动"的本体。可是在"十翼"的哲学里，这个"寂然不动"的本体固然重要，但却不是独立的，它存在于作用之中，顺着阴阳刚柔、相感相应而发展。

在这个发展中，宇宙的变化是自然而然的，如四时的交替，昼夜的代换。人生的变化却是复杂的，因为人有意志、有性灵，人可以决定这种感应的发展方向。也就是说，种下了好的"感"，便有好的"应"。如：

"鸣鹤在阴，其子和之；我有好爵，吾与尔靡之。"子曰："君子居其室，出其言善，则千里之外应之，况其迩者乎？居其室，出其言不善，则千里之外违之，况其迩者乎？言出乎身，加乎民，行发乎迩，见乎远。言行，君子之枢机，枢机之发，荣辱之主也。言行，君子之所以动天地也，可不慎乎？"（《系辞上传》第八章）

"鸣鹤在阴，其子和之"，这是中孚卦九二爻辞，是讲自然的相感相应。可是这一章，孔子的话却是在告诉我们，如何主动善用感应的原理，使我们的思想能感动天地。在这里我们可以看出，"十翼"作者是如何把阴阳刚柔、相感相应的机械式的宇宙观，转变成人参与其中的一种精神的、德性的生命哲学了。

3. 生生不已的德性。

《易经》的哲学是生命的哲学，所谓"生生之谓易"（《系辞上传》第五章）。"易"是变化，但这里不用"变化"两字，而以"生生"释"易"，乃是因为变化是机械的、盲目的，而生生却是有生命的、有目的的。"生生"里的第一个"生"，是指的创生，是天地的生物，所谓"天地之大德曰生"（《系辞下传》第一章）。

天地如何生物，在"十翼"里没有明显的交代，只说"天地氤氲，万物化醇；男女构精，万物化生"（《系辞下传》第五章）。"天地氤氲"，是指的气化，是指阴阳两气和合而使万物有一个孕育生命的温床；"男女构精"，是指雌雄的相配，这是生命的诞生与发展。

"生生"里的第二个"生"，是指在万物的生命发展中，人类贡献了他们的心智，不仅延续而且光大了万化的生命。所以在《系辞上传》说"生生之谓易"的当时，又说"富有之谓大业，日新之谓盛德"（《系辞上传》第五章）。所谓"富有"是指物质生命的丰富，"日新"是指精神生命的升华。《易经》的生命哲学，不是要保持我们生命的不死，而是要发挥我们生命的力量，使宇宙的生命生生不已。

4. 开物成务的事功。

在"生生"的发展中，除了德性的生命，还有物质的生命。"十翼"作者在这里又为我们建立了一套实用的哲学。他说：

子曰："夫易何为者也？夫易开物成务，冒天下之道，如斯而已者也！"（《系辞上传》第十一章）

如何开物成务？在《系辞下传》中还有一段较为具体的理论：

古者包牺氏之王天下也，仰则观象于天，俯则观法于地，观鸟兽之文，与地之宜，近取诸身，远取诸物，于是始作八卦，以通神明之德，以类万物之情。（《系辞下传》第二章）

接着，从结网罟"以佃以渔，盖取诸离"，说到神农教民用耒耜，取法益卦；日中为市，取法噬嗑卦；黄帝尧舜垂衣裳而治，取法乾坤卦；刳木为舟，取法涣卦；以牛马载重，取法随卦；坚固城池以防御，取法豫卦；利用臼杵，取法小过卦；发明弓矢，取法睽卦；制造宫室，取法大壮卦；制定丧葬的礼仪，取法大过卦；最后说到创造文字，取法夬卦。这一大段话，无疑是物质文明的发展史。

在这里，值得我们注意的是，"十翼"作者把卦象和物质文明发展的事实连在一起，说明了古人是如何通过卦象，去认识自然界的现象，而为人类创造了物质的文明。在占卜的卦爻辞中，只说明了行为的吉凶悔吝，根本没有关涉到科学制作的问题，"十翼"的作者却为我们铺下了一条走向物质文明的通道。

（四）以儒家的精神来解《易》

"十翼"可说是原始占卜之《易经》的最早一本注解。没有"十翼"，我们非但无从了解这本占卜的《易经》，而且《易经》也可能因为它那占卜的神秘色彩，早已消失于中国历史的长流中了。

关于"十翼"作者用儒家的精神来注解《易经》，可以从两方面来看。

1. 以理注《易》。

"十翼"中的《小象》是分别对每一条爻辞的解释。虽然每条爻辞都是为了占卜之用，充满了神秘的色彩，但经过《小象》的解释后，我们却可以寻出许多理路，这些理路乃依据了

《系辞传》所写的原则，如：

> 其初难知，其上易知，本末也；初辞拟之，卒成之终。
> 若夫杂物撰德，辨是与非，则非其中爻不备。噫，亦要存
> 亡吉凶，则居可知矣！知者观其象辞，则思过半矣！二与
> 四同功而异位，其善不同。二多誉，四多惧，近也；柔之
> 为道，不利远者，其要无咎，其用柔中也。三与五，同功
> 而异位，三多凶，五多功，贵贱之等也。其柔危，其刚胜
> 邪？（《系辞下传》第九章）

这是研究占卜之《易》最古老，也最重要的一段文献。没有它，占卜的爻辞便无从理解。我们不敢断定，这些原则是否在"十翼"作者以前就存在，"十翼"作者只是把它保留了下来；或者这些原则是"十翼"作者研究占卜之《易》后，所归纳而得的。但我们可以确定的一点是，《小象》是完全用这些原则来解释爻辞的。

用这些原则来解释爻辞，百分之七八十可以解得通，其余的百分之二三十还须借助于其他的原则，如"比""乘"，内外卦等。但无论解不解得通，最值得注意的乃是"十翼"的作者把这套原则配合了儒理来解《易》。甚至，有时还把儒家的精神直贯入爻辞中，改变了，也加深了爻辞的意义。

譬如萃卦九四爻辞："大吉，无咎。"按占卜的原意是大吉之占，可是象辞却说："大吉无咎，位不当也。"象辞的作者根本不管爻辞，而直接依据这套原则，认为九四以阳爻处在阴

位（按：二、四、六爻为阴位），所以说"位不当"。但就文意来说，既然"大吉，无咎"，又"位不当"，显然是有点儿矛盾的。于是后来的解《易》者都把"大吉，无咎"，解释为"必大吉，然后得无咎"（朱熹），接着再深一层去理解，以为这一爻近九五之君，为权臣，如能为君聚集人才（萃卦为聚的意思）而不私有，则必大吉而无咎。所以《象》辞的"位不当"有警戒的意思，使这一爻辞转成了儒家的哲理。

又如兑卦九五爻辞为："孚于剥，有厉。"依据占卜，明明是指诚信受剥损所以有危险，可是《象》辞却说："孚于剥，位正当也。"这也是《象》辞作者无视爻辞，而直接依据这套原则来理解，认为九五阳爻在阳位（按：一、三、五爻为阳位），所以说"位正当"。如果"位正当"，那么"孚于剥"便是正面的意思，是指在剥之时虽有危险，但处诚信于剥，正是坚守原则的表现。这样一来，"有厉"只是说明处境，而"位正当"却是明其所当为。

2. 以德代占。

在《论语》里引证了孔子的话：

子曰："南人有言曰：'人而无恒，不可以作巫医。'善夫！'不恒其德，或承之羞'。"（《子路》）

紧跟着又引证孔子的话：

子曰："不占而已矣！"（《子路》）

人与经典文库

重现生命丰华

传承经典价值

厚植生命之学

唤醒文化自信

回归中华道统

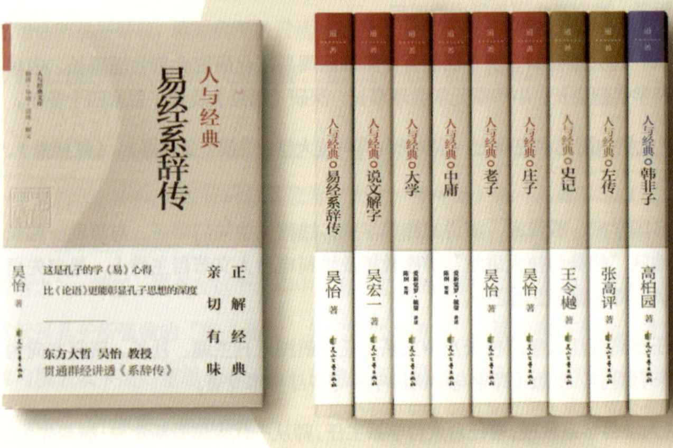

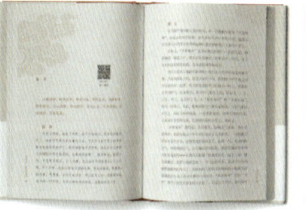
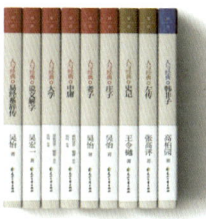

书系特色

以人为本。 从人本主义出发，突出中华经典以文化人的功效，更强调个体自身思考、践行，以及提升整体生命智慧的主体性与能动性。

权威专家撰写。 甄选海内外学有专精的学者担纲主讲或撰写，经得起历史考验。

创新性解读。 紧扣文本，正本清源解经典，不强调撰写者的个人感受，而特别体现出撰写者对经典的新思路、新视角。

导读与阐释更翔实。 导读内涵与干货并重，贴近读者，让受众在悦读中把握经典要领。经典阐释部分发掘经典对涵濡博雅精神、养成君子人格的重要作用和意义，接引读者理解经典、应用经典。

虽然我们在《论语》中找不到孔子对"不占而已矣"的进一步解释，可是编《论语》的弟子把这两段话放在一起，可见这个"不占"和前段话的"恒"字是有关系的。"不恒其德，或承之羞"是恒卦九三爻辞，意思是不能坚守德性，便会有耻辱。孔子"不占"的意思就是说：一个人如能坚守德性，也就不需要占卜了。反之，一个人如果不能坚守德性，即使占卜也没有什么用处。

孔子的这种看法，在《论语》中虽然没有进一步的证明，可是在"十翼"里却有具体的说明，如：

子曰："知几其神乎！君子上交不谄，下交不渎，其知几乎！几者动之微，吉之先见者也。君子见几而作，不俟终日。易曰：'介于石，不终日，贞吉。'介如石焉，宁用终日？断可识矣！君子知微知彰，知柔知刚，万夫之望。"（《系辞下传》第五章）

"知几其神"是有关占卜的，可是孔子却直说"上交不谄，下交不渎"为"知几"。其实"上交不谄，下交不渎"是一种德行，这与能知未来的神通又有什么关系？孔子的意思是，如果我们坚守德性，这便是善、当下便是吉，又何需占卜以问未来的吉凶？孔子这番话，正说明了"十翼"作者是以德性代占卜。如果不重德性，整部《易经》不是限于神秘的筮术，便是流为象数的游戏了。

四、儒家易理在今天的意义

最后，让我们扣回到本文的缘起，为什么我们要强调孔子思想对《易经》的贡献？这是因为儒家的易理能为我们建立起一套以德性为主的天道思想。

由历史的事实来看，这本占卜的《周易》混合了"十翼"的哲学，曾在中国的学术文化中产生了波涛起伏的影响。最先是在汉代，《周易》被奉为群经之首。可惜的是，汉代的学者们只捕捉到"十翼"里的一些象数概念，拿它们去勾画出一套混合了阴阳五行的宇宙论。他们夸大了这套宇宙论，几乎拿它去解释一切事实，如历史、政治、道德、生命。对于《易经》来说，它们既不属于占卜，也不符合"十翼"所承载的儒家精神，它们只是掇拾了一些《易经》的名辞、象数的概念，而发展成的另一套学说而已。可是这套学说风靡了整个汉代，也独霸了整个汉代的宇宙观。而可惜的是，这种宇宙观是神秘的、机械的，它影响的范围越广、力量越大，人的精神就越空虚、越软弱。

正是由于这种人心的空虚、软弱，才使得印度佛学乘虚而入，又风靡了魏晋南北朝，直到隋唐。佛学之所以有此成就，乃是因为它那套虚无的本体论，恰好可以取代汉代那种充满了象数、机祥的宇宙观。所谓物极必反，这正应验了《易经》的道理。可是佛学的虚无本体又是无限地扩大，逼得人的精神也沦于虚无。为了这个原因，宋代的儒家们才根据"十翼"的哲学，建立了一套以德性为本的天道思想。如：

> 诚者，圣人之本。大哉！乾元。万物资始，诚之源也。乾道变化，各正性命，诚斯立焉，纯粹至善者也。（周敦颐《通书》）
>
> 乾称父，坤称母，予兹藐焉，乃混然中处。故天地之塞，吾其体；天地之帅，吾其性。民吾同胞，物吾与也。（张载《西铭》）

这套天道思想的确是活泼泼的、有生命力的。我们可以说，宋代的儒家是"十翼"哲学的最好的继承者。唯一美中不足的是，宋儒们只强调德性的一面，而忽略了"十翼"里所强调的开物成务的另一面。因此，使他们重视的德性，有时候又未免流于形而上的玄谈了。

鉴古知今，从以上的发展来看，今天我们所处的是一个科学当道的时代。科学比起象数之学来，虽然是切实、具体而近于真理的，可是它们所构建成的机械式的宇宙观却是相似的。尤其科学的骄蛮，企图解释一切、霸占一切，直逼人心流于虚无，却又超过象数之学。就在这科学逼得人喘不过气的时候，有一股相反的潮流产生了。正像汉末以来，印度佛学的乘虚而入一样，东方的宗教又变成了西方的热潮。禅宗热、密宗热、道教热、《易经》热，甚至风水热，这些在东方本来已逐渐冷了的东西，全部在西方被炒热了起来，这就是所谓的"东方热"。

这种"东方热"如果只由于好奇、刺激，或满足心灵短暂的空虚，很快就会再度冷却下来——二十年前在西方的禅宗热现在已经冷却了下来，想来《易经》热也会遭受同样的命运。

本文之所以强调孔子思想对《易经》的贡献，就是希望能阐明孔子学《易》的真心、传《易》的苦心，使得读《易》者以义理为先、以德性为重，建立一套生生不已的天道观与自强不息的人生观。唯有如此，才能使我们在精神上站得住，不为迷信所夺、不为科学所逼。再进一步，使我们的精神能驾驭科学、利用科学，开展出一个天人合一而共同化育的新世界。

系辞上传

第一章

扫一扫，
进入课程

天尊地卑，乾坤定矣。卑高以陈，贵贱位矣。动静有常，刚柔断矣。方以类聚，物以群分，吉凶生矣。在天成象，在地成形，变化见矣。

语 译

天在上而尊，地在下而卑，由于天地相分，乾坤的性能就定了。地卑而天尊的层次确定之后，于是卦爻由下至上的贵贱等次也就各有其位了。乾动坤静各有其常性，因此在卦爻中阳爻的刚性和阴爻的柔性，也就判然清楚了。刚柔既分，赋性自别，于是君子就义，小人悖理，各以品性不同而聚合；牛入牛群，羊入羊群，也各以种类不同而分别。因此就善者，得善果；趋恶者，得恶报，吉凶之途自别。所以在天上的一切历象和在地下的一切形态，其变化都呈现在眼前，显露在卦爻之中。

解　义

在大陆开易学研讨会的时候，有一位教授每提及"天尊地卑"，必说这是封建思想。近代也有许多学者批评说，这是汉代及其以后的学者把尊卑这种封建思想放到了《易经》里头。

实际上，"天尊地卑"是讲乾坤定位的——乾指天道，坤指地道。地道之卑，跟人在社会地位上的卑是不一样的，高下对应的是位置的高低，而不是封建等级观念。

为什么要从天地转到乾坤呢？我们从自然界的角度观察天地，天是高高在上的，地是实际在下的，我们很少把天地之间的交流放在一起看，但天地变成乾坤之后就不一样了，乾指往上升的阳气。比如乾卦，乾卦的气是往上的，从初爻、二爻、三爻、四爻、五爻到上爻，从"潜龙勿用"到"见龙在田"，阳气一直向上。并且，乾的阳刚之气要先通到地，与地气相合才往上。所以论乾坤的话，一定要讲交流，而讲天地的时候，大家就不会想到交流，只想到实际的天在上、地在下。

"天尊地卑"指的是，天高地下，乾坤之气交流。为什么讲尊卑？是把天地这个外在价值变成了人生价值，一旦跟我们的人生发生关系，这就变成价值观念了。乾坤一气，乾是纯阳之气，坤是纯阴之气，由天地而讲到乾坤，就把好像看不见却互相交流着的——头顶的天跟脚下的地结合在一起了。这一结合很重要，是把天地间变成了一个气化的世界，而这个气化的世界就跟我们有关了。如乾卦的六根阳爻和坤卦的六根阴爻就跟我们在社会上设身处事的行动有关。"天尊地卑"中的"尊卑"两个字就把天地变得人生化了，只凭这几句话，我们就可以看见"转化"的作用，这就是中国哲学的特质。

看到"卑"字，我们常常想到的是卑微。其实，"卑"正是要提示我们：人要处在卑的位置上。人为什么要敬天、尊天？一个人如果不敬天、不尊天，就会目中无人、目高一切。"卑"是自以为卑，自处于卑位。人要站在地上，不要站在天上。由天地的尊卑转到乾坤之后，接着马上说"卑高以陈"。为什么不讲"高卑以陈"？理由很简单，我们现在是以人的立场来讲天地，当然要根据人去定位。"陈"是指陈列，"卑"就是第一爻初始的地方，所以从人站着的地方看上去是"卑高以陈"。那么是什么在陈列呢？是一个卦的六根爻。我们画卦的时候，是从最下面那根爻画起，一直往上，"卑高以陈"，即六根爻从下往上、往高处陈列。

"卑高以陈，贵贱位矣"，这里的"贵贱"不是指封建思想中的贵贱，而是讲爻位的贵贱、爻位的高低。换句话说，"贱"指最下面的爻，"贵"指最上面的爻，"贵贱"是指一个卦的结构，而不是价值好坏的评判。"位"，很显然是指爻位。

"尊""卑""贵""贱"，从字面看，会感觉"卑"与"贱"的字义不好，但是我们要了解《系辞传》作者的语言。孔子在《论语·子罕》中说："吾少也贱，故多能鄙事"，就是在强调，一个人先要把自己放在"贱"的位置、低的位置，去做一些琐琐碎碎的事，然后才能有机会发展。

《易经》谦卦强调"卑以自牧"，相反地，如果你现在就自视甚高，把自己放在"高"的位置，以后就没有机会发展了。就像孔子强调的"好学近乎知"，好学就是先要把自己放在低的位置而不耻下问。如果你认为自己有知、有能，很了不起，那你就不能发展了。人要往下看，去法地，法地以后才能效天。所以坤卦的定义实际上就是"顺"，顺天。坤怎么顺天？尊天、敬天，这样才能顺天。如果你不尊天、不敬天，就不会向上发展了。

讲了乾坤之后，就要讲道；讲了道之后，就要讲气。所以讲乾坤一定会讲人生，就是由天地转到乾坤，这是《易经》的高明之处。《系辞传》在卷首就已经把原则、原理告诉你了，它不是去发明天文学、地理学，它只是把外在的原理放在这里。我们不要一直赞美《易经》如何如何伟大，结果讲了半天也不知道它究竟伟大在哪里。

这前四句，"乾坤"以后，一个是"定"一个是"位"。讲贵贱，实际上就是讲爻。一讲到乾，我们就会想到乾卦六个爻；一讲到坤，我们则会想到坤卦的六个爻。这样，"乾坤"的六个爻，就把天道、地道变成了人道，讲"位"就是讲人道了。由天地转乾坤，这是一气，由乾坤再往下转，就到了六个爻。

"动静有常，刚柔断矣"，意思是乾动坤静各有其常性，因此在卦爻中阳爻的刚性和阴爻的柔性，也就判然清楚了。西方哲学讲"动静"，无论是讲形而上也好，讨论宇宙也好，始终是两个问题，即时、空。西方哲学讲了两千年，时、空的问题有没有解决呢？是时动空静吗？我看并没有解决！

什么是动？什么是静？我们通常的第一反应是：动就是动，不动就是静。但由天地乾坤讲到动静，是要讲人生问题的。"动静有常"的"常"指常理，一定的定理、一定的常度。"动静有常"是说，动也好，静也好，都自有它规定的道理。那么动静到底是怎么个"常"法？我们抓不住外在的动静，《易经》的高明之处在于它把动静变成了阳爻和阴爻。这一变，我们在爻上就有位，就可以抓住了。如此一来，"动静有常"的"常性"，到了卦里面就是刚柔，刚是阳爻、柔是阴爻。"刚柔断矣"，即刚柔已分，分出了阳爻和阴爻。

佛学讲要超脱动静，所以佛性的"性"是不动不静，涅槃是无所从来。但《易经》不从佛学那方面走，《易经》跟人生有关，所以把动静固定下来变成刚柔，再把刚柔具象出来变成阳爻、阴爻。阳爻、阴爻我们可以抓得住，甚至我们也可以占卜出来。我们把握住了阳爻、阴爻，就是控制了自己的动静，控制了自己的动静就把握住了乾坤变化，然后再把它抛开去，进入现象世界——这是中国哲学的高明处。

"方以类聚，物以群分"，这两句话我想了很久，虽然做了注解，但一直不满意。起先，我一板一眼地从学术上"以经注经"，把《系辞传》里所有的"方"字找出来，得出两种意思：一种是方正，譬如"直方大"；另一种是方向、方位。我们先从这两种意思来解析"方以类聚"。就方向来讲，同一方向，所有的类聚在一起，即所有喜欢走这一条路子的人都是同一方向。譬如同样是研究科学的，大家都走科学的路子，搞文学的走文学的路子，这个倒是讲得通。"物以群分"也简单，就是科学的分类——鱼跟鱼、走兽跟走兽、飞鸟跟飞鸟。但为什么"吉凶生矣"呢？由于小人和君子的价值取向是不同的，所以最后君子吉、小人凶吗？这样解释虽勉强可以说得通，但我自己对此说法并不满意。

为什么不满意？如果说"物以群分"，那游鱼跟游鱼同游，飞禽跟飞禽齐飞，为何会"吉凶生矣"？难道有谁规定了游鱼一定凶、飞禽必然吉吗？"物以群分"，如果是按生物学来分类的话，怎么会跟吉凶发生关系？

最近，我有了另外一个解释。《系辞上传》："蓍之德圆而神，卦之德方以知"，意思是蓍草是外显光明的占卜用具，精神是圆的、无所不通的，每个卦摆在那里，对事情的判断，一卦就有一判。我认为这里的"方"，就是讲卦的"方以类聚"，因为每一个卦都是在讲一种事情的"类"，六十四卦就是六十四种人事的分类。

"物以群分"又怎么讲？《系辞下传》："道有变动，故曰爻；爻有等，故曰物；物相杂，故曰文；文不当，故吉凶生焉。"所以"物"是讲爻之"物以群分"。"方"是讲卦；"物"是讲爻，阳爻是阳物，阴爻是阴物，有了卦爻，然后有吉凶；"群"实际上就是爻位。如此就形成一个系统，由天地讲到乾坤、气，接着由动静讲到刚柔，由刚柔讲到卦、爻，然后才是吉凶。把外在的天地，由乾坤一转，就变到人事上来了，这是《易经》的一套方法，有一个旋乾转坤的作用包含在里面，而且其中把宇宙论、形而上学、人生哲学都包括进去了。《易经》中所有的吉凶就是讲卦爻的变化，也都显露在卦爻的变化之中。

"在天成象"，有些学者注解为日月星辰。我认为"在天成象"除了指日月星辰之外，也包含了四时的变动。"在地成形"指山川地形地貌等的变化。有了天上的"象"，有了地下的"形"，就有变化，这两句话总结了之前的天地、乾坤、卦爻，最后落到变化上。

此处，我们要注意"变"与"化"两个字，合在一起组成一个复合词"变化"。"变"与"化"有什么差别？"变"是指物质的变，即生老病死之变、四季更迭之变，而"化"是指精神向上的升华。"变"，也许是被动改变的，如由生到死的自然规律没有办法改变，而"化"却是可以把这个变化掉，即转变它的意义。"化"是一个功夫的智慧，"变"是一个四时的现象。所以庄子讲"化"，有"物化""神化"。

是故刚柔相摩，八卦相荡。鼓之以雷霆，润之以风雨，日月运行，一寒一暑，乾道成男，坤道成女。

语　译

所以刚柔的相感相摩、八卦的相推相荡，一切的变化就产生了。先是由震雷离电触动了万物的生机，接着是巽风坎雨滋润万物的成长。再配以离日坎月的交替运行，一寒一暑的相消相长。最后阳刚的乾道产生了阳性的生物，阴柔的坤道产生了阴性的生物。于是男女合，万物便生生不已地发展了。

解　义

"刚柔相摩，八卦相荡"，就《易经》来讲，"刚柔"很显然就是阳爻、阴爻的刚柔。就运用来讲，刚柔是一套可以用于人生的哲学。老子哲学就是讲刚柔，以柔克刚。此处先以阳爻和阴爻来讲，阳爻与阴爻叠在一起，摩擦以后就生出了变化，所谓摩擦而生变。即"刚柔相摩"，指的是阴爻、阳爻的感应，也是讲阳气、阴气的相摩。但八卦不讲"相摩"而说"相荡"，指气发展、荡开来。"摩"一定要两个爻之间摩擦，"荡"则是指两种作用互相回荡，比如有"回肠荡气"这个词。八卦，是八气，即乾、坤、兑、震、坎、离、巽、艮八个卦。八个三爻卦重叠，就是六十四个六爻卦。所以每一个六爻卦都包含两个三爻卦，下面是内卦，上面是外卦，它们是相荡的。

"鼓之以雷霆"，就八卦来讲，雷是震，霆是电，是离。"雷霆"就是震、离二卦，通过一个"鼓"字而鼓动了气。比如说春天，春雷一声大地动，春雷之声就把气贯到地里面去了。本来阳气是往上升的，但如果阳气只往上升的话，怎么会跟下面的气交流？所以我的假设是，气本来是无所不通的，在地里面属阴，在地面以上属阳。冬天阴气聚集在地里面，动物进入冬眠，到了春天，春阳一声雷，地下的气就在雷的鼓动下被触发了，阴阳相和，气开始往上升。

接着，马上用一个"润"字，这是让它调和，慢慢转和缓。气若太强的话，就要烧掉东西了。风来，把气吹散了，雨来，调和了气。所以，这个"润"字很重要，因为"鼓"是刚强的，"润"是柔和的，这里也有一刚一柔。风雨也是两个卦，风是巽卦，雨是坎卦。

日月是离卦和坎卦，日月的运行，一寒一暑。因为这种相荡作用，所以"乾道成男，坤道成女"。但是，我们不要把这个"男女"只当成人类性别中的男女，这个"男女"包括一切万物的雌雄。有男女，然后有万物，"道生一，一生二，二生三，三生万物"（《道德经》四十二章）。由天地定位的作用，然后产生人，人是有男女的，男女相结合，就能生育。所以人在天地当中，可以维系万物生生不已的变化发展。

乾知大始，坤作成物。乾以易知，坤以简能。易则易知，简则易从。易知则有亲，易从则有功。有亲则可久，有功则可大。可久则贤人之德，可大则贤人之业。易简，而天下之理得矣！天下之理得，而成位乎其中矣！

语 译

乾的知性在大明终始，坤的作用在成长万物。乾以平易为它的知性，坤以简易为它的功能。人要效法乾坤的这种易简的功能。我们的行为要平易，方法要简易。由于平易，别人才能知道你，由于简易，别人才能跟从你。容易为人所知，彼此才会融洽，容易为人所从，做事才会有功效。彼此融洽，德行才会维系长久，做事有功，事业才会发展远大。能长久是贤人的立德，能远大是贤人的立业。所以能平易和简易，便能契合天下万物的事理。能够把握天下万物的事理，便可以和天地共参造化了。

解 义

"乾知大始，坤作成物"，我先看了朱熹的注，朱熹把"知"解释成"主"，乾主持大始。但把"知"当作动词用的话，有点讲不通。毕竟"乾"不是有"知"的，怎么能知道"大始"？所以朱熹把"知"改成了"主"字，主持"大始"。但是把"知"解释成"主"字，却在《系辞传》中找不出第二例类似的解释，只有单独在此处，并无一贯性，变成了为自己方便的一个解释，所以我不采用朱子的注。

这个"知"字很重要，是跟后面的"作"相配合的，"知"对应"作"，"成物"对应"大始"。我把"知"当名词看，意思是乾的知性。为什么讲"知"字？我们现在一讲到"知"，都是代表人的知，只有人才有"知"，其他的动物只有本能的感觉，谈不上知性。

什么叫"大始"？很多人把"大"当作"伟大的开始"来解释，我认为"大"跟下面的"成"同样是动词，"成物"的谐音是承物，承接万物。乾的知性是大其始，意思是使它大，也就是在开始的时候，就使其有大的因子。

任何东西在发展之初都是微细的，都是小的，比如大树从小苗开始长，公司从小规模开始做。说"大其始"，就是在开始的时候使其具有将来变大的潜力。"大"是元亨利贞的"元"，"元"是开始，也有大的意思。但是"元"的大是始的大，是开始的时候已经具备将来变大的因子，而不是说已经变成了有形的大。如同教育，小孩子念小学的时候，老师就会引导他们先立大志。这并非意味着孩子立有大志就立刻变强大，而是说他胸怀大志，就有了一个大的趋向、大的精神，后面才有可能发展变大。若没有种下大的因子，他将来就不会变大。

我常常跟学心理学的学生说，如孟子所谓的"恻隐之心，仁之端也；羞恶之心，义之端也"，这是先把仁义道德这颗种子种在小孩子的心里面。也许人性本来是一张白纸，近朱者赤，近墨者黑。我们在最早期就把种子种下去，这颗种子慢慢变成了他的性，以后的发展就好像本性里面就有似的。且不管他本来是白也好、黑也好，我们把种子先种下去，这就在开始的时候把大趋势放进去了。

再来看"乾知"，乾是不是有知性？又有什么知性？这个不好解释，但可以从佛学的"般若"来理解。僧肇有一篇文章叫《般若无知论》，"般若"是智慧，"般若无知论"即"智慧无知论"，这看似有点矛盾。"般若"是第一个"知"，第二个"知"是我们一般人所谓的知识，即有关是非的知识。"般若"（智慧）就在那里，它不用知，就像镜子一样，反照万物，镜子只是一个东西，它不是一个主体，不是一种感觉，但是任何人到镜子面前，镜子就把他实实在在地照出来，是男生就照出男生，它不会无端照出一个女生来，照得清清楚楚。你说它没有知性吗？它有知，是一种感应万物的知，它将万物映照得清清楚楚，但是它不用它的知识，也不用它的感觉，只是本具的知性，这就是乾之知。

我们讲天或乾，都是讲天道，天道有没有"知"？凡是研究宗教的、相信宗教的人，都认为天是有"知"的，说"老天有眼"。但是，天的"知"不是我们所讲的"知"。我们讲的"知"都受到意识的影响，我不喜欢这个人，就恨得要死；我喜欢那个人，就爱得要命。但天却不一样，也许你不喜欢的人，天还是为他服务。我们就开始埋怨了：老天为什么没有长眼？我那么聪明伶俐，结果穷困潦倒，我的朋友笨头笨脑，结果富贵发达。你说老天是不是没有眼？是的，天道跟我们一般的判断不同，即使你抱怨也好，说"人算不如天算"也罢。天有一个作用，"天算"就是讲乾的知，乾的知在万事万物的起始，都种下了"大"的因子，之后这万事万物就会发展壮大。这是清清楚楚的，无论讲业、讲报应，都是这样的。这就是"乾知大始"。

"坤作成物"，坤讲的是地道，这个"作"相应乾的"知"，我们把"知"当名词用，指乾的知性；"作"也是名词，是坤的作用。"成"是动词，使万物得以成就。"坤"是地道，所以"坤作成物"的意思就是，地道的作用就在生长万物。

"乾以易知"，这个"易"与"坤以简能"的"简"字相对，故为简易之易、容易之易。乾何以易知？易的反面就是复杂、繁复。复杂化也是人为化，庄子说："道不欲杂。"（《庄子·人间世》）道是清楚的，不杂的，一杂的话，就成了人为的欲望、念头。乾道的生养万物，本来清清楚楚、简简单单、容易简便，并不复杂。所以，我们要了解乾道，了解道，就要从简易的方向去了解。

我开过不少次佛学课，佛学讲真如也好，讲成佛也好，都要学不少的经、看不少的论，《华严经》《法华经》等佛经，多少人解说，多少人申论，都是想求一个最高的道。但这样做的话，你花一辈子的时间都是在路上走。我以前也说过，各种学说某种意义上都是些乌烟瘴气的乌云，本来青天白日，清清楚楚、简简单单的，就摆在那里，却被这些学术的乌云遮蔽了，使我们看不见。

现在我们讲"乾以易知"，就是把这一条路上所有的乌烟瘴气都排除掉。乾道，就是那么简简单单的，我们要从简易的方面去了解它。高深的学问，也要从平易的方面去着手。但是，要把握平易是不容易的。

平易并非平凡，比如在大陆，父母都想儿女有成就。有一位作家就说："我平凡，我快乐，我教育我的儿女要平凡快乐，不要去争。"但也有很多人持不同看法。为什么？因为也有人平凡却不快乐的。所以"我平凡，我快乐"的平凡是要有功夫的，这位作家有今天的功夫，能说"我平凡，我快乐"，但她的儿女可未见得有此功夫。有的话语是关乎知识的，有的话语是指向功夫的。"乾以易知"的"易知"是功夫语，做学问的功夫要从"易"字着手，先要有耐得住"易"的心态和精神。

以前我也讲，我们搞哲学的人，写出来的话要让人家看得懂、听得懂，不要老是把所有的术语搬上来，弄得人家越念越糊涂。上帝的爱虽然伟大，也要让人家知道。否则，讲了大家还是不理解，无法落到实处，上帝的爱又有什么用？

这一条"易知"就是打掉所有的障碍，老子的"无"也是这样讲的。老子为什么讲"无"？老子讲"无"，就是先打掉所有的观念执着。"无"是没有，这条路没有了，而"没有"本身就是路。我现在才知道什么叫作"无中有路"。有时有了路，反而是障碍。很多路是人家设计好了让你走的，某一个学者设计好这条路，你就走这条路。现在美国的学生要拿博士论文，一定要先写出研究的方法论。结果，学生写论文时所用的方法论，已经被固定好了，你用的方法论就把你导入一个方向，你就看不到别的地方了。所以西洋哲学搞到今天，本要去追求 reality，即真实或真理，结果追求了两千多年，还是在路上，这条路、那条路，全都是迷宫。佛学也是一样，这个派、那个派，所有的派都越来越迷糊。实际上，释迦牟尼的道，乃至孔子讲的道，都是很简单的，只是那简单的道是你要下功夫去做的。现在的学派不是在功夫上引导你做，而是用文字牵着你绕来绕去。

《系辞传》中"乾以易知，坤以简能"这两句话有很大的用意。一个道，如果复杂的话，就只有某些人可以走，乾道之容易，让所有的人都可以走。一个道，所有的人都能走、能用的话，这个道理一定是简单清楚、历历分明的。

"坤以简能"，就是讲坤的地道，地道生长万物。坤的"能"是什么样的能？也是简单的能！怎么个简单法？所有种子种下去，都能生长，种瓜得瓜，种豆得豆，就是这么简单。地道简单，所以一个农夫不需要学什么生物学，他一样可以把农作物种得好好的。

一个"易"，一个"简"，这是《易经》给我们的两把最重要的钥匙，帮我们打开了天人和天地之间的大门。所有的中国哲学归根结底，就是"易"跟"简"。实际上，中国哲学在两千多年的历史长河中，所留下的东西，真正到现在还能够不朽的，都是"简""易"的。学者所著的书，如果非常复杂，读了它却很难去用的，都不会传下来。很多人批评西洋哲学说，它是把大家都听得懂的话讲到人家听不懂。用这话来批评西洋哲学，实在是中肯之至。

接下来就是"易则易知，简则易从"。《礼记·乐论篇》说："大乐必易，大礼必简"，意思是伟大的音乐必然易，真正的礼一定简。"大乐"是真正伟大的音乐，怎样的乐堪称"大乐"？天地之乐。《庄子·齐物论》里有人籁、地籁、天籁，"大乐"就是指天籁，天籁就是"易"的，每个人都听得到的。这个乐是宇宙的变化，属于自然的声音，你听到的外面的鸟鸣声就是"大乐"。

真正伟大的礼，就是天地的礼。什么叫天地的礼？即敬天效地，古代祭天就是最大的礼。敬天有什么道理？就是尊天，不需要那么多繁文缛节；效地，效法地，也是礼。《乐经》讲，乐来自天，礼来自地。为什么礼来自地？因为礼是讲分别，讲有形；而地有形，有分别。地之礼很简单，就是生物。所以，《乐论》的这两句话，是从《系辞传》中传过去的，受到《系辞传》的影响。

"易知则有亲。""天尊地卑，乾坤定矣，卑高以陈"，这就是亲，是把天地转到尊卑，与人建立关系了。一门学问，不管它多么高明伟大，你听了之后，有共鸣、有感应，这门学问才有用。大要同其大，伟大的东西要使你有可能跟它一样伟大，才是有用的。如果随便说得很大很大，但你念了它，自己听不懂，感觉自己越来越渺小的话，这学问就没有用。伟大的东西使你能够感受得到，使你能跟它一样具有远大的可能性，这就是"有亲"。

"易从则有功"，能够让你顺从，然后你才会用得出去，才有功。功就是功效、有效。

现在我们有一个问题，先从"易知""易从"讲起。"易知""易从"，会不会使我们变得迁就流俗，变得世俗化？可能会有这个危机。譬如说：当今文化有一个中层文化，就是文化的低俗化。老实说，今天大家都是知识分子，电台、电视、网络上能得到各种知识，想愚也不可能了。这个中层文化很膨胀，很有力量，所以很多学者去迁就它，想要跟它交流。然而这一迁就，就往下掉了。在上层的知识分子，如果为了迁就流俗而掉下来，不能够把中层文化往上拉，就会形成一种倒流，大家都上不去了，这是一个危机。所以"易知""易从"是要往上，而不是往下。要往上提升，你要在开始时就"大其始"，使得他们能够往上提升。所以说"有亲则可久"，强调真正跟人生有关、与亲情有关的，才能够传之永久。

比如孔子的《论语》，讲的都是我们的日常生活，因此它可以长久，到今天还很有用。我的老师吴经熊博士，是虔诚的天主教徒，最早翻译《新约》，后来喜欢并研究禅宗，还写了《禅学的黄金时代》一书（我把它译成了中文），非常流行。但他告诉我："禅宗讲来讲去，好像都是这种道理，我现在每个晚上都看看《论语》。"

禅本来是指平常心，禅宗的公案，很多不是讲的玄就是用的玄，反而使得大家都没有门路可以进去。所以，我讲禅宗公案的时候会说："那个公案，如果你参悟不通，就放在一边，不要讲，不要一辈子去参。"很多禅院的禅师会拿一个公案让你去参，参一年、参两年，参到最后，参出来说："哦，原来尼姑是女人做的。"这样的学问怎么用？这样的东西是不能长久的。

日本著名禅宗学者铃木大拙说："公案就好像给禅宗打了一针强心剂。"但强心剂是暂时的，打完之后，如果你依赖于它，那就糟了，这就是禅宗的衰落，衰落到后来，就落到公案的迷宫里了，还是净土宗的念"阿弥陀佛"更为简单。

暑假时，我给一位美国学生指导博士论文，其中涉及一段非常难的禅宗公案。老实说，最后我们参公案的关键是不要被这些公案所误，自己心里要清清楚楚的。如果你心里历历分明，无论碰到哪个禅师讲话，都能心里有数，这就是"乾以易知"了。达到这个功夫，你就不会被迷惑；不然真的是偏听这一套学说，迷信那一套理论。这个打坐，那个瑜伽，宗教的门派太多了。很多人没有这种修养功夫，听了别人的话就被迷惑了，跟着走，一盲领众盲，就走到黑暗的深谷去了。所以，当你要跟别人走的时候，先把握住"易"，把握住"简"。"易"跟"简"这两个字就是我给诸位的要诀。

在《易经》的范畴里，最后要归元，"元亨利贞"的"元"，归元就是归向道、返于道，这是最重要的。归向元，返于道，你就能跳脱这些复杂与是是非非，回归最简单的本色。不然的话，你越研究学问，就在那个复杂的东西里头陷得越深，直至永远被困住。任何学问越做越细，越细越复杂，到了最后，你跳不出来就很危险了。汉代以后，研究《易经》的书可以说是汗牛充栋，你如果想把那些书都念完，就会几十年掉进故纸堆里出不来。所以要归元，归于道，这时才会发现本来的大道其实清清楚楚地就在你面前。

一篇医学文章里头有句话我觉得很好，它说："熄灯，睡觉，归于自然。"当我们闭上眼睛，思想就不是往外的，而是往内的，这是一个变。所以要把思想念头沉下来，当我们碰到困难的问题时，先把它放在一边，先睡觉，到第二天早上就会有新的想法了。

"有功则可大"，这里的"大"，与"乾之大始"的"大"相呼应。意思是乾在开始的时候，在很微小的时候，就种下了大的因子，所以到后来才变成大的事业，才会有大的发展。"可久则贤人之德，可大则贤人之业"，此处讲贤人，而《易经》在其他地方都是讲圣人的。我曾在《易经系辞传解义》中说过，为什么这个地方要讲贤人。《易经》里面讲圣人，都是指圣人设卦，先知先觉，而贤人是根据圣人的设卦去运用它。所以，我设计的表格里面，把"天"这一行放着"圣"，"地"这一行放着"贤"。为什么贤人属于地？地是顺，看乾、坤两卦就知道了，乾是往前发展，坤是顺，贤人顺着这一条路子去做。贤人讲功用，但圣人讲的不只是功用，圣人讲的功用也不是我们所讲的功用。圣人是看一个远景，而不是小成、小利与小用。圣人讲的"知"是简易的，是"无"的，贤人是用《易》，是跟着走。

"易简，而天下之理得矣"，能够"易"，即易知；能够"简"，即简能。这就把"知"跟"能"合在一起了。你想想看，我们把握知，把握能，天下的道理就都在这儿，哪一个离得开"知"与"能"？所以说"易简而天下之理得矣"，"易简"本身就是一个理，所以能够"易简"，理就在其中。能够"易简"，就不会杂乱。做学问，当你感觉越讲越复杂的时候，就要回到"易简"，要回头，回到本源，回到开始的时候，想想一开始讲的是什么，又为什么而讲。有时候一讲下去，自己都不知道在讲什么，最后讲的跟原来想的意思完全相反，这就叫"不知所终"。

事实上也是如此。譬如心理学家的工作，有时候就要从简单的方向去想，劝人家也是一样，往简单的方向想，不要往复杂的地方想，问题自然就解决了。夫妻间吵架也是一样，往简单想，想想为什么吵架，也许本来就是一句无关紧要的话，却越变越复杂，甚至闹到离婚。有时候，也许我们不去想什么方法，反而是无中有路了。其实不是问题难，而是你把它搞难了，将本来容易的事情弄复杂了。

禅宗公案有一个重要的特点就是，它不给你说破，让你自己去痛苦烦恼，实际上的功用须得自己在痛苦烦恼中摸索，不然，一句现成的话给你是没有用的。中国的学问，它不只是一句话，不像数学上1加1等于2的公式，你马上可以拿去用，这是知识，中国哲学中的一句话往往需要你花一辈子去提炼。譬如老子有一层意思，是我们自认"愚人之心"，后来变成"大智若愚"的成语，这句话就有人用一辈子去提炼，下了很多功夫，才突然发现"对啊！"有很多道理，就像父母告诉孩子："孩子呀，你这个对象不行，不要交往了。"但父母越讲这个人不好，女孩越喜欢这个人，她没有办法接受父母的道理。等过了五年，过了十年，她才会发现，还是父母讲得对，那个男人实在是不好，而她自己五年、十年的时间就这样牺牲掉了。

"天下之理得，而成位乎其中矣！""成位"，成的是成人之位，在天地之中成就人的位。人生下来是天地之中的，不像动物一样，它们不能发挥那个位。人了解"易简"的理以后，在天地之中，就踩准这个位置发挥，发挥这个位就是《中庸》讲的"至中和，天地位焉，万物育焉"。发展你的中和之德，然后你才能跟天地同位。天有天位，地有地位，人有人位，这三个位才能够参赞于天地造化。三者合一，化育万物，宇宙有生机，而人的位能继天地的生机，化育万物，使宇宙生生不息地发展。

第二章

圣人设卦观象，系辞焉而明吉凶，刚柔相推而生变化。
是故吉凶者，失得之象也；悔吝者，忧虞之象也；变化者，
进退之象也；刚柔者，昼夜之象也；六爻之动，三极之道也。

语　译

圣人画卦以效法天地之象，根据卦象写下文字，来说明吉
凶的道理。再从阴阳之爻的相应，来观察变化的轨迹。所以系
辞上的吉凶，是指人事上得失的现象；悔吝，是指心念上忧虞
的现象。卦爻上的变化，是象征阴阳的升降；刚柔是象征昼夜
的交替。由此可见六爻的变动，正是天、地、人三才致中和之道。

解　义

"圣人设卦观象，系辞焉而明吉凶"，此处"设卦"就是画

六十四卦了。圣人伏羲画了八卦，文王把八卦重叠为六十四个卦，用它们来观天，包括观天地、宇宙、万物变化之象。"系辞焉"的"辞"是指卦辞和爻辞，这是《易经》的作者文王所写的。但此处何谓象、何谓卦？卦即六十四卦，卦的原意如同带提手旁的"挂"，也就是说天象如同一张图片悬挂在那里，从这个卦里面你会看出它的象来。而象有两重意思，一指天象，一指卦象。天象指向宇宙变化，卦象则是指六十四卦中的每一个卦，都是由两个三爻的八卦组合在一起的。有山、有水、有天、有地、有火、有雷、有风、有泽，根据卦象去系上辞，去说明吉或者凶的道理。

此处，我要强调，今天我们用《易经》，最主要是看宇宙万物的变化之象，也是从六十四卦去了解宇宙万物的变化。因为在最初的时候，是由天象、宇宙万物的象，画卦而演变出卦象的，所以我们现在再看的时候，也要从卦象里面去了解宇宙变化的天象，不能斩断了宇宙万物的象，只从卦里面去看，不能为讲得通而附会解释。我批评过很多《易经》学者的注释法，只就爻辞、卦辞的文字去求象，而忘了外在的宇宙万物变化的象，硬是要把它讲通，最后造成的结果就是附会，因为执着于解释通而忘了活的象。所以我们要去了解宇宙变化的活生生的象，而不要呆板地执着于文字的解释。文字的解释只是文王系上的解释而已。

"刚柔相推而生变化"，什么是"相推"？我们要联想到第一章说的"刚柔相摩"。"相摩"然后"相推"，两个爻相互摩擦，"推"就是摩擦之后的一种变化，即推动。假定两个爻是一阴一阳、一柔一刚互相产生感应，"相摩"而有感应，有感应之后发生变化，从这一爻到那一爻，这就是推。刚柔相推，阴阳往来，从而产生宇宙万物的变化。

"是故吉凶者，失得之象也"，为什么刚柔相推会产生吉凶？吉凶是指人生的遭遇，之所以为"失得之象"，乃是指位之当与不当。位不当则凶，位当则吉。就位来讲，你站在这个位置上，不顺着这个位置走，就会失；顺着位置走，即是得。失得是体现在爻位上的，因此人在外面做事情就有失、有得，有吉、有凶。

"悔吝者，忧虞之象也"，在面临刚柔变化、爻与爻位的变化时，又会产生另外一对情绪：一是悔，一是吝。《易经》的爻辞里面常常出现"吉""凶""悔""吝"这些字。"吉""凶"是指事的结果，这样做后会有吉，那样做后就有凶。但"悔""吝"，有时候是出现在事情发生之前，而不只是指的结果。先说"悔"，悔有两种意思：一是事情做完了才后悔；二是以前的事到现在有所后悔，即后悔前面的错，以后就不会再做了。《易经》所讲的是第二种悔，即是告诫自己以后不会再犯。我知道颜回之所以"不二过"的秘诀，就是他善用第二个悔，悔以后不再犯。六祖惠能也知道这点，他在《坛经》中便说："悔者，悔其后过。从今以后，所有恶业、愚迷、憍诳、嫉妒等罪，今已觉悟，悉皆永断，更不复作，是名为悔。"《系辞传》此处的悔悟就是介于过去、未来的转折。虽然我们通常把吉凶看得很大，实际上真正重要的在悔和吝，而不在吉与凶。吉凶是结果，能悔则可以避凶而趋吉。"悔"是一个功夫字，而"吉凶"不是功夫字。"吝"的本意是顾惜、舍不得，不同于现在常说的吝啬，是指心里面的一种感觉、不好意思，即有点小难过、不舒服。

"忧虞之象"中的"忧"是指忧患。《易经》里的"忧"多半是正面的意思，而不是负面的忧愁，如"作《易》者其有忧患乎"（《系辞下传》），所以忧患是事前的。"虞"就是考虑和忖度。能够忧其有悔、虞其难过，就可以避免后来的凶。做人就是要修炼自己具备这种忧虞其悔吝的功夫。孔子正因为他常常忧虑自己的"德之不修，学之不讲，闻义不能徙，不善不能改"（《论语·述而》），才成就了他的圣德。

"变化者，进退之象也"，变化有两种，一种是宇宙万物的变化，一种是卦中爻的变化。因为每个爻都是写天地之象的，是把外面的变化放在爻里面，从而产生了爻的变化，且每一个爻都不是固定的，时刻都会发生转变，这个变化就是所谓的"进退"。"进退"在外来讲，是说你做事当知该进该退；就爻位来讲，"进"是往前，但"退"不是指倒退，而是退居其位。比如，在第二爻上，谓进，就是去往前面的第三爻；谓退，就是要退居于第二爻，不要动，而不是退到第一爻。可见，卦爻的位置上的退，是指留在那里等待时机。实际上，我们经常讲人生要知进退，讲白了，"退"还是指留在本来的位置上，不是说你退化、退步了，而是在提醒你，暂时不要前进。

"刚柔者，昼夜之象也"，因为刚柔是代表阳与阴，昼夜也是代表阴阳。故刚柔交替，也是代表昼夜交替。

这里谈到"六爻之动"，说这六个爻的变动是"三极之道也"。六个爻里面，下面两爻是地，当中两爻是人，上面两爻是天，构成"三极"，"极"是一个最高的标准。"极"实际上就是"理"，是指天、地、人之理。

是故君子所居而安者，易之序也；所乐而玩者，爻之辞也。是故君子居则观其象而玩其辞，动则观其变而玩其占，是以自天佑之，吉无不利。

语 译

所以君子能安其所处身者，在于明易卦的爻位次序；所品玩而乐其心志者，在于体验卦中的爻辞。因此君子在静居时宜深观卦象，品玩系辞；在准备行动时，应观察卦变，细味先机。这样的处身行事，便能得人助、天助般，一切顺利，毫无困难。

解 义

"是故君子所居而安者，易之序也"，前面第一章讲圣人、贤人，此处讲到了君子。圣人先知先觉，了解宇宙万物的变化，设了卦，贤人根据圣人的设卦去运用它。圣人跟君子不同，圣人是理想人物，迄今为止我们历史上有几位圣人？尧、舜、禹、汤、文、武是圣王，孔子是至圣，连孔子的学生都没有被称为圣人的，孟子也只是勉强被称为"亚圣"，其他都是贤人。虽然道家把老子当作圣人，但实际上老子还不属于圣人，而是哲学家。有智慧，还有伟大的功业传世，我们才称之为圣人。但是我们都有可能成为君子，只要我们修德就是君子，所以真正重要的是君子之道。在儒家经典中,《论语》讲得最多的就是君子。《易经》的道理"易知易从",也是从君子来讲的,大家都可以易知易从。所以,在我们的日常生活中,"安"字很重要,"安"是中国哲学里修养的功夫,真正能做到"安"——在任何的位置上,你要能够安,去慢慢发展,而不要在这个位置上一有不满就想跳,安乐很不容易。所以,在位上能够安,就是"易之序也"。

有人说"易之序"是六十四卦的排列研究,从乾、坤然后到了屯、蒙,知道了事物的变化,这是一种说法;另外一种是指六十四卦的每一卦的六个爻的次序,一步一步发展,由内到外。从动态来讲,有可能我们每天都会有六爻的变化,但也有可能,一个人一辈子也就处在一个爻上,所以"安"很不容易。"居而安",居就是不动,能安住于这个不动的位置。

我这一辈子在蒙卦第二爻上。我们看蒙卦第二爻,就是指老师,我这一辈子都是做老师,且没有动过。为什么? 我要动的话,就到第三爻,第三爻就危险了,凶。但是有人可以冒险,不安于做老师而要参与政治,这就跑到第三爻去了。到第三爻,他就想第四爻,每一步都很危险。这不是指某一个人的情况,每个人都可能这样,这是野心和欲望使然。但是,那有什么不好吗? 也许我也想做总统的,但是我的条件不好、不够,我不能适应政治,只好在第二爻上,当个穷教授。安不容易,我妻子懂我,结婚的时候她就说:"你这一辈子最多是做教授了。"这也是穷教员的野心呢,也许一辈子不能动,那就安于位,安就是守,守这个位置。我想说的是,我们了解《易》的发展,它有一个次序，了解自己不能走那一条路，所以能安守于这一条路。

"所乐而玩者，爻之辞也"，"玩"字是我们中国人常用的，譬如到我家玩玩，我们去公园玩玩。但这里的"玩"字是指玩味，要注意是"乐而玩"，是乐在其中的。"乐"字很重要，如同"安"字，中国人常常把"安""乐"放在一起，能够安才真正能够乐，这个"乐"就是真正的精神愉悦，而不是肉体的逸乐。我们中国人都会玩味。我们喝茶而不喝咖啡，咖啡一下就喝掉了，而茶可以一泡再泡。中国人喝酒也一样，弄几粒花生，炒几样小菜，慢慢品酒聊天，那样不会醉，不是拼命喝酒烂醉。所以"玩"字，不是有欲望地玩，不是有目的地玩，而是无心地玩，无心你才能玩味。如果为了什么目的，一占到某个爻，感觉这个爻不好，就不能去体味了。所以对得到的爻辞，你要慢慢去体会，慢慢去玩味，并不是一下子就可以懂了，要玩出味道来，玩出精神来。

"是故君子居则观其象而玩其辞"，"居"是指平常生活，不动安住。对于"观"字，如果你去研究老子哲学，《道德经》第一章就说："常无，欲以观其妙；常有，欲以观其徼。"这里的"观"字跟普通的"看"字不同，"看"是用肉眼去看，"观"多半是用心去观。憨山大师在《老子道德经解》中，特别注了这个"观"字。对于"无"，我们看不见，眼睛只能看"有"，只有在内心中去"观"，才能看得出"无"来。

佛学中有"止观"，"止"为梵语 s/amatha（舍摩他），"观"为梵语 vipas/yana（毗婆舍那）之译；止息一切外境与妄念，而贯注于特定之对象（止），并生起正智慧，以观此一对象（观），称为"止观"，所以"观"是从内心观出智慧，是一种精神、智慧的观。

而后，"玩"字出现了，在《系辞传》里面，孔子写得非常严肃，共用了三次，这个地方的"玩"字，至少有四种意思：

第一，无心，无心就是没有特殊的目的。如果有一个特殊的目的在那里，事情就不好玩儿了，变严肃了。按无心的意思来解释，"玩其辞"就是说，你不要带着目的去研究"辞"。有了目的再去研究它，你就会想着用什么哲学方法，想着怎么去分析，有时候就被自己的先入之见框住。

第二，游心，游就是《庄子·逍遥游》中的游，即游于心。谈艺术的事情要有"游"字，孔子就说"游于艺"（《论语·述而》），对艺术的东西你要把玩把玩。所以游心，是把整个心放进去游，不是游脑，不是分析。中国人的"心"跟"脑"实在不一样，中国人是用心去想，不是用脑去想的。故游心，即用心去想。

第三，耐心，玩东西要有耐心地去玩，比如我们和孩子一起玩象棋、围棋，那都需要很有耐心地玩，要培育小孩子做事情有耐心，要寓教于玩。有耐心，才能玩得开心。

第四，细心，细细玩，全神贯注地在这里玩，不是说玩一下就丢掉，要细心，专注于玩味。

"玩其辞"的"辞"指的是卦辞、爻辞。以玩的心情，慢慢把它放在心里，玩出味道来。所以，有时候一个词或一个句子，当你讲不通的时候，就慢慢放到心里去，然后有一天，当你碰到事情时，那味道就出来了。"玩其辞"是在"居"的状态下，即静的时候，慢慢地玩。

"动则观其变，而玩其占"，"居"对应的是动，是动念、动作，也就是说，有事的时候就要看宇宙万物的变，看事态的变，而"玩其占"。"占"字有两种意思：一是指事实上的占卜，用五十根蓍草来卜算，这是占；另一种，占是指未来，看看未来的发展。"玩其占"就是指对未来的发展也要以这种玩的心态去看。有时候当你目的性很强、带着很强的欲望去看未来时，这个欲望就限制了你的方向和可能性。未来有很多路，但是强烈的欲望，会让你把自己钉死在那里，就看不到未来了。人可以有目的，但是在了解未来的时候，不要带着很强烈的目的去规范自己的观念，要看看多方面的可能性。

"是以自天佑之，吉无不利"，注意，这里讲"自天佑之"，而没有说"自神佑之"。"天"，即是讲天道，或是讲天理、讲自然。《易经》讲的是一个自然的感应与反应，是自然的变化。如果你观其变，看到变化的路子，按它的指引处身行事，就会一切顺利，如得天佑，就无入而不自得了。

第三章

　　彖者，言乎象者也；爻者，言乎变者也；吉凶者，言乎其失得也；悔吝者，言乎其小疵也；无咎者，善补过者也。是故，列贵贱者存乎位，齐小大者存乎卦，辨吉凶者存乎辞，忧悔吝者存乎介，震无咎者存乎悔。是故，卦有小大，辞有险易。辞也者，各指其所之。

语　译

　　彖的作用，是总论卦象的；爻的性能，是表现刚柔变化的。《系辞》上所谓"吉凶"，是指人生的得失；所谓"悔吝"，是指我们所犯的过与不及的小毛病；所谓"无咎"，是指我们的善于悔过自新。所以分列身份的贵贱高低，是在于爻位的等次；比列事情的大小好坏，是在于卦所具的性能不同。明辨吉凶祸福之途，须细味卦爻之辞。忧虞人生许多悔恨之事，要把握那一念之间。戒慎恐惧要使自己不致遭受麻烦，须存自悔之心。所以就卦爻之象和卦爻之辞来说，虽有大小、好坏、平坦、险恶之分。但就作《易·系辞》之用心来看，都是为我们指点应行的正路。

解 义

"彖者，言乎象者也"，"彖"在文王六十四卦里没有出现，孔子写"十翼"才作《彖传》，所以现在六十四卦里面只有《彖传》中用到"彖"字，其他所有的"彖"字都出现在《系辞传》中。《彖传》是总论卦象，解释卦辞，即内卦、外卦构成的道理的。譬如乾卦，"元亨利贞"四个字是卦辞，《彖传》就是解释"元亨利贞"的意义和作用。"言乎象者也"，"象"是指外在宇宙变化的现象。"彖"字很少用在他处，从字形上来说，乍看就像一头动物，但我们不知道"彖"具体是什么样的动物。有的学者说"彖"是野猪，取其牙齿锋利，咬东西很快，"彖者，断也"，断就是断定、判断；也有学者解释说"彖者，材也"，"材"通"裁"，剪裁的意思。总之，"彖"是讨论卦象所以成象的意义的。

"爻者，言乎变者也"，"爻"字本身就像两个叉相交，阴阳一交就产生变化了，每一个爻都是讲变的。六十四卦里面讲阳爻的，用初九、九二等；讲阴爻的，用初六、六二等。为什么只用九跟六而不用七和八？因为九就是老阳，六是老阴，老阳、老阴一定会变，所以每根爻都要变，讲爻就是讲变。

"吉凶者，言乎其失得也"，什么叫失得？在爻上来讲，

"失"就是不当位，不当位则凶；"得"就是当位，当位则吉。"失得"就爻辞来讲，是指爻的当位与不当位。就人生的变化来讲也是一样的，你讲的话如果不合自己的身份就有麻烦，合自己的身份就无咎。当然，此处我们以前也强调过，凡是讲吉凶，是指就某件事情的结果而言。

"悔吝者，言乎其小疵也"，在《易经》里面"悔"字很多，出现了几十次，譬如"亢龙有悔""同人于野，无悔""贞吉悔""悔亡"等。"吝"字也不少，"往吝""往见吝""君子吝"等。"吉""凶""悔""吝"这四个字常常一起出现。与"吉凶"相比，"悔吝"是指小事，是介于吉凶之间的，是小毛病；凶是大麻烦，"吉凶"是针对大事的。朱熹是这样注解的，"悔"会使我们离开凶而趋吉，而"吝"就会趋于凶，但我不太同意这个看法。

我认为"悔"有两个意思：一是对以前的事情后悔；二是后悔了，对以后的行事有改善，就做少悔、无悔的事情，它确实会改变事情的结果，介于以前跟以后之间的变化，并不是完全等同于结果。相反的，做了好的事情就会吉。

至于"吝"，我认为"悔"跟"吝"实际上都是心理问题。"吝"本来是指一种羞耻的感觉——不好意思，同时"吝"还代表前途，在前面你会碰到一些小麻烦，所以"吝"也可以改正。碰到"悔吝"没有关系，这是心念的问题，是小麻烦，是羞耻，是可以转化的，而吉凶是事情的结果，两者是要有比较的。

"无咎者，善补过也"，在我看来，念《易经》真正要重视的是"无咎"。《易经》是补过之书，孔子讲得很清楚，《论语·述而》说："加我数年，五十以学《易》，可以无大过矣。"

孔子也只是求无大过。"咎"是指人家的责备、责难。"无咎"的意思是本来有这个责难，但是我现在这样尽量照着《易经》去做，会"无咎"；虽然会有别人误解，虽然有些麻烦，但问心无咎。所以，我认为《易经》真正的精神在追求"无咎"。《易经》告诉我们怎么去做，我们照着《易经》去做，可能结果还是有麻烦的，但是可以问心无咎了。

很多和尚一辈子做好事、念经，结果还是会生病，因为那是外在的变故。外在的情况是没有办法改变的，无咎就是自己尽管去做而不问外在的咎否，这才是真正念《易经》的精神。"吉凶"也是外在的，只是一般人想要得到吉，避免凶的结果，但有时候即使你遇到外在的凶了，还是可以得到"无咎"。

"是故，列贵贱者存乎位"，"贵贱"在前文讲过，是指爻位的高低，"卑高以陈"，是指位置的低跟高，是出于爻位的不同。

"齐小大者存乎卦"，"齐"有整齐、比列之意。"小大"亦有两种意思：第一种意思，讲《易经》里卦爻以阳刚为大，阴柔为小。譬如泰卦跟否卦，三根阳爻、三根阴爻，"大往而小来"，"大往"是指三根阳爻在外面，"小来"是指三根阴爻在里面；"小往大来"，很显然也是指阴爻与阳爻的变动情形。第二种意思，"小大"指爻或者卦的大小。卦本身的排列就是阳卦大、阴卦小，而《易经》里有的卦是在名称上写明大小对比的，譬如用"大"字的卦有大畜、大过、大壮；用"小"字的卦有小畜、小过。有的卦虽然没有在名称上说明大小，但每一卦的性能却自有大小乃至格局的对比，如乾与坤、泰与否、剥与复、晋与遁、既济与未济等。这是因为卦本身象征事物的性能不同而有大小之分。所以"小大"指爻或者卦的大小。

此处"齐"字与《庄子·齐物论》的"齐",也可以做一个比较。《齐物论》的"齐"是指齐大小、齐高低,但不是从外面把万物压平,而是指万物各有其所长,高的让它高,低的让它低,大的让它大,小的让它小,顺物自然不齐而齐之,让万物自齐,不是人为地把它搞齐。高的,可以长那么高,它才是真正齐;低的,它长得那么低,这也是它的齐。万物都发展到它应该有的程度,这才是《齐物论》的"齐"。

《系辞传》中的"齐",就卦来讲,可以联想到"方以类聚"的"方"字,卦是"方",每个卦都是"以类聚",同性质的都可以去归类。譬如:蒙卦谈教育,师卦谈军事,这是"方以类聚"。《易经》里的"齐"就是把所有同样性质的事物归齐在一起。

《系辞传》中的"齐"跟《齐物论》的"齐"到底有什么不同?庄子的思想是打破人的成见,虽然还是就万物的本身来发展,但好像都要打破六十四卦的格局了。就这一方面来讲,《易经》讲时空,而庄子要打破时空,要超越时空,一飞几万里。就万物的性能来讲,两处的"齐"却是一样的,《庄子》认为万物有它自己的特性,有它自己的发展。《易经》里,每个爻自有爻位,小人有小人的发展,君子有君子的发展,只是小人的发展会凶,君子的发展会吉。所以就"齐"的整同和整一的意义来说,两者讲的是一样的,只是一个是打破时空,还归万物的性体,即自然;一个是从时空上,使万物都走上相同的路子,即卦爻。

"辨吉凶者存乎辞",意思是要了解吉或者凶,就要细心地明辨爻辞之所指。但这个重点在于"忧悔吝者存乎介"。"悔吝"是小问题、是心态，感到后悔、羞耻，都是心态的一种，是有"小疵"。但正由于它是"小疵"，所以产生令人忧患与后悔的事，就发生在微细之处或一念之间。"忧"是动词，指忧患、忧虑，即忧虑有悔，忧虑有吝。所以忧虑的重点要在乎"介"，要心存"介"。何谓"介"？"介"有三种意思：一是小，如一介匹夫、一介之臣；二是当中，如介绍、中介。就小的意思来讲，《道德经》第五十三章说："使我介然有知，行于大道，唯施是畏"，意思是假定有一点点的知识智慧，我最怕的就是，要把自己的这一点点聪明智慧拿来乱用，好用小聪明，自认为有知。"介"作当中讲，就是指两个爻之间发生变化了，"忧悔吝者"担心阴阳之变，是指个人位置的变化，可能会有悔、有羞耻、有麻烦，要时时保持着忧虑之心，来对待细微之处的变化，不要轻忽它。

这个"介"还有第三种意思。曾子讲慎独，慎独的"独"也是"介"，指意念的隐秘之境。"他人所不及知而己独知之者，故必谨之于此以审其几焉。"（《大学章句》）一个人独居的时候最危险，意念一转，有可能就是有凶、有祸，但也有可能是有吉、有福。所以一介在乎一念。《易经》讲三个东西，一讲吉凶，一讲悔吝，一讲无咎。吉凶是事情的结果，悔吝是事上的功夫，做得好了就可以趋吉避凶，当然有的吉凶没有办法改变，但可以无咎。

"震无咎者存乎悔"，"震"本来是三画卦八卦中的一卦，即震卦。震卦是雷，是一根阳爻在底下，两根阴爻在上，代表动。既然"震"是代表动，那这个地方可以用动吗？动是自然外在的动，行为上的动；而"震"是代表心念的动，是战战兢兢，是警惕自省。一件事情，一个念头动了，马上使你的心有震，这个时候想要真正"无咎"的话，就要懂得"悔"是关键。以前什么事情做错了，就不要再犯，这就是悔。悔是瞻前顾后，多用悔就会无悔，而不知悔就会有悔。

卦有小大，有不同性质，有大格局、小格局。有的卦大家认为不好，比如困卦，代表遭遇艰困；有的卦好像很好，比如泰卦，代表一切安顺。虽然有这种性质与小大的不同，包括爻辞也有险有易——爻辞的险易是告诉你什么道路有危险，不可以走，什么道路是平坦的，可以走；但所有的爻都各有所知，这个"知"就是道、就是方向，卦辞、爻辞就是告诉你方向何在，即要如何做的。

《易经》把时空放在六十四卦里面，《庄子》是打破时空，二者方法不同。《易经》的每个爻位是空间，爻的位置放在那边是静止的，但是人一进去，你占到的那个爻位置就动了。这一动与未动是时间，不动是空间，《易经》的时空观很清晰。中国哲学这一套东西，与西方哲学的形而上学不一样，《易经》让我们了解时空，是具体化的，可以抓得住，而且跟我们的人生有关系；西方哲学所讲的时空都是抽象的概念，是外在的东西。

第四章

易与天地准，故能弥纶天地之道。仰以观于天文，俯以察于地理，是故知幽明之故。原始反终，故知死生之说。精气为物，游魂为变，是故知鬼神之情状。

易理是效法天地，而以天地变化的规则为标准的，所以它的知性在天地之间是无所不在、无所不贯的。易理之所以能如此，是由于作《易》者首先对上能深观天道的垂象，对下能细察地道的理路，所以知道宇宙间幽暗与光明相继相成的道理。其次它能推源于物之初始，以反求物之终结，所以能明了生死交替，善生就是善死的道理。最后，它能从精气凝聚成物，精气散、游魂变的现象，知道鬼只是气散，神只是至精之气而已。

解　义

"易与天地准，故能弥纶天地之道"，"准"可以解释为标准、准绳及等于。天地是靠近我们的，是我们生活的范围，天生地形，我们的身体也是一个小宇宙和一个小天地，这就是标准。《易经》与易理都是以天地为标准，标准是往上看，所以《易经》的卦爻归纳了人生所有的重大问题，易理写尽宇宙内所有变化的规则。准绳则是以天地的道理来作规范的，《易经》以天地为准绳，运用这个准绳来判断，准绳是往下的。最后一个"准"的意思，即等同、等于。"易与天地准"，就是说《易》就等于天地，讲《易》就是讲天地。这样的话，《易经》的道理就可以"弥纶天地之道"。"弥"指合，即弥合，就是合天地之道、合天地之理。"纶"是经纬的条理之通。一个合、一个通，一方面合天地之道，一方面通天地之道，所以问题不在"弥纶"两个字，而在天地之道。

从学术上来说，西洋哲学就是外在的形而上学和宇宙论，形而上学中谈宇宙的深层是水、是火，都是讲外在的。但是我们中国哲学谈天地之道，就跟"我"有关了。天地之道离不开人道，实际上是指天、地、人之道，《易经》开始就是讲天地之学，以及天、地、人的哲学。了解以《易经》为代表的中国哲学所讲的就是我们的人生，是与生活息息相关的，味道就不同了。

如何去讲天地之道呢？"仰以观于天文，俯以察于地理"，很多人根据此处，说《易经》在讲天文学。但这不是讲天文学，中国自有一套不同于西方的天文学。我认为在《易经》之前，中国就有一套天文学。譬如《尚书·尧典》的"乃命羲和，钦若昊天，历象日月星辰，敬授人时"，这是讲历法。分命手下到东南西北四方去，看到东边的日月，然后知道生长；看到北方星辰，就知道北方的气候，这是天时，是中国的天文星象。可见，早在《易经》之前、文王之前，我们就把天象跟人事联系在一起了。"察于地理"，中国也有一套地理学。禹治水时，懂得地理，入山开木。后来到北魏时还有《水经注》。但是此处，我认为不是讲天文地理学的，重点在于下面讲的"幽明之故"。"文"是指光明，《易经》里面用"文明以健"来讲天道，天是文的、天是明的、天是健的，所以"文明以健"，这是天给我们的象。从哲学的观点来讲，观察天就想到天的光明、天的行健。"地"是指地的理路、地的条理，是代表幽暗又看不见的对象。此处，天代表光明，地代表幽暗，所以说"知幽明之故"。

"幽明"从哲学意义上讲，"幽"是夜，"明"是昼，两个字是对称的；"幽"代表息，"明"代表作；"幽"代表退，"明"代表进，即"日出而作，日入而息"。当然有时候也说"幽"代表坏，"明"代表好；"幽"代表败，"明"代表成，所以我们在生活上碰到的进退、成败、好坏，都说是"幽明"。当你了解天之文、地之理后，你就了解"幽明"变化的原因，不会被"幽明"变化所迷惑。"幽明"的变化是自然的，像昼夜更替般。那我们要如何处理？孔子说："邦有道则仕，邦无道则隐"（《论语·卫灵公》），即可以仕则仕谓"明"，可以隐则隐谓"幽"。当我现在不能发展时，我就安心处"幽"，好好潜修，如"潜龙勿用"；一旦我飞黄腾达，就是"飞龙在天"。"飞龙在天"是"明","潜龙勿用"是"幽"。乾卦是"明",坤卦是"幽"。生活上,我们常常都会面临"幽明"的变化。当知道这是天之道、地之理后,处"幽明"我们就会坦然,了解该怎样处理更为恰当。

天道是乾阳,乾阳要入了地,才能触动地中的东西生长。所以讲天地之道,要将天文与地理、天道与地道相结合,只有天道或地道那是没有用的。天道光明外现,地道理趣内敛,"明"在"幽"里,这在道家哲学里就叫"和光同尘"。

《庄子·应帝王》中神巫季咸会算命,看列子的老师壶子时,看到了四个境界:一是如同地表那样寂然不动,好像死了一般;二是生机从脚跟发至全身,让天入于地,显现出生机;三是太冲莫胜,平和之气;而第四种境界则什么都不是,只随着你走,最后季咸因为看不出壶子的相,吓得逃走了。这里的第二种境界,就是天道的阳气入于地中,而触动了生机,和易理是相通的。

"原始反终,故知死生之说","原"就是推究,此作动词。"原始"即研究其开始;"反"指返回,"反终"即研究了始,再去了解终。"原始反终"的话,本应是知生死之说,因为始是生,终是死,但为什么要倒过来说"死生之说"呢?佛学讲生死,由生到死就完了,所以人类痛苦。庄子说"死生",就妙了,由死而生,死是开始,是故"原始",即要知其始,再知其死,知道死是什么;反其终,而知其生,所以叫"原始反终"。由此,我们知道死生、生死,循环不已。每个人一生下来,即有始的时候,总是希望有善终。其实看一个人由生到死,不要太悲哀，死的时候总比生好得多。生的时候，是赤条条一个娃娃，什么都没有，但死的时候，一定有许多有价值的经验与关系。每个人死时，都比生时的光景好得多，所以想想生、想想死，想想始、想想终，了解了死生与生死是一气的循环的话，你对生死的问题就超然了。《易经》此处与《庄子》在思想上是一致的。

"精气为物，游魂为变，是故知鬼神之情状"，这一句话相当难解，我虽然注了，却很难讲透，即便我在早年写的《易经系辞传解义》一书中已引经据典，但现在，还想要加一点新的注解。"精气为物"，"精"是代表阴，"气"是代表阳，阴精阳气。"精气"，即阴与阳合在一起生变化了，这是一种解释。另外一种解释，我把"精"当作形容词，理解为气之精而为物。"精"作形容词的用法在《系辞传》里出现过，"精义入神以致用"中"精"就是形容义之精。所以，我认为这句话的意思是至精之气，凝聚而为物。在中国哲学中所谈的万物是包括人的，"精气为物"，就是说精气造就了人与物。

"游魂为变"，我在《心心相印》那一篇文章中把中国的"心"分成了四个层次：一是肉体的心脏；二是心意，心意就是意识、感情、欲望，也是属于肉体的层面；三是心智，这是指mind，和脑神经有关，同属于肉体的层面；四是心神，我们常常讲心神，像道家修炼到升仙，可能有时候要超脱肉体、阳神出窍。这个神是高阶的，往上发展，变化成主体的神；这个神往下发展，就像朱熹等人的解释，是阴精阳气氤氲聚而成物，魂游魄降，消散为变而成鬼。往上发展不留物象是神，往下发展精气散而为游魂，则生变为死，人变为鬼。就"鬼"字的字形来讲，上面是鬼头，下面有脚和一个钩，钩代表私心。为什么很多人还没有死就被人骂作鬼，就是因为私心太重。

"是故知鬼神之情状"，这是说我们要了解鬼神，鬼神只不过是我们一气之变化，上升而为神，下降而为鬼。"鬼"在儒家多半指祖先，但这种鬼是有私心的，你家的祖宗一定是保佑你不保佑别人。哪怕是做坏事、犯一个小错误时，你也会祈求自己的祖先一定保佑你，所以祖先是有私心的，不是很公平的。但实际上每个人的祖先都保佑自己的儿女，又相对是公平的。比如选举，就是每个人以他自身的立场来选的，你对我有利，我就选你。如竞选人支持减税的话，我就选他做总统，因为减税对我有利，这也是私。所以鬼是有私心的。

魂是没有形体的，没有形体，它就能游了，所以"游魂"就是指魂游，也就是鬼神，鬼神就是我们的精神离开身体。另外，在道教里，精气神的上面还有一个神，是真正精神化的神人。

"精气为物，游魂为变，是故知鬼神之情状"，就是讲一气的变化。我在"幽""明"两个字上讲得比较多，因为"幽""明"两个字比较抽象，而且要结合人生讲成败、进退，要下功夫。到了"精气为物，游魂为变"处，你就看不出功夫来了。真正研究《易经》之后，你就能够处理"幽明"的问题，同时了解生死之道、了解鬼神的情状，不会贪生怕死，也不会怕鬼、不会畏神。

与天地相似，故不违；知周乎万物，而道济天下，故不过；旁行而不流，乐天知命，故不忧；安土敦乎仁，故能爱。

语 译

易理是与天地相符合的，因此我们用《易》之法，一切作为必须不违背天地之道。要如何才能不违？我们的"知"要像天道一样贯通万物，而我们的"行"更要像地道一样能普济天下，这样才能使"知"不会偏枯。至于我们的"行"虽然要普济天下，但却是向上提升，而不是随俗浮沉。因此在我们的修养功夫上，要乐于天道的健行不息，以知生命的生生不已，而不为一时的困穷所忧。同时更要安于地，取法于地，以辅助天道的生生之德，使我们的仁心加大而能兼爱万物。

解 义

本节谈的是易理的功能。"与天地相似，故不违"，前面提到"与天地准"，是指《易经》易理的理是以天地为标准，以天地为准绳的。现在是讲"用"，《易经》易理的"用"，与天地相似。此处何以不讲"准"而要讲"似"？咬文嚼字一下，"似"不是指完全相同，所以在"用"上不完全等同于本体，有一点儿差别。

老子在《道德经》第八章讲水的时候，说"上善若水"，"若"就是似，最高的善像水一样。为什么这么说？因为水虽然能利润万物，但水有时候也会淹死人，这种现象，用"若"，指水能载舟亦能覆舟，是不完全相等的。此处亦如是，"与天地相似"，而不完全相等。

"故不违"的"不违"两字的解释，我引用王弼在《道德经》中的注解。《道德经》第二十五章："人法地，地法天，天法道，道法自然。"文中的"法"字，令注家学者感到困惑，道已是终极、究竟了，怎么还会有效法的对象？"人法地，地法天，天法道"，都还讲得通，一层高于一层，但"道法自然"，好似"自然"又高了一层，道变成一个低阶的东西，这就不通了。其实，道就是自然，王弼很厉害，他用"不违"来注。他说："法谓法则也。……道不违自然，乃得其性。法自然者，在方而法方，在圆而法圆，于自然无所违也。自然者，无称之言，穷极之辞也。……道顺自然，天故资焉。"（《道德经注》）"不违"，即不违背，指做任何事情都相似，不离开道。在"用"的时候，可能会出现偏"用"，所以要时时不离道，不违背大道，以天地之道来"用"，然后"知周乎万物，而道济天下"。

怎么理解"知周乎万物"的"知"？《系辞上传》第一章就讲"乾知大始""乾以易知"。我们讲乾道就是讲天道，并不是说天道的"知"有了不起的智慧，它以无知为"知"，以不知为"知"，它不是以一个主体去"知"，它与万物同体，所以它的"知"就是万物的知。万物的发展都有它的原则与原理，这个原理与原则就是它的"知"，就是它的知道。譬如万物发展，我们知道如果发生了变化，就会有凶、有吉，这种顺应万物的变化发展，就是易道的知道。这就是天地之道——自然。譬如宗教中，基督教认为上帝无所不知，但是上帝造成的万物的每个结构都是很微妙的，这是一种知。在宗教来说，这种知就是上帝无所不知。而在《易经》那里，我们不讲"知"，但是这种宇宙之道已经在万物里面了，万物的用已经在"知"里面显现了。

"知周乎万物"的"周"就是周流、普遍的意思，然后"道济天下"，由于"知"是同万物变化之理合成一体的，所以天地之道或者易道，能够"济天下"，"济天下"实际上就是"通天下"。

"故不过"这句话很重要，用易道"济天下"的时候，不会"过"，而是刚刚好。"不过"就是没有超过，刚刚好。我们知道，讲授的知识常常有超纲的情况。哲学家们写的知识论也好、形而上学也好，把天地描写得很复杂。实际上，天地单单纯纯，朗朗乾坤。天地生养万物自自然然，清清楚楚，在论文上却写得那么高深。这都是"过"，是知之"过"，在超乎易知。知一旦"过"了，就难以"行"，知、行就无法和了。而易道是讲阴阳和、刚柔和、知行和的；当知行达到和时，易道的功能就显现了。此处的意思就是说，做得刚刚好，没有知之"过"。

"旁行而不流，乐天知命，故不忧"，"旁"是指旁边，"旁行"是指普遍运用。从普遍运用的角度来说，应该往下，不在上，因为如果天道只在上的话，就会耽在上面，它一定要到地下面来，才能普遍运用。哲学也是一样，一种哲学如果只是将那"形而上"的道理摆在上面讲，它就不能切乎人生。而中国的哲学是强调切乎人生、通乎万物的。

"流"是指与世俗同流。"不流"是指向下普遍运用时，它还能保持纯粹而不会完全与世俗同流。现今知识大爆炸，一般人从电视、电脑里面就会得到很多知识，高层的专门研究学术的知识分子，希望自己的学术能够影响人世，一定要向下流通，如果只是高高在上大谈"形而上"，却不管有没有人听，那是与现实人生脱节的。但是向下讲的时候，要注意去化世俗，要影响他们，使民风改善，使世俗精神往上提，而不是迁就他们，跟着他们走，最后反而与世俗同流，以致不能化导、教化人生。如何"不流"很重要，风流者能有几人不下流？这是功夫，要"不违""不过""不流"，这几个字都是很重要的。

《中庸》说："天命之谓性"，即我们的人性都是天所给的。"乐天知命，故不忧"，乐天者乐于天所赋予的，能够很快乐地接受。"乐天"，看上去像是这个人没有奋发、没有努力，只是顺从天，其实重要的是后面的"知命"，知道天所交给我们的"命"。"命"是天命，指天所交给我的任务，每个人都有天所交给他的任务，从外物就可以看出来。一棵小草苗，天交给它的命就是生长成草；一棵树苗，天交给它的命就是长成高大的树。天生万物在宇宙里各有作用，这叫"知命"，知道天交给我们的天命。能够做到这点，才算是了解"乐天知命"的功夫，而不是单纯地听天由命，落到"宿命论"里去了。"宿命论"跟"乐天知命"是完全不一样的。"乐"字像是一篇大文章，很不容易写，是无论在什么样的环境下都能乐，对一切祸福荣辱得失之来去，完全接受，不怨不尤。

"不忧"是指对外在任何的遭遇，不要有患得患失的心情，不要"忧"。但是要注意，"忧"字有正面、负面两重意思：一是忧自己的德行不够，像孔子说的"德之不修，学之不讲，闻义不能迁徙，是吾忧也"（《论语·述而》），再比如《易经》里讲的忧患意识，这是正面的；一是患个人得失的忧，指忧愁，是负面的。此处的"忧"是指忧虑个人的得失。如果真能安于天赋予我的使命，遇见任何事情都认为是我的一个发展路向，没有得失之忧，这就是功夫。

"安土敦乎仁，故能爱"中的"安"字又是一个重点。"乐天知命"有时候也说成是"乐天安命"，"乐天知命"之后才能"乐天安命"。"安土"中的"土"有三种意思：一是指土地，就中国古代来讲，我们说安于土一般指农民安于他生长的土地、安于他生长的环境，古人重视"安"而不乱迁；二是指人始终居住在土地上，延伸为能安于任何环境。有的留学生念完书后，安于自己的国家，也有很多人背井离乡迁到国外，如果真正能"安"的话，哪一块土地都是所安之土，要用这种心情安于土；三是指坤，是地，是生。地生长万物，"安土"即安于生，到任何环境都能顺其生，都是生生，故"敦乎仁"。"仁"有两种意思：一是人之根本，另一是生。"仁"是人之本，"敦乎仁"，即安于你自己的仁，安于根本，亦安于生。真正能够安于土，我们才能知道生生不息之理，任何环境都不会淹没你的生生之理，把握住生生，"故能爱"。

在中国古籍经典中，爱是不太多谈的，《系辞传》中也只出现过一次。"故能爱"，就是说仁则有亲，有亲则有爱，所以真正能够把握生生的道理的话，在任何地方你所爱的都是你所亲近的。你能爱你的土地，在身处任何环境都能相爱，遇任何人都能去爱。

"乐天知命"也好，"安土敦乎仁"也好，都是指在"用"易道之前，你所下的修养功夫，最后你也能似土地般博爱万物。

范围天地之化而不过，曲成万物而不遗，通乎昼夜之道而知，故神无方而易无体。

语　译

规范天地的变化，做到和天地的变化完全相合，而没有一点超过之病；生长万物，使万物都能曲尽其性的发展，而没有纤介遗漏之弊。这都是由于易理的知性能通达昼夜等自然变化背后的大道的缘故。所以造物的神性，是高深莫测、变化不定、不落形迹的，而能知神的易理也是随变化而变化，没有固定的形体、不变的原则的。

解　义

"范围天地之化而不过"，这里是指实际上如何"用"，和"与天地相似"的用不同。本章第一节写易理之知，然后写易理之用的修养，现在是归结到易理所用之广大。

从朱熹的《周易本义》出发，我们来看什么叫"范围"，又如何"不过"。"范围"这两个字，我们要拆开来看。朱熹说："范，如铸金之有模范。围，匡郭也。"即，"范"是以此为范，以为模范。前面讲以天地为标准，这个"范"就是指标准，指以此为范。另外是以天地之道为准绳，准绳就是指"围"。实际上，"范"是天之道，以此为范围。"围，匡郭也"，围，是地理，是一个方，是地之道。朱熹云："天地之化无穷，而圣人为之范围，不使过于中道。"所谓"不过"就是"不过于中道"。

什么叫中道？天地的变化是自然的，圣人讲《易经》，是把天地之化用六十四卦做出一个范围，一方面取象于天，就是"范"；另一方面把它分类，就是"围"。所以，圣人把天地之变化，而"范围"成《易经》的六十四卦。在这个"范围"的作用中，它就不会"过"。但这岂不是在说中道是圣人制定出来的标准了吗？似乎与易理之准，与天地之思想不合，所以此处的"不过"不是指天地之化，而是指易理能范围天地之化，做得刚刚好，这就是前面讲的"不违""不流"，是顺着自然之理、易道之易理往前走。也就是说，天地之变化是无穷的，现在用了六十四卦，就有了一个范围，有了一个理。这是把天道的变化转化成了现象界的问题，所以易理以天地为准，与天地相似。

"曲成万物而不遗"，这个"曲"字用得非常好，我认为整个中国哲学讲得最好的就是此处的"曲"。"曲"不是正面的以自己的主观之见去解决问题，而是尊重万物的变化之理，"致中和，天地位焉，万物育焉"（《中庸》）。圣人也好，我们也好，都要培育万物，这不是我们主观上要把某物变成某种模样，而是要顺万物的性来变、来育。何谓"曲成"？种豆得豆，种瓜得瓜，这就是"曲成"，是就万物的性而"曲成"。"曲成"最好的模范标准是坤道，坤道是"曲成"，乾道是直线的。坤卦是地道，地道是"曲成"。

真正讲《易经》，就是讲坤道，讲坤的作用，坤道比乾道还好，乾在坤里面，没有乾就没有坤了，所以讲坤道，里面一定会讲乾。讲地道，不必讲天，因为地中有天。前面讲"幽明"时，大家都喜欢"明"，但是"幽"也很重要，只知"明"的人，也许不知"幽"，但知道"幽"的人，一定知道"明"，这就是"曲成"。

《中庸》说："其次致曲，曲能有诚，诚则形，形则著，著则明，明则动，动则变，变则化。唯天下至诚为能化。"至诚不息是天道，不息就是宇宙的变化。"其次致曲"是人之道，"致曲"才是真正的成。如果你规劝朋友时说："你不听我的话就绝交。"他一定会回应："我才不交你这个朋友。"这有没有诚？没有诚。"致曲"的态度下，你要想尽办法，绕一个弯子帮帮他，不要正面去批评他，这才能真正表达你的诚意，所以说"致曲"很重要。"曲成万物而不遗"，能够"曲成万物"，才能使得万物不会有遗漏。"至诚"的话，有时可能还有遗漏，因为你只是用自己的标准去表达你的诚意，而忽略了对方的需要。

水往下流，我们就用水性；火往上烧，我们就用火上烧的性能。金木水火土五气的运行，实际上就是怎么样去培养"曲成"，即成就它的性能相生，而不是相克。相克就不是"曲成"，"曲成"才能相生。因缘相合也是"曲成"，否则阳走阳的路，阴走阴的路，二气相违，就不能相互为用。"曲成"的话，阳气要往下迁就阴气，要谦虚。乾卦用九说"见群龙无首"，就是把它的骄气打掉，去跟下面的阴气相和。老子讲过："善者吾善之，不善者吾亦善之，德善；信者吾信之，不信者吾亦信之，德信。"（《道德经》第四十九章）。如果说善者吾善之，不善者吾不善之，就把不善者排除掉了。就像父母生了几个儿女，如果父母只爱出色的儿女，不爱笨拙的儿女，这样的爱就有偏私。父母的爱，不管儿女好也罢不好也罢，一样去爱，这就是真爱。所以，"曲成万物"用起来是很高明的功夫，我们做事情要多了解怎么样去"曲成"，要就万物的性能去培育它们、善用它们。

"通乎昼夜之道而知"，这一句中的"知"与上面"知幽明之故"的"知"相同，"昼夜"是指白天与夜晚。"通"是指身处昼夜的事实谁都看得到，一旦你掌握了昼夜的转换之道，晚上就不会怕，因为第二天一定会是白天。因为知昼夜之道，知幽明之故，所以虽然处于低潮，认为是处在黑暗时期，但将来一定会有转变，我们要用"知"去了解事情的转换。

"故神无方而易无体"，我特意为"神"字画过一张图。

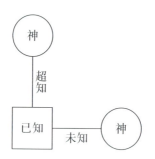

什么叫作"神"？框框内是已知，已知为什么要放在框框内呢？已知的是知识，知识就是卦之德"方以知"。卦之德是说，六十四卦中的每个卦是方（有类别）的，六根爻把所有过去的经验都放进去了，文王系了辞。爻辞就是过去的经验，是已知的。而"神"有两个意思：第一个意思是指天神，指我们不知道的，超越了我们认知的。譬如科学家所追求的是已知，上面的部分，也许不是科学所能触及的，我们只有称乎神，属于不可知，所谓"阴阳不测之谓神"。第二个意思是指我们的知识目前尚未达到，但将来可能逐渐开发的，也就是在我们目前已知范围之外的都是神的部分。

"故神无方"，是说神没有方位，没有位置，甚至没有一个方向。如果有一个方向了，那是知识，是科学家研究到一定程度，将未知变成已知、具体的了，成为在你面前的平面的发展；而那些你所不知道的被称为"神"的东西，是上面的精神、智慧，在已知的框框之外。

知识是有限的，凡是阴阳莫测，凡是已知之外的都是未知。未知太大了，已知越多，未知就越多。即便爱因斯坦所知的，也只是未知的大海里面的一个贝壳而已。但是我们普通人却认为自己的知识已经很多了，都说："我知道，我知道。"

"易无体"，《易经》有没有"体"是一个问题。如果单就《易经》这一本书来讲，六十四卦就是它的"体"。为什么说"易无体"？因为这六十四卦的"体"都是虚的，每一根爻都是虚的。爻辞是文王所系进去的，我们现在研究《易经》，是通过文王的智慧去了解。你可以把六十四卦的卦爻辞全都拿掉，但不要重写，重写又变成了文字上的知识，拘泥于形迹了。假如你占到第一爻，即初爻，在这个初爻上，你带了一个大包裹，包裹里是你的知识、你的经验、你的人生，各种各样的东西都进去了，这是有物。如不能体会爻本身是虚的，每个爻都在转变，爻就是《易经》的变，你就永远无法明易理。如果《易经》的爻本身是实的话，你进去了，它就把你判断得死死的，而不空灵了。

所以《易经》没有一个固定的"体"，即便有六十四卦，六十四卦还是空灵的。有了"体"，就固化而不能变通了。正因为"无体"，所以才说《易经》是生生不已的。古代人种稻子，稻谷里的米是体，是有东西了，但米吃掉后，还得接着种新的米，古往今来有多少米被人吃掉，到今天还是有米吃，是生生不已的，这就像《易经》的体，它是生生不已的。所以我们了解"易无体"之后，运用《易经》时就不要执着于任何的体和象，而要空灵。

佛家说，知识就是分别心，所有的科学知识一定会有分类。哪能够由这个分类去了解知识？不尽然。知识是有限的，智慧却没有被限定，知识一定是已知的，但是智慧可以用于未知。我没有办法给智慧去下一个定义，但我认为智慧就是开放你的心智。

五六年前，在一次宗教会议上，学生们和教授们一起讨论各种宗教相合的问题。我当时就说了："宗教那么多，怎么可能了解所有的宗教？这是研究不完的。"你不能让自己的学术框框里只装某些思想，比如在古代以儒家为一言堂的时候，不懂道家，也不懂佛家，只知道一家独大，就说自己很有智慧。但到了今天，你只讲儒家，怎么行？你只讲道家、佛家，怎么行？科学也是一样的，你只讲这一门科学，怎么行？有太多科学门类了。但是要全部了解吗？怎么可能？所以我当时就讲了一个态度，就是要开放！假使你只研究一个宗教，你不需要完全深入了解别的宗教，但是因你有开放的心胸，你就能融会贯通。开放就是智慧，智慧是会往上发展的，我们开放的话，精神才会提升。如果不开放，把自己关起来了，就会限于已知的框框中了。

今天大家的毛病就是，念所有的经书，念得昏天黑地，而这些经书实际上都是一些乌云。《道德经》第一章："故常无，欲以观其妙；常有，欲以观其徼。"它把这个打掉了，提倡"常无"。"常无"就是让我们开放，不让上面的东西障碍我们，我们的精神才能向上。这个思想不是今天我在这儿创造出来的，孔子早在春秋时期就讲了："好学近乎知。"多简单的话！"知"就是智慧，只要你好学，好学就是开放，你就能得到智慧。不好学不开放的话，就会认为自己已经了不起了，已经够用了，为什么还要学？不开放，自己就先挡住自己，就无法生生，也通不了易道的广大了。

第五章

一阴一阳之谓道，继之者善也，成之者性也。仁者见之谓之仁，知者见之谓之知。百姓日用而不知，故君子之道鲜矣！

语 译

产生一阴一阳变化的就是道，承继着道而发展的，乃是生的至善大德，而生的完成，就在人性的建立。由于这个道发用广大，因此仁者只见到仁的一面，知者只见到知的一面，人民百姓虽然日用都不离道，却很少能认知道的体性。所以君子所追求的道，是很少为人所知的呀！

解 义

六十四卦里面并没有专门提"阳"字，只有一个"阴"字，是树荫、覆蔽之义。就"阳"字原本来讲，是向日、向阳。向着太阳谓之阳，背着太阳谓之阴，这是很具体而非抽象的阴阳。此处提出"一阴一阳"，并不是说有两个物质，好比 1+1=2，阴加上阳就等于道了；也不是把阴阳简单地划分成一面阴一面阳或一时阴一时阳。实际上，就阴阳来讲，并没有东西可以截然分成阴阳的。阴阳不是两个东西，只是一气，当一气发展到了地下，我们说这是阴，而这一气在上面就是阳。这个气的发展，看得清楚明白的谓之阳；被东西挡住了，我们看不见了，就谓之阴。所以，阴阳是变化的两种看法、两种作用，而不是事物本身。

如玩味一下"道"字，实则道也有两种含义：一是描述宇宙万物变迁的，属于本体的道，指常道；一是我们追求的路径、现象界的道。换句话说，道，一是指道体；一是指道用。一个是不可道之道；一个是可道之道。不可道之道，我们把它看作道的本体，可道之道就是指现象。现象是阴阳交感的作用，现象的一切作用还是道。所以不能一提到道，就想到抽象的原理的道，我们今天人生所实践的也是道，我们求道，即求它的方法，那也是道，儒家也讲仁道。"一阴一阳之谓道"，就本体来讲，阴阳合在一起不可分，是一个整体；就天道而言，有阴有阳，是阴阳不可分的；就人道来看，任何事物亦有阴有阳，是不容易分开的。

从程颐、朱熹开始，宋明理学家看这一句话，不好注解，就增加了一个很重要的助词"所以"，"所以阴阳者谓之道"，一阴一阳的是现象，是气的往来不息，这个作用只是自然的变化，而在其背后，使其"所以如此"的，至关重要的乃是"道"、是原理，也就是说使阴阳产生作用的乃是道。

"一阴一阳之谓道"，从老子的《道德经》来看，"道生一，一生二，二生三，三生万物。"对于本来的常道，说一也好，二也好，实则它不可分；"道"在现象界的发展，是先有"一"，"一"即一气，亦有学者谓之太极，有了这一气之后，就生"二"，才有阴阳。所以这一气的变化就是道，发展到了阴阳，阴阳都有道，即便勉强分阴、分阳，阳里面有道，阴里面也有道。譬如我们说太极生两仪，两仪是阴阳，太极在阴之中，亦在阳之中。所以我认为，"一阴一阳之谓道"是在讲阴阳作用的道，而不是讲阴阳作用之前的那个不可道的常道。

阴阳相合，生长万物，当然也是道，阴阳乃一体的两面，可以变化的就是道，而不是一个有数量的东西。道的变化、道的作用，有阴有阳。阴阳共同运作，也才能产生道的作用，孤阴不生，独阳不长。

所以，老子说："强为之名"，即勉强能称它为"道"。"道"是名称，不是一个实体，"阴""阳"也是名称。道是动态的，变化不居，很难抓住其意蕴，气则在现象界，所以"理"字在道里去固定化，万物都有理，理就是在万物里面，是近乎道且容易去抓住道的。我不太愿意牵涉宋明理学，很多时候一进到宋明理学中，就意味着进入辩论，推论道是理，理是气，气是性，性是心，心是理，似乎所有的概念都相互相等，所以越辩越糊涂。我们做学问是为了指导生活，不要在辩论上下功夫，而要从简单入手。

有了"一阴一阳之谓道"，然后"继之者善也"。何以能"继"？由天到人，自然的阴阳之间产生交感作用，阴阳交感即是阴阳调和。"继之者"，就是指阴阳相合之谓"善"，如果阴阳分途，不能为继，则孤阴不生，独阳不长，不能发展。故"继"字乃阴阳相继，阴阳调和就是生机，是"善"。

"善"并不是"善恶"之善，而是"生"。如《庄子·应帝王》："壶子曰：乡吾示之以天壤，名实不入，而机发于踵，是殆见吾善者机也。"此处的"善"就是生机。易理是以生为德，为善德，承继天道流行，阴阳能够相合，而继续发展，生机自善。

让我们回味一下，首先假设"继之者善也"的"善"是"善恶"的"善"，用在物性的后面，譬如孟子讲的"性善"显然是善恶的范畴。但中国哲学原初讲的"善"位于"性"之前，是"善者，机也"，先生物而后有物性。有学生问："善"是不是完备的意思？我认为"完备"这个词太现象化了，是一个后天的概念。这里在讲一个最初的起始，在卦辞为"元"，就象辞所谓"元亨利贞"。"元者，善之长也"，元是乾之大始，在刚开始的时候，"元"就有大的因子于其中，然后它会生长、发展，这也是性的发展，因为天命之谓性。生者，善也，有生生方有善，才能发展；能发展、能生生，才善，不然就会死掉、灭掉，所以要把"善"当作"生""生生""生机"来讲。

"成之者性也"，"成"字是承接上句的"继"字而来。"继"是"生"的发展，"成"是"生"的完成，即成就万物。"精气为物"，有物就有其物性，"性"是人性、物性，阴阳相合，能够发展，而创造万物。在发展创造万物的同时，先发展万物之形，万物有了形体，它一定有性。一颗种子，长出小草的形体，它有草性；长出树木的形体，它就有树性。母亲生出一个婴儿，他就有人性。一个婴儿刚出生的时候，与小狗、小猫看上去没有差别，但当婴儿发育起来后，就跟猫、狗有绝对的不同，那是因为有人性在里面发展。这个"性"就是前面讲的"元者，善之长也"，从一开始，就注定了发展的大趋势。

"仁者见之谓之仁，知者见之谓之知"，这两句话来得好像很突然，因为前面并没讲"仁"，只提"知"，如何把这个突然出现的"仁"与"知"沟通呢？此处要小心玩味朱熹的注。朱熹的注一直是经典，后代很多学者都是在朱熹的基础上研究《易经》的，包括韩国的学者们。但朱熹的注有很多问题，譬如朱熹认为，继之者是阳之势也，成性是阴之势也，把阴阳分开，又说"仁"是阳，"知"是阴。为什么把这两者二分？这是很难说得通的，所以我认为大家读这些注时要小心。

"一阴一阳之谓道"，阴阳相合不分，能继、能成性。显然，这个"仁者见之谓之仁，知者见之谓之知"，是从以后的发展来看"善"与"性"。"继之者善也"属于仁。有人认为善是仁，仁是生，这没有错。"成之者性也"跟"知"的关系，可以在《中庸》中找到。《中庸》讲："诚者，非自成己而已也，所以成物也。成己仁也；成物知也。"成就自己是仁心的发露，可以称为仁；成就万物却是要靠知的，靠仁是不够的。如何去成就万物？是要靠"曲成"的，即"曲成万物而不遗"。怎么样去发展万物？成物要有知。仁者见仁，仁者是把自己看到的生生不已之道称为"仁"，知者看见道创造了万物，而道是有知性的，就说那是"知"。

儒家的仁，包含有既广且深的意蕴。我们就现象而言，假定儒家强调仁，道家强调知，儒家看到生生不已的善的方面，道家看到的是成就万物的知的方面，这是一体两面，是同一个道体。只是从认知上来看，方向不同，强调的重点不同，有人从"仁"方面展开，有人从"知"方面发挥。

再从认知上进一步来说，"仁"与"知"皆有两个层次。高层次指向仁者、知者，是指圣人、哲人；低层次则指向普通百姓，大多数的百姓"日用而不知"，但不离此道，不离其性。"仁者见之谓之仁，知者见之谓之知"，他们都有"知"，只不过"知"的是不同的方面。"百姓日用而不知"，即百姓虽然不知道什么叫"仁"，什么叫"知"，但是他们一直在用，正因为如此，"故君子之道鲜矣"！

为什么在这里要讲"君子之道"？到目前为止，《系辞传》讲了三种人：圣人、贤人、君子。前面也说过，最高的是圣人，圣人观天之象而设了八卦，创作出六十四卦，属于创造；其次是贤人，在政治和伦理方面用《易经》的道理，这是属于运用；然后是君子，君子实际上就是讲我们一般人，是最普通的一个层次，而儒家哲学中，君子又是最普通且最重要的一类人，人人都可以为君子，君子是实践的，君子是有学问的。为什么"君子之道鲜矣"？这是因为今天要去研究、实践道都是不容易的，是一般人做不到的。何以一般人做不到？在上位的圣人、贤人讲"仁"讲"知"，在下位的一般人不了解究竟为什么要行"仁"，故而造成了"故君子之道鲜矣"。所以，这里的"君子之道"即是让君子们知道，如何去从"百姓日用而不知"里面把"仁"和"知"提出来，使处于下位的一般人在日用不知中有知。君子有了这种努力，再进一步思考如何"显诸仁，藏诸用"。

显诸仁，藏诸用，鼓万物而不与圣人同忧。盛德大业至矣哉！富有之谓大业，日新之谓盛德，生生之谓易。成象之谓乾，效法之谓坤，极数知来之谓占，通变之谓事，阴阳不测之谓神。

语 译

道体显露于仁德的生育之功，寄身于万物的运化之妙。鼓动万物的生机，出于无心而成化；不像圣人那样为天下苍生而有忧患之感。道体的盛德和大业实在太伟大了呀！由于它使万物都丰富其所有，所以我们称它有大业；由于它使万物都能日新其所得，所以我们称它有盛德。它之所以能如此，就是因为它是天地生成发展的易道啊！它的生成万象，在卦象中，我们称之为乾；它的效法天道，成长万物，在卦象中，我们称之为坤。由于我们的卦爻即是写生生的易道，所以我们从究极爻象的理数，以知未来的变化，这叫作占变之道；从通达爻象的理数，以知人事的变化，这叫通变之事。但要注意的是，这些都是有迹可循的，勿忘了在阴阳之上，还有一个阴阳不测的创造的主体，那就是我们常说的"神"。

解　义

"显诸仁，藏诸用"的"显"就是"发"的意思，即表现出来用"仁"去体现。儒家用仁道去表现《易经》阴阳相合、生养万物的道。"仁"在儒家看来，很难下定义，我们从《系辞传》出发，以两个角度来解释"仁"：一是生之善谓之仁，这是从前面抒发来的；二是"仁"就是人之道，就是做人的道理。这两个定义，都是就生之善来讲的，"继之者善也，成之者性也"，这个一般人并不了解。但人之道是"百姓日用而不知"，"仁"就在我们的心里面，只是因"日用"而"不知"，可能会走偏。因为道是很抽象的，是蕴含在日用生活之中的，人有时候走在路上，走着走着，不知不觉就偏离道了。

"藏诸用"，一般我们说是藏而不用，但此处的"用"是日常生活之用，易道把做人的道理藏到日常生活里面去了，即前面说的"日用而不知"，很多时候呈现出来的往往是，虽然我不懂得道，但是我却用得很好。"藏诸用"同时也说明了，人们生活的每一个环节，每一件事情，里面都藏了易道，却是时时在用，处处在用。

"显诸仁"，是讲德；"藏诸用"，是讲用，这就是易道。

由于易道能"藏诸用"，所以能"鼓万物"，"鼓"就是鼓动，意为鼓动万物的生机，使得万物能够生生不已地发展。"而不与圣人同忧"的"忧"是指忧患意识，圣人忧天下苍生，忧个人的德性不够，而非个人的忧愁。正如孟子说："君子有终身之忧，无一朝之患。"（《孟子·离娄下》）君子尚且如此，圣人更是一辈子在为天下苍生忧。这个忧，就像地藏王菩萨所具备的精神："地狱不空，誓不成佛。"地狱永远是不空的，菩萨永远是菩萨，这就是圣人之忧，忧天下苍生。但是《系辞传》这里却讲"不与圣人同忧"，这是说道藏诸用之后，日常生活中道永远在用，故不忧。所以此处还是讲易道。所谓易道是"盛德大业"，为什么称之为"盛德"？"显诸仁"是德，是兴盛发展的；"大业"的"业"是讲功业，指事业上的用。易道是存在于所有的用里面，但易道也是伟大的事业，绝对不是一个人的成败，也不仅是一个国家的成败。伟大的事业是宇宙万物生生不已的发展，这才是大业，是无疆的万世功业。所以说："盛德大业至矣哉！"

所以《易经》的道，一方面是伟大的德，是大家所孜孜追求的；一方面是万世的功业，是宇宙的生生不已。接下来，孔子又很好地解释了什么叫"大业"，什么叫"盛德"。

"富有之谓大业"，"富"作动词，是富其所有的意思，并对于自己所拥有的表明一种态度，要使其有价值、有意义，而不仅仅是占有，这就是易道伟大的事业。譬如我们现在都有身体，我们要使自己的身体更有存在的意义，增加它的价值，这才是真正的大业。现在很多场合中，我们把整个大业讲浅了，讲得过于具体了。好比一个国家的政治大业，都把焦点放在发展经济上，觉得让人民有钱了，就是最高的目标；其实经济发展了，人民有钱了，但如果没有精神生活，没有富其所有，也不是真正的富。就像有人开玩笑说："我什么都缺，就是不缺钱"，这跟另外一个说"除了缺钱，我什么都不缺"的人，哪一个真的富有？

"日新之谓盛德"，这里的"盛德"不是说像很多道德观念那样，固定在那里一成不变，最后就死掉了，那是"固德"，即固定的德，不是"日新"的。"日新"之德，指每日都有德的新境界，每天都向上提升。一个人不可能说："我一下子就实践了仁德"，仁德是在日复一日中，遇到各种事情，每天的仁都有体现、有增加、有新意义，这才是德。德是川流不息的，所以"日新"。"日新"就是易的精神，因为易是生生不已的变化，所以"盛德"不仅仅是发扬固有道德，把固有道德拿出来言说而已。

要能够适应今天的环境，还要能够改变今天的环境。如果只知道适应今天的环境，那就是妥协了，那还是固有的，不是"日新"的。适应以后，还要能改变，改变以后，让今天的人都可以用，在日用中而感觉这是不断更新转化的，这就叫"藏诸用"。这一点很重要，把藏在里面的用出来，而人们并不完全知道。他们知道的，是不要旧的、固有的东西，他们接受日新的，但这个日新中，也是由固有的慢慢转化而来的，这是"藏"的深义。这样的"日新"才是真正伟大的"盛德"，而不是刻板的道德标签。

《中庸》说："诚者自成也，而道自道也。诚者，物之终始。不诚无物。是故君子诚之为贵。诚者，非自成己而已也，所以成物也。成己仁也；成物知也。性之德也，合外内之道也。故时措之宜也。""成己"是内，"成物"是外，"合内外之道"，才是人性的"性"，这才是"成"。而且要注意把握"时宜"。何谓"时措"？指在什么时候用才可以，怎么用才可以。"措"

是说要能够把握好时宜，这才是知，才能成物；若不能了解时机，把握时机，就不能宜。就像我们一讲古代的东西，就忽视了当代，这就不能"时措"，要能把握时宜，做到刚刚好。所以，结合"仁者见之谓之仁，知者见之谓之知"，仍是说有仁有知，只是看的角度不同。"日新"就要多角度合在一起观看，并把握"时措之宜"。

"生生之谓易"，这里有两个"生"字，用现代的名词来说，一个"生"的意思是开创，一个"生"的意思是发展。假定只有开创不能继承，没有发展的话，"生"就不能延续，不能延续就不是善了。"继之者善也"，能够延续才是善。创造是创生万物，是把"没有"变成"有"，如果有，而不知怎么用的话，就需要富其所有，还要"日新"其德。"富有""日新"就是"生生"，所以第二个"生"字是"富有""日新"，是承继前面的创造。

卫礼贤所译《易经》版本，就把乾卦翻译成"the creative"，我与很多美国学者、西方朋友也曾讨论这一点，中国人关于"creative"（创造）的观念不强，中国人是不太有创造性的，中国人强调安定与安全。乾里面虽的确有创造的意涵，但创造只是乾的一个意义，不是全部。整个乾卦是阳往上发展，创造是有意的，但宇宙生养万物是无心的。程颐说："天地无心而成化，圣人有心而无为。"天地无心而成化，这是说天地无忧。而因为圣人有心，有心就有忧。所以，这个地方讲"生生"，真正着重的还是后面延续的生、延续的发展，在这个延续发展的过程中，最重要的是人。天地生万物是第一个生，人在其中，维系了生育的发展，这是第二个生。人所维系的生命发展，不是像动物一样，千百年来，很少变化。人能够"富有"，人能够"日新"，所以从古至今，人有很多变化。我们不持退化论，说古代一定好，现代一定不好。老实说，现代的很多东西是古代不如的。虽然古代的哲学家或者一两个天才发明家，创造发明了很多了不起的东西。但今天，我们的科学，我们的各种发明，非常富有。孔子和老子是了不起的伟人，但我们比起孔子与老子来，在知识的方面多得多了。在古代环境下，孔子与老子看不到那么多东西，那时候大家只知道中国，只看到一点点北方，把南方看成是蛮夷，以为泰山为最高的山，他们也不知道月球到底是什么东西。而今天，一个小孩子都可以概述全世界。所以我们说《易经》是重复讲第二个"生"，是人把天地之道给化生出去，这才是《易经》之道。

"成象之谓乾"，"象"是指天道垂象，形成万象，我们通过卦把这个象固定，以乾卦来表达天之象，所以乾是代表天道。"效法之谓坤"，我一直讲坤卦很重要，是效法天之道，学习天的垂象，坤顺承天，坤是地道。《庄子·德充符》中有一句："天无不覆，地无不载。"天地之道无心，因无心，故没有差别观念而显公平。宇宙万物自然地发展，天地曲成万物都是公平的。所以，当我们遭遇不公平的事，就会提到老天有眼。天有眼，意思是老天在看着你做事，这也是"藏诸用"。同样地，我们常说一个人地道或不地道，什么是"地道"？做事很公平，就是地道了。再比如"厚道"二字，地是厚，故地道也是指厚道。

"极数知来之谓占"，"占"是指占卜，"极数"的"极"是指穷尽，"数"是指去研究了解，即穷尽了解这个"数"。"极"字用得好。老子说："致虚极，守静笃。"（《道德经》第十六章）"致虚"，就像佛家打坐一样，要虚其心，"无我"到最后，就有"极"。"极"也是指一项标准。"极"字最早的出处是在《尚书》里，指的是皇极，皇极就是宫殿中最高的横梁，以此为标准，如果这个作为"极"的梁歪掉的话，整栋房子就会有问题。后来到了《系辞传》，才有太极。天、地、人三才，就是讲三极之道。"数"有两种意思：一指术数，指算卦的时候，三百八十四根爻之间的变化关系；一是指理数，指代表天地宇宙万物的变化，这变化之理在《易经》中的运用就是理数。了解了标准和理数，才能够"知来"。所以，从了解三百八十四根爻的变化关系里面，你还要去了解宇宙万物的变化，才能够占卜出来。占卜就是从爻的阴阳出发，去了解变化，"极数"就是从卦爻之数以究极宇宙万物变化的标准与理数。

了解"极数知来之谓占"之后，就有"通变之谓事"，就是把《易经》拿来运用，而行之于事。"通"是打通的意思，"变"是四时的变化，"通变"即打通四时的变化。要注意使其通，有的事情一发生变化，就变出差错，变到穷途了，要把这个穷打通。人生也是一样，我们做事业，有时走得从从容容，有时遭遇困境，这都是人生常有的。如果你了解《易经》之道，在碰到穷途末路的时候，你能够打通它，这才是《易经》的本事。打通了之后，才有各种应变，如若不然，就止住了。"通变之谓事"，是指通变才是最重要的工作。

"阴阳不测之谓神"，很难解。朱熹在注的时候，引用了张载的话："张子曰，两在故不测。"（《周易本义》）其他什么也没有说，而且也不知道他在讲什么。什么叫"两在故不测"？首先张载是说太虚之气，阴阳木一物，然而有两体，分出阴阳，一健一顺。太虚其实就是指宇宙，指无形及有形的整个虚空，不一定是指道。用哲学的观点来讲"气"，张载讲"太虚"是第一人，整个宇宙为虚空，以一气在变化，而这一气也是从庄子而来。庄子讲一气循环、一气演变，所以阴阳实际上是一气、是一物，是一个东西而不是两个东西。只是它的作用有二：一是健，天行健的健，生生不息，可称之为阳；一是顺，坤道之柔顺，可称之为阴。所以健顺实际上就是指刚柔。张载的这两句话在《正蒙·参两》中作为自注出现："一物两体，气也；一故神（自注：两在故不测），两故化（自注：推行于一），此天之所以参也。"一物而有两体，一阴一阳，阴跟阳同在，合而一气的阴阳作用，可以周流于宇宙万物之间，所以我们称它为阴、阳，表现在六爻中，有上有下、有尊有卑、有曲有伸。有曲，曲即后退，是阴；有伸，伸即伸张，是阳。

接着，我们来解释"不测之谓神"。首先看"不测"，"不测"有两种理解：第一种是顺着文气解释的，说阴阳的变化无法预测，这是现象的变化，是指向未来的。已知是在框框中，上面是神，不测的就是未来的变化，因我们没法预测，而称之为神（见 P76 图示）。而往上面的"阴阳不测"，是超乎阴阳的，不在阴阳的就不在五行中。不在阴阳，所以没有办法测；在阴阳中，如果分刚分柔，我们还可以测，有六爻变化。但两不在时，也是不测，两个都不在，讲的是不能分阴阳。无极而太极，太极也是无极，这也是不测的。此为"不测"的第二种理解。

所以，神是属于精神方面的，精神是超乎阴阳的，又是未来的。今天我们认为的已知里面，究竟有多少是真正的已知呢？即便是科学发现的已知到了将来，又会发现还是不知。僧肇在《物不迁论》中说："近而不可知者，其唯物性乎。"我们周遭所有的物，靠得那么近，我们却未必知道。因为我们本身的已知里面就有未知，不仅是阴阳的未来不测，即便今天的有些事，我们也不测。孔子在前面讲"一阴一阳之谓道"，一直讲下去，生怕大家把一阴一阳变成一个具体化、现象化的东西而执着于阴阳，所以在本章最后只用这一句话，就把整个阴阳打掉了。这就好似禅宗里，你问禅师："什么是阴，什么是阳？"禅师会说："我不知道。"

即便是最伟大的占卜师也有他算不到的地方，所以当他了解不测，即算不到的时候，才是真正的"之谓神"。"不知道"有四个方面的意思：第一是谦虚地表示"不知道"；第二是变化很难测，所以不能说定；第三是真不知道；第四是知道之后不可说。

所以"阴阳不测之谓神"，其实等于否定了前面两句"极数知来之谓占，通变之谓事"，一个人不要以为自己"极数知来"，自以为"通变"而执着于此。我们假定《系辞传》是孔子所作，《易经》是讲"不占而已矣"，孔子讲诚，若你真正把握住"诚"字，就不需要占了。"阴阳不测之谓神"是把"阴阳不测"提到最高的境界了，最高的境界实际上是一个"诚"，"至诚之道可以前知"，这就是《中庸》所强调的"至诚如神"。

把"至诚如神"与"阴阳不测"两句话放在一起，不测的境界是有的，就把"阴阳不测之谓神"打消掉，知道上面的"至诚如神"的境界。所以"不测"不是说没有，而是真实不可知。邵雍《观物外篇》谓："潜天潜地，不行而至，不为阴阳之所摄者，神也。"孔子则说："不占而已矣。"这说明，第一如果你了解事物的发展规律，就不需要占了；第二真正把握了《易经》的精神，你也不需要去占了。因为真正有诚的话，你不通过占也能知道。

总之，从人生哲学上来说，"阴阳不测之谓神"这句话，为我们的意志自由、精神自主留下了一片天地，使我们了解，一切存于一心的至诚，操之在我。

第六章

夫易，广矣大矣！以言乎远则不御，以言乎迩则静而正，以言乎天地之间则备矣！夫乾，其静也专，其动也直，是以大生焉；夫坤，其静也翕，其动也辟，是以广生焉。广大配天地，变通配四时，阴阳之义配日月，易简之善配至德。

语 译

易理是非常广博、伟大的啊！从远处来说，它的道理是无远弗届、莫之能阻的；从近处来说，它的道理又是虚静无欲、守正不阿的；从天地之间来说，却是充塞天地、无所不在的。易理之所以广大，是由于乾道的健行之质，在静态时专一不杂，而在动用时又直往无前，使生命得以光大发扬；由于坤道的柔顺之质，在静态时深藏不露，在动用时又能万机毕现，使生命得以绵延不绝。所以易理的广博伟大，有如天地；变化通达，有如四时；阴阳的调和得宜，有如日月的代明；易简的善利生物，有如天地的大德。

解 义

"夫易，广矣大矣"，"广"与"大"是分界清晰的两个层面，"广"是指平面上的广阔，"大"是指高度上的伟大。"以言乎远则不御"，"远"即无穷远，无所不在；"不御"即不会受到阻碍，是说乾道天高不御之远，莫之能阻，《易经》之道可以到达任何的地方而不会有阻碍，无所不达，无所不包。"以言乎迩则静而正"，这是说《易经》的道理，就人生日用与周遭的事情联系来谈，则要静，静而不乱动。《易经》之道也是坤道的"至静而德方"，以及静以守正。这里何以用一个"静"字？譬如周敦颐的注说："静者无欲，无欲之谓静，有欲之谓动，静者无念，无念之谓静，有念之谓动。"（《通书》）静也指位，位是静的，而时间是动的。讲"静"之后，又补了一个"正"，意味着要保持静，就要以静而无欲的心境去看周围的任何事情，《易经》使人静、无欲，而且还要有正。老子说："致虚极，守静笃。"守静到虚极了，还要笃正。笃是有东西的，笃就是诚。所以，真正要做到正而能静、静而能正，这才是真正的《易经》静的功夫。它跟佛教和其他的学派讲的静不一样。宋明理学家虽然受禅宗影响而打坐，但是他们要在打坐中去发现诚与敬，而不是打坐到"无我"，这就是宋明理学家的打坐功夫。所以《易经》之道无远弗届、莫之能阻，"静"于人生处世中处处可用，所以这里说"以言乎天地之间则备矣"，我们用老百姓的话来讲，就是大跟小、远跟近都包办了。

朱熹《周易本义》谓："乾坤各有动静，于其四德见之，静体而动用，静别而动交也。"乾坤就其本体和个别的存在来看，都是静的，只是就其交感的作用来看，才是动的。乾坤各有的动静也是不可分的，乾动坤静之说只是相对的说法，而在《易经》所有的卦爻辞及《系辞传》等传中，都没有明言乾动坤静，这是值得注意之处。

我们一看到乾就会想到天道，以为乾阳是动，但是《系辞传》此处则说明，乾在静时的品质。乾有静的一面，即"其静也专"。"专"是精神专注，专心、专凝地聚在一起，只向一个目标蓄势而发。乾阳的力量很大，可以创造万物，但是它有静的一面，有专注、有凝聚。"其动也直"，待其发动的时候，才会产生那么大的力量。静能专，专也正，故在动的时候，能刚直、正直，直往无前、自强不息，这种直就光大了我们的生命。要注意乾由静而动的过程，如果没有乾静时的专注、凝聚，乾动的时候，阳刚之气就不会那么正大。

"是以大生焉"，"大生"和后面坤道的"广生"不一样。"大生"的"大"作动词用，即大其生命，"大生"是向上发展的，是乾使我们的生命往上发展、向上提升。乾卦由"见龙在田"到"飞龙在天，利见大人"。坤当然也有其静的品质，"其静也翕"。坤象征地道，我们看到大地的表面是静，在静的时候我们只看到"翕"，"翕"就是闭合、收拢。但要如何闭合？坤卦有四个字，即"含弘光大"，"含弘"指含蓄，像在嘴巴里含着，一片沉默，机不外现。地是静的，但是我们不能只看到静，外面看起来可能是静的，但地里面一直生机勃勃。所以当坤道动的时候，就是春雷一动，万物复苏。坤的作用就是等待时机，广延生命。"其动也辟"，"辟"指开放，一合一开，当地合的时候，是包容，把所有的种子吸收进来；当地动的时候，就把所有的种子变成花草树木，绵延发展出去，"是以广生焉"。此处"广生"是指地道的广大，而且"广生"还表示没有差别观念，是开放的，是万物都能够生，并非选择某些能生、某些不能生，只要万物有生的本质，有生的性能，皆可以生。

所以，《易经》的道是在"用"里面，"以言乎天地之间则备矣"！任何人都可以学习、运用《易经》的道理，小大、阴阳都是一个不可分割的整体。

"广大配天地"，天是大的，是无穷的，天道的作用是把我们的生命往上提升。如果我们常常看天空的话，心情就会提升，在你不得意的时候，一看到天的无穷，就知道不要为那些小事情烦忧，心胸放大生命就大了。地是广的，如果你真正了解地道，就知道地道广阔，无所不包。天之大、地之广，要拿这个来做一个标准，去提升生命、充实生命。

"变通配四时"要结合"极数知来之谓占，通变之谓事"来讲。"通"作动词，"通变"即通其变；"变通"即变而求通，前后连贯不会变得死掉，不会变得钻进牛角尖里。"配四时"，要像春夏秋冬一样能够循环。"通变"也好，"变通"也罢，总之是要知道循环的道理，如老子所说的"知常"，四时就是常，知常则容，你的心就开放了，不再拘于一面。人的修养能够达到此境界，就合乎天地之道了。所以，你要以天地为范围去相配，这实际上是老子的"法"字，"人法地，地法天，天法道，道法自然"，以此为法，以此为标准，以此为极，这是"配"的意思。

"阴阳之义配日月"，"日月"象征的意思有两种：第一种，日代表阳，月代表阴，由日月来表达阴阳；第二种，白天是日，晚上是月，类似之前讲过的"幽明"，日代表明，月代表幽。我们看自然中的日月，一定是互相转换的，即昼夜交替。此处就一般的意思来讲，阴阳之道也一定是这样的。后来到了汉末魏晋，魏伯阳撰《参同契》，后人参照道教的《丹经》，包括魏伯阳之后的《抱朴子》等书，配合时辰的变化来讲导引，这是后来的发展。我们讲《易经》，重点落脚于《易经》告诉我们的易简道理。看上去容易，但是简单里面不是贫乏空洞的简单，而是有它的深意的。讲"幽明"的时候，还曾把幽明拓展出去，通过讲幽明来讲人生的很多事情，比如明是代表成功、幽是代表失败。再说"日出而作，日入而息"，工作跟休息也是相互交换的，这也很重要。所以从一般的意义到特殊的情境，都是可以去配合"阴阳""日月"的。这一句话就是指日月交替，阴阳交替，不能永远是日或永远是月。阴阳一定有消长，要以日月为范畴，以日月为理想，以日月为标准。

"易简之善配至德"，此处的"易简"是指乾坤之道的易简。"乾以易知，坤以简能"，乾之知是易，坤之用是简，乾坤之道是易简，所以要回归到乾坤里面去，而不是普通的简单容易。前文有"继之者善也"，此处"善"字又出现了，"善"就是阴阳相合之后生长万物所展现的善。什么是"至德"？天地之大德曰生，"至德"指的是生生之德，所以讲易简之德，要讲到"生生"，能够生生才能够易简，能够易简才能够生生。乾道之易，因为易，它才不御，即不会被阻碍，才使万物能发展。

比如佛教，诸多经典把佛学讲得那么深，念一辈子你也不一定看得见天道、地道。其实天地之道很简单，就在你的面前。天道就是朗朗乾坤，明明白白地在那里。宇宙万物的生就是天道，宇宙万物的发展就是地道，就是那么简单、容易。我们若不能看明白，反而去经书里面找，这是背道而驰了，所以禅宗要把经书放在一边。真正的"至德"，是每个人都能简单容易做到的。凡一个道德标准提出来，若大家根本做不到，不容易去践行的话，就不能很好发展，都会被抛弃。天地有生养万物的至德，永恒地在那儿很简单地生长，而很多道德观念、道德名词，因其不简易，最终都自然被淘汰掉了。

"易简之善"还要配上"至德"，比如净土宗念阿弥陀佛，只是拼命地念这一句，成不了佛的念阿弥陀佛只是方法，是借着这个打消你的欲望和脾气，达到净心与静心，然后还要在生活中去实行。譬如有位法师讲了一则笑话：有一个老婆婆念阿弥陀佛很虔诚，天天口不离阿弥陀佛，一次突然她的孙子撒了尿在地上，她气得骂孙子"该死的"，接着又念阿弥陀佛，于是两句话连起来了，就是"该死的阿弥陀佛"。试想这样去念阿弥陀佛，正如《坛经》里说的"何日能到净土？"这样的口念心不行，就是只有简易而无善德。所以讲"易简"就要从"乾以易知，坤以简能"这两个方面去了解，要把深的大道理说浅了、说明白了，给人一条可走的道路，此谓"易知"。坤道要简而能，才使得万物能够生长，简而不能生，不能发挥地道的能，就不能绵延和发展了。

所以，"易简"是一种功夫，不是说一开始就能够做到的，如同写文章一样，要能够深入浅出，使人家容易懂。如果你的内容很浅陋，但试图用上一大堆名词、术语，讲得人家听不懂——现在很多哲学的著作都有这样的弊病——高来高去，其实是没有功夫。我们要把抽象的道理放到人生日用里，具体用出来。特别是学心理的学生，尤其要好好思考，怎么把心理学理论具体化、日常化、生活化，能不能便于使用，如何去依照天地之道生长和发展。

第七章

子曰：易其至矣乎！夫易，圣人所以崇德而广业也。知崇礼卑，崇效天，卑法地，天地设位，而易行乎其中矣！成性存存，道义之门。

语　译

孔子说：易理实在是高明到了极点。圣人深研于易理，以成就崇高的德行和广大的事业。我们的知性要崇高，我们的礼仪要谦卑。崇高处要效法天道一样能生物；谦卑处要效法地道一样能长物。在天地的崇卑之位确定以后，参天地化育的易道，也就能在天地之间发挥作用。我们保存此点天赋人性的，是入道之门；能存续此点人性，加以推广的，就是道义之门。

解　义

"夫易，圣人所以崇德而广业也"，"广"是讲地道，地广而普遍。"知崇礼卑"，"知崇"是讲智。"崇德"与"知崇"就把德与智建立起关系了。一般在西洋哲学中，道德和知识是两分且不容易融合的，而在中国哲学里，知与德关系很密切，由知转德，一下就转换过来了。譬如"乾之大始"，这是乾的知性，同时也是乾之德，"坤作成物"也是如此。所以此处让我们可以研究的就是知、德之间的关系。

"知崇礼卑"中的"礼"是讲卑的，因礼发乎地，而地是卑下的。"崇效天，卑法地"，之所以要讲"崇德"，因"崇德"最高，是以天为模范。而"人法地，地法天，天法道，道法自然"，那么法的是什么天？天代表什么？我们至少可以从三方面来讲：第一，天高高在上，德要效天，是往上向高处发展；第二，天大，无所不包，德要效天，也要大，德若不大，就变成了相对性的德，即你有你的德，我有我的德，这不是天德；第三，天空空灵无限，德也是空灵的。所以，崇德是以天的能高、能大、能空灵为效法的模范。

"广业"则要法地，地也可以从三方面来讲：第一，地谦卑在下；第二，地广，不限一面；第三，地生长万物，没有分别心。地使万物都能照自己的性分而生长。所以法地的"广业"时，要谦卑、要普遍，要没有分别心，顺乎自然。

"天地设位，而易行乎其中矣"，《系辞传》自"天尊地卑"开始，就为天地定位，《易经》是讲天地之间万物的变化，而不是讲天地之外神妙不可测的东西。《易经》就是讲可测的东西，阴阳之可测谓之《易经》，"阴阳之不测谓之神"。天地之间一切的变化都是可测的，天地之间存在的是万物，万物之中以人为代表，人与万物在天地之间变化，紧扣着人的参赞天地之化的易道行乎其中，所以我们也可以说，人外无易。如果没有人，就不能"崇德""广业"；如果没有人，就不能成天地之化，不能通变致用。

接下去，是非常重要而且相当精彩的"成性存存，道义之门"。朱熹在此处注解："天地设位而变化行，犹知礼存性而道义出也。成性，本成之性也。存存，谓存而又存，不已之意也。"（《周易本义》）

什么叫"成性存存"？什么是"道义之门"？

清朝康熙年间，皇帝找大学士李光地编了《周易折中》，这本书筛选汇编了传统儒学、宋明理学家重要的好的注解。有关"成性存存"，其注为："人之性，浑然天成，盖无有不善者，更加以涵养功夫，存之又存，无所往而非道，无所往而非义矣。"

何以要效天法地？是因"本成之性"存存不已，而道义从此而出，所以说"道义之门"。或者解释为道义之出不穷，就像《易》之生生不已，然未有不存存而能生生者。

实际上，以上这些解释我认为都是非常含糊的，我反复琢磨这八个字的解释，有了更进一步的体会。

首先讲"成性"，《中庸》说："天命之谓性"，很显然，我们的人性、物性，都是天命的，都来自于天，只是物性跟人性在性之大同下有小异。其中物性变动不大，千年如是。无论是古人粗糙的桌子，还是今人华美的桌子，就木性而言是一样的。动物亦然，两千年前的猴子与今日的猴子，猴性并没有变动，其他的猫狗也几乎并无大的变动。但人性不然，人性与物性所差者几希，就在于人性会变动，有时增加，有时减少。《孟子·告子上》："梏之反覆，则其夜气不足以存；夜气不足以存，则其违禽兽不远矣。"在孟子的儒家思想中，晚上气浊，晚上静思所产生的良知善念如不加以存养，人性就被掩盖了，离禽兽也就不远了；早上气清明，这时候人性又出来了。佛教菩提达摩也说，每个人都有本具的真性，只是被外在的尘掩盖了。这就是和动物性相差几希而会变动的人性。

所以，"成性存存"中第一个"存"字，是指要怎么样保存所差几希的人性，而不要失掉它。针对上天给予的人性要存留下来，就是《中庸》第一句"天命之谓性，率性之谓道"，我要按照天命赋予的这个性，存而后有"率"，"率"即顺着，所以《中庸》里的"率性"，实际上是一种"存"的功夫。《中庸》是子思所写，传说孟子是子思的学生或再传弟子，可见孟子的思想跟《中庸》是一脉相承的。提出"性恶论"的荀子在《非十二子》中，就把孟子跟子思合在一起批驳，针对的就是《中庸》"率性之谓道"的思想，传到了孟子就是"性善论"。实则，性善就是把性发展出来，"率"字是有功夫的。现在我们讲修身养性，"养"字很重要，即把那一点不同于动物的"几希"的人性，要涵养出来，不养无以存，就容易丢掉了。所以第一个"存"是对天道而言，天给了我性，我要把它存下来，涵养起来，并培育、发展之。

孔子为什么不讲"成性存之"，反而讲"成性存存"？这如同"生生之谓易",若讲作"生之谓易",就只讲了天道的生，而忽略了后面的发展。所以第二个"存"字是针对第一个"存"字来讲的，要把所"存"存出来。这是为什么？因为哪怕我们把人性存住了，但是每天还是要碰到很多事情，如《孟子·告子上》："牛山之木尝美矣，以其郊于大国也，斧斤伐之，可以为美乎？是其日夜之所息，雨露之所润，非无萌蘖之生焉；牛羊又从而牧之，是以若彼濯濯也。人见其濯濯也。以为未尝有材焉，此岂山之性哉？"牛山上的树木本来生长得很好，但是因为靠近城市，所以树木都被砍伐殆尽，你不能说牛山没有好土，不长树木，是被人给过度砍伐掉了，所以你本来存了这个性，结果竭于物、竭于欲，所存之性又被斫蚀掉了。此处孔子加上第二个"存"，就是要把第一个"存"字养出来的性发展出来，这样遇到外物外境，遇到外面的欲望，才能够抗衡。第一个"存"字是涵养着的，很柔软；第二个"存"字说明，等接触到外物，光靠一点涵养还不够，还要花大力量才能把它保存、存续起来。"故苟得其养，无物不长，苟失其养，无物不消。孔子曰：'操则存，舍则亡，出入无时，莫知其乡（向）。'惟心之谓与？"（《孟子·告子上》）也就是说，要把天命之性，好好存之又存，实在不易，要做很大的心性功夫。

中国有很好的古代文化，但今天大多被遗忘抛弃了，要真正研究古代文化、古代哲学，首先要有涵养潜存的功夫，这是第一个"存"字。但一个"存"字还不够，一到社会上，你讲的哲学大家都不相信，就需要你把它发展出来，这需要运用手段、方法及各种的技巧，这是第二个"存"字。"存存"是重要的儒家的功夫，包含了儒家发展人性的哲学在里面。

从存养到存续，中国哲学发展史也恰恰体现了这个功夫。性是天所赋予，孔子说："性相近也，习相远也。"（《论语·阳货》）本意在着重说明教育的必要性，并未肯定人性一定是善或一定是恶的。在当时，对性的讨论并不热烈，老子没有讲性，孔子只谈过两次性，所以性不是一个大问题，直到孟子，性才变得重要起来。这是因为在孔子的时代，相较于内心思维的考量，他更着重于实践；到了孟子，则是兵荒马乱的战国时代了，外在不可为，就返归内心了。庄子也是返回内心来讲，这就是思想随时代变迁的现象。孔子说"性相近"，但并没有讲相近于什么，只是说"习相远"，性发展以后才有不同。孔子的话讲得很周全，因为性相近，所以性的本然无所谓善恶。如果要讲善恶，就已经是二元相对的名词，已经站在善恶的对立的观念上了。

再回到"一阴一阳之谓道"，紧接着说"继之者善也"，这是把善放在前面，然后"成之者性也"。所以善是绝对之善，不是善恶相对的善，而"生"就是善，生万物的本身就是善，不是用是非可以判断的。

老子也没有讲性善、性恶，但老子整个思想本身是讲善的，万物自化，而善才能化。恶要怎么化？是越化越恶吗？所以老子本质上肯定宇宙万物的"生生"就是善，不要干涉它们的化，它们会无为而自化。

现在这里要"成性"，要把天给我们的性涵养、保存下来，保存是不容易的。如果只是把"存"字理解为"藏起来"的话，所藏的东西会腐烂的；或是把果子变干果藏起来，但这样就没有生长的作用了。要想它能生长出来，就得把果实的种子种在地里面，然后生长出新的生命，继续"存"下来。

什么是"道义之门"？"道"字至少有两层意思：一是指天道；一是指人道。天道是宇宙万物生成变化的道，也是我们说的常道；人所追求的天道也即人的路子，也是道。"道"的词义含混，可能是弱点，但也有好的方面，两个道能一以贯之，这是中国哲学的特点。我们讲心，也是一样，mind是心，heart也是心，这把美国的学生搞糊涂了，但汉字就一个"心"，就在那儿跳，以心贯之，万法唯心。道涵盖很多意思，天道、人道，也包括了生生之道，一阴一阳之谓道，生生不已之谓道，道是生，道也是善；生之谓仁，道也可作仁道讲，所以道义之门，也可说仁义之门。

为何不讲道德之门或道理之门，而要讲"道义之门"？

孟子认为，仁义礼智，是心之端，是我们的起点，恻隐之心谓仁，羞恶之心谓义，辞让之心谓礼，是非之心谓智。我在《中国哲学发展史》里曾经做过分析，仁乃是心。孟子讲："仁，人心也；义，人路也。"（《孟子·告子上》）礼为门，智为识，是非的判断在外，是是非非一定从外面看得到。由内到外的一条由仁通义的路，然后经过礼的门，到了外部，由内而外。可见孟子讲"义"是把"仁"往外开展出来。孔子的思想重点是仁，而战国是兵荒马乱、弱肉强食的时代，孟子认为"仁"字太软弱，所以讲义，义就有强制力了。你不这么做，孟子便骂"非人也"，这就是义。

"道义之门"，用了"义"字就具有了一种力量，因为"成性存存"，"性"字本身就是讲人很脆弱，与动物所差者几希，很容易失掉人性，所以要存，要把人性存养出来，而发展出来时，也会遭到外力的阻挠和引诱，所以要通过道，尤其是义发挥出来，才能有力量，才能够把它好好地发展出来。义有力量，也有仁心，义就是一种道德的力量。"道义之门"的"门"，是向外开放出来的，就变成了道德伦理与生活的规范。

《孟子·离娄下》有："人之所以异于禽兽者几希，庶民去之，君子存之。"孟子所讲的"几希"就是指动物所没有的良知良能。人有"四端"，即仁、义、礼、智，人有良知，而动物没有，恻隐之心几乎是人独有的。孟子讲的"良能"，和现代人的想法一定有不同。几千年来，地球发生了天翻地覆的变化，这是人所创造的，而动物世界几千年来，山还是那个山，树还是那种树，并未见有什么根本性的改变。我的老师张起钧教授说："人有两个性，一个是本然之性，还有一个叫才性。"张老师的意思是说，才是属于人特有的，科学家可以研究如何登月球，这是一种才，也是人所专有的，既然是人专有的，也可以当作性，即当作第二性。

朱熹认为"已成之性"就是天命之谓性，这个性是我们没有办法选择的，我们生来是人，就有人性；我们有人性的良知、良能，这也没有办法选择。但是这点儿人性，起初很微弱、很小，容易丧失掉，所以要存。我们说薪火传承，就如同一根火柴的微光，一阵风就把它吹灭了，所以要赶快保护住它，一根火柴不够用，要点一堆柴火起来，就是第二个"存"所包含的意思，即存续。

关于"道义之门"，我认为人性跟动物性还有一个显著的不同，即反省、自觉。动物不能反省，不能自觉，人可以反省，可以自觉。讲德一定要讲到自觉之德，动物也许会对外在世界、对人有好处，如益虫、益鸟，但那不是自觉的。性是先天赋予的，但德是在后天的位置上讲的，动物主要是凭本能行事，如猩猩的本能中会有一些类似人类的行为表现。但人类的自觉是一种自觉反省，譬如"己所不欲，勿施于人"。"道义之门"的"义"就是人反省之后出现的一个判断，这才是从人性出发的做法，动物还没有这个能力。但是这种反省后的判断，不要走到压抑人性的层面上去，我们讲的"化"，不是像宋明理学走极端了的做法。我认为天理与人欲是不可分的，"义者，宜也"，我们要注意，"宜"字指的是要做得刚刚好。

凡事过犹不及，强烈地凸显人性，就不是真正的人性了，那是神性。"成性存存，道义之门"，"门"是要开得出去的，是通内外出入的，每日都要开关的，如果太过强烈的话，就把门关掉了。我们要好好再揣摩一下：什么叫"存"？什么是"义"？为什么"存性"要跟"义"合在一起？"义"是怎么实现的？怎么去化？

第八章

圣人有以见天下之赜〔zé〕，而拟诸其形容，象其物宜，是故谓之象。圣人有以见天下之动，而观其会通，以行其典礼，系辞焉以断其吉凶，是故谓之爻。言天下之至赜而不可恶也，言天下之至动而不可乱也，拟之而后言，议之而后动，拟议以成其变化。

语　译

圣人能看出天下万物各有性能，而仿真其形态，以描绘出它们性能之所宜，设卦而为象。圣人能看出天下万物的动变，观察它们融会和变通之理，设下典常礼制，以求使它们能依此典常礼制而行，这就是系辞而断吉凶的做法，在卦象中，就是指爻辞。由于圣人所言的是天下万物的实相，因此纯粹至善，使人不致因理深而厌倦，由于圣人所言的是天下万物变动的至理，因此理路自畅，使人不会有一点混乱的感觉。所以圣人是比照万物的实相而言的，是根据万物变化会通之理而动的，因此拟之以为卦象，议之以为爻辞，能从卦爻的变化中以求通达天下万物的心志。

解 义

"圣人有以见天下之赜，而拟诸其形容，象其物宜，是故谓之象"，"赜"字很少用，朱熹注解为"杂乱"，也有注解为幽静而深。我最近思考"圣人有以见天下之赜"的注解时，发现我的注里没有特别强调"以"字，而把"以见"合注。其实"以"是指圣人有一个方法或者有一个原则来见"天下之赜"，"赜"字要对照"圣人有以见天下之动"的"动"字，所以"赜"偏于静，后者偏于动。动的是行为，静的是理路。"赜"或指圣人有他的智慧，来看出天下变化的理路。理路一方面是静的，另一方面也是有条理的。"赜"字左边是一个嘴巴，两个大眼睛，虎视眈眈地看着，右边下面的"贝"代表钱，上面是圭，代表玉。《易经》六十四卦里面有一个颐卦，六四爻爻辞有讲"虎视眈眈，其欲逐逐"，但却吉，有无咎的智慧。

圣人看到一个重要的东西，且是有理有路的，"而拟诸其形容"，即想办法把它描写出来，总感觉有理在那里。除了真正有宗教信仰的人以外，一般人到了五十岁以后，如同孔子所说"五十而知天命"，总会感觉有一个天的原则在那里，总感觉好像自己是老天的孩子。年轻的时候不相信这些，年纪大了就会自问这一辈子做了什么事情，要想办法描述出来，要"象其物宜"，"物宜"就是每个东西都有它自身的一套"宜"。"宜"很难描述，自有它的特性，比如水流下、火就上，这是水之宜、火之宜，树木长得高，小草长得低，也是它们各自的"宜"。

研究"物"之理就是面对它的"宜"，也就是要描写出万物的特性。"拟诸其形容"，即描写出来的"物宜"，形容出来它的特性就叫象。八卦的卦象既是古人最早看到的宇宙现象——八种宇宙变化的形体，也可归到地、水、火、风四象。这时，不只是看到山的形体，还看出了山的高与止的特性。所以，"赜"字就是从万物外在的各种形象之中看出它的特性，这种特性是幽深的，非一般常人所见的。

圣人看出"赜"性后，把八卦两两相叠，变成六十四个卦，一卦六爻，六十四卦共有三百八十四爻。爻代表动能，《系辞传》说"圣人有以见天下之动"，"以"是所以之意，圣人有他的原因、有他的道理来看出天下之动。山不是永远停止的山，水也不是永远流着的水，山水都在变动，一气流行。

"而观其会通"，动的时候要看出"会"，"会"就是遇到，两两相交之谓"会"。相交之后，要会"通"，即通变。通很重要，有通才有意义。所以，圣人看出宇宙所有的事物现象都相遇而相通。然后"以行其典礼"，"行"就是用于，即把它变成典礼。"典"是典范、典章，"礼"是礼制。于是圣人把这一切变化会通的道理，变成了典章制度。典章制度是比较大的方面，实际上，就是把这个道理变成卦辞里吉或凶的标准，指导我们行动。"典礼"就是把标准系了辞，这就是断爻的吉凶，即"系辞焉以断其吉凶"。所以爻是变动的、会通的，占到哪个爻，就是在这个爻的位置上，"是故谓之爻"。比如初爻与四爻会通，相不相应？两爻之间的关系是乘还是比？乘、比也都是相应，都是爻的会通。

"言天下之至赜"，正由于如此，圣人谈天下一切的形象，"而不可恶也"，"恶"作动词，朱熹注为"不可厌恶"，意思是不喜欢。圣人能看出天下事物的道理的话，就会认为这一切的道理是必然的，并不会心存差别观念，不会喜欢这个而不喜欢那个，即不会有爱恶之分。譬如你遇到一个山的象，山告诉你"要止"，若不止，走极端就凶，能止就会吉。所以，《易经》六十四卦中，没有哪一卦是绝对好或绝对坏的。碰到坎卦是危险，但是如果有舟的话就能渡过去。所以，《易经》是在告诉你怎样渡险。如果你很客观地去了解宇宙万物的现象，心里面不存有爱恶之分，你就知道了宇宙变化的常，心里就有容，容就不恶。如同老子所讲："知常容，容乃公，公乃全，全乃天，天乃道，道乃久，没身不殆。"（《道德经》第十六章）人须知常，不知常的话，当一件事结束，你就不知道它又会变到另一边去，就不知道成败吉凶不是固定的。"言天下之至动而不可乱也"，既然了解了宇宙万物的大动大变，你心里就不乱，就能顺应变化。先有定位，然后变动，定位无分别，不可恶，大变动也不可乱，这就是"拟之而后言，议之而后动"。

"拟议以成其变化"，先从"静""位"来讲，了解宇宙万物的特性，分明了位之后，然后可以言，知道彼此之间的关系才能谈，不定位就无法言。定位后的第二个"议"字，即了解动态的变化，然后才能动。宇宙的变化是事实，形容它，观它的会通，然后变成了卦爻而有变化，再由卦爻的变化来看如何运用外在的变化。这里有三个步骤：第一是外在自然的变化；第二是使它变成了卦爻的变化；第三是通过占卜，由卦爻的变化来把握、运用外在的变化，承继变化。如果只有外在的变化，就无所谓"成"，天地定位，议在乎中，天地成位以后，人在乎中。所以"拟议以成其变化"，就是助成万物的变化。

所以真正去运用《易经》的道理，是要助成宇宙万物的变化。了解它的变化之后，通过六十四卦三百八十四爻的道理，参加进去辅助万物的变化，即"参赞天地之化育，通天下之志"。

论述到这里，孔子选录了七个爻，开始引证卦爻辞来说明他的教学心得，以便证成首段有关象和爻的理论。

"鸣鹤在阴，其子和之；我有好爵，吾与尔靡之。"子曰："君子居其室，出其言善，则千里之外应之，况其迩者乎？居其室，出其言不善，则千里之外违之，况其迩者乎？言出乎身，加乎民。行发乎迩，见乎远。言行，君子之枢机，枢机之发，荣辱之主也。言行，君子之所以动天地也，可不慎乎？"

语　译

中孚卦九二爻辞说："鹤在阴暗处长鸣，其子便引声唱和，我有好酒一壶，愿与你一同享受。"这是写"同声相应，同气相求"的道理，孔子发挥说："君子平日住在家中，如果所言都合理的话，那么千里之外，都有人会望风来归，何况近处的呢？如果所言不合理的话，千里之外都有人会反对，何况近处的呢？可见言语是发乎己身，却能及于万民；行为是始于近处，却会影响到远方。所以言语和行为两项，是君子立身处世的枢机。这个枢机一动，便操纵了个人的荣辱。言语和行为是君子之所以能感天动地的法宝，怎么可以不慎重？"

解 义

中孚卦九二爻辞："鸣鹤在阴，其子和之；我有好爵，吾与尔靡之。"中孚卦是专讲"诚"的，"鸣鹤在阴"的"阴"指树荫，不是阴阳的"阴"；"其子和之"，意思是有小鹤相互和鸣；"我有好爵，吾与尔靡之"，意思是以诚相待，互相沟通。

"子曰：'君子居其室，出其言善，则千里之外应之，况其迩者乎？居其室，出其言不善，则千里之外违之，况其迩者乎？言出乎身，加乎民。行发乎迩，见乎远。言行，君子之枢机，枢机之发，荣辱之主也。言行，君子之所以动天地也，可不慎乎？'""迩"是一个相对观念。所讲的话若是善的，千里之外会有呼应，若所讲的话不善，千里之外，都有人要反对。就前面的"赜"与"动"来讲，"迩"就是"赜"，是指近；"动"就是远。"迩"与"动"是远近、动静的关系。这段话告诉世人一个道理：任何事情，你于当下讲的话都会有感应，无关乎远近，如同佛家的报应观，善恶终有报。这说明了《易经》卦爻辞的道理，宇宙的变化都是有感应的，言语和行为是君子立身处世的关键。

"同人：先号咷而后笑。"子曰："君子之道，或出或处，或默或语。二人同心，其利断金，同心之言，其臭如兰。"

语 译

同人卦九五爻辞说："推诚心以相交于人，开始时，也许颇为费事，须有号咷之苦，以明心意；直到相知之后，便能推心置腹，破涕为笑了。"孔子说："君子立身处世的道理，无论是应世或隐居，无论是保持缄默或发表言论，必须诚意待人。须知两人同心所发挥的力量，其锋利可以切断坚硬的金属，两人同心所说的话，其气味有如兰蕙的芬芳，令人眷恋不已。"

解 义

同人卦说的是与人打交道时如何建立关系。起初也许因为彼此不了解，很难，苦得要哭；但坚持推心置腹，以诚待人，待到彼此相互了解、能沟通时，就笑了。"君子之道，或出或处"，"或处"是指前面讲到的"天下之至赜"，"或出"就是指的"天下之至动"；处者，静也，出者，动也。"或默或语"同样代表一静一动。这就是相互感应，静也好，动也好，都有感应。"二人同心，其利断金，同心之言，其臭如兰。"若能"同心"，哪怕坚硬的金属，也可以切断它。"其臭如兰"的意思是嗅起来就像兰花一样，"臭"在古文中指味道，读作嗅。

"初六，藉用白茅，无咎。"子曰："苟错诸地而可矣！藉之用茅，何咎之有？慎之至也。夫茅之为物薄而用可重也，慎斯术也以往，其无所失矣！"

大过卦初六爻辞说："用洁白柔软的茅草，小心地垫着，总不会有过错的呀！"孔子说："把东西放在地上就可以了。现在更用茅草垫着，还会有什么过错可言呢？因为这样已是够小心的了。茅草这种东西非常柔软纤细，但却可以承重。因此如能以像垫茅草一样的谨慎之心去做任何事情，必会万无一失的了。"

解 义

大过卦的卦象下面是柔弱，上面是强健，所以用洁白柔软的茅草做垫子，小小心心去铺垫，否则的话，就有咎。孔子说："苟错诸地而可矣！"把它放在地上就可以了，为什么还用茅草呢？这代表谨慎，"慎之至也"。"夫茅之为物薄而用可重也"，因为茅可以载重。"慎斯术也以往，其无所失矣。"表明了整个大过卦就是讲"慎"，初六是位，以往是动，谨慎以往，了解你的位，是最低、最初的，上面的东西很重，当你了解宇宙的变动，了解你自己的位，为人处事时言行就要谨慎。

"劳谦，君子有终，吉。"子曰："劳而不伐，有功而不德，厚之至也，语以其功下人者也。德言盛，礼言恭，谦也者，致恭以存其位者也。"

语 译

谦卦九三爻辞说："君子劳苦功高，而又能谦虚自牧，最后一定会有成就，是吉无不利的。"孔子说："任劳而不自我标榜，有功而不以德自居，这是禀性厚道的最高表现。也就是说，他虽有功，却能把功让与他人，使自己屈居于他人之下。这样的德性，才称得上完美的上德；这样的礼仪，才称得上是虚心的恭敬。所以'谦'字，能使我们由恭让以保存自己在天地之间应有的地位。"

解 义

谦卦九三爻是主爻，九三代表谦的功夫，不是嘴巴上讲谦，而是实际去工作，替人做事，故"劳谦，君子有终，吉"。"劳而不伐"，即不居功、不吹牛，不表现自己。"有功而不德"，虽然有功劳，但不认为有德，这就是老子所说的"上德不德，是以有德"（《道德经》第三十八章）。"语以其功下人者也"，"功"作动词，指有功劳，虽然有功劳，但还把自己放在别人下面，不会高高在上。要注意，这里是就德来点明谦卦的谦，"德言盛"，就是说没有德，无以谦。德是一种劳，真正劳苦功高的人是为人民、为他人，这个"德"很大，是大德、盛德、崇德，结果还要对人家"礼言恭"。做事情，还是把自己放在像地一样卑的位置，这就是"谦也者，致恭以存其位者也"，处下之位就是"天下之赜"的地位。人必须去做事，真正有功，然后"不德"，才是真正的谦恭。否则自己对人、对事一点功劳都没有，却"不伐"，那只是故作姿态而已，哪里又谈得上

"谦恭"?

"亢龙有悔。"子曰："贵而无位，高而无民，贤人在下位
而无辅，是以动而有悔也。"

语 译

乾卦上九爻辞说："飞得过高的龙，是会有悔的。"孔子说：
"亢龙之所以有悔，是因为他过分自贵，而失去了基位；过分
自高，而失去了民众；使得贤人永远屈居下位，而不能得到他
们的辅助。这样的话，便会动辄得咎而有悔的。"

解 义

乾卦上九这个爻位，已到最高的位置了，所以叫"亢龙有
悔"。"贵而无位"，意思是指在尊贵至高的位置，"位"就是自
己的位置。何以动而有悔？这是因为虽然处在尊贵至高的位置
上，却不能发挥此位置上的优势。在高位上应该要谦虚，但
在这个位上的是"亢龙"，因为高傲而不能跟下面的民众相应。
上九是阳刚之盛，不能跟九三相应，力量不相合，故"无民"。
"贤人"在下位，有好的臣子在下位，却无辅，是指他们没有
办法帮助你。本来贤人可以帮助你，结果由于你太高傲而把门
关掉了，使他们不能发挥其辅助之功。很多做领袖的人就是
"动而有悔"。乾卦上九是说，有时你是不得已在高位做领袖，
但是别人还是把你捧得高高的，这个时候你要知道你的位，开
放自己，跟民众相应。其实，不只是做领袖、做主管，做父母

也是一样的道理。

"不出户庭，无咎。"子曰："乱之所生也，则言语以为阶。君不密则失臣，臣不密则失身，几事不密则害成，是以君子慎密而不出也。"

语　译

节卦初九爻辞说："不出门庭一步，自然就无从获咎了。"孔子说："祸乱之所以发生，主要是由言语为媒介的，所以做人君的如果不够机密的话，便无法驾驭臣子；做臣子的如果不够机密的话，就会延祸于自身；事机如果不密的话，便会造成灾害。所以君子必须慎密，不可随便说话。"

解　义

节卦指调节、节操，节卦初九一开始就说"不出户庭，无咎"。不出户庭或不出门，代表什么？指保密、封闭。这也是讲"颐"，"颐"就是密。如果不守密，就会乱，因此言语上要节制，嘴巴是乱的制造者。"君不密则失臣，臣不密则失身"，君主如果失言的话，就会失去臣子；臣的嘴巴把秘密透露出去，就有杀身之祸。"几事不密则害成"，"几"是刚开始、微小，一件事情刚刚开始还没有发展，即尚未显露的时候，如果不能够守住秘密，事情就办不成了。未到可以讲的时候，绝不能先讲。"是以君子慎密而不出也"，要"慎密"什么？即"言语以为阶"，说明对言语的节制太重要了。

子曰："作《易》者，其知盗乎？《易》曰：'负且乘，致寇至。'负也者，小人之事也；乘也者，君子之器也。小人而乘君子之器，盗思夺之矣；上慢下暴，盗思伐之矣。慢藏诲盗，冶容诲淫。《易》曰：'负且乘，致寇至。'盗之招也。"

语 译

孔子说："《易经》的作者，一定深知盗贼祸乱产生的原因吧？如解卦六三爻辞所谓：'背上背着东西，而且又高坐在车骑之上，招摇过市，这样是会招惹盗匪来抢夺的啊！'背上背东西，这是小民为小利而谋生之事，所乘的车骑，这是君子为公务而运用的名器。现在小人不务本业，而乘君子的车骑以夸耀于人，这样便会引起别人的抢夺之心。小人在上位而亵渎名器，在下位的人又暴乱不安，这样的话，就会引起争夺的祸害了。所以不能小心地保藏名器的话，便会使人起盗心！过分讲究外在装扮的话，便会引人起淫心。《易经》所谓'负且乘，致寇至'，也正是说明本身不够缜密，是招盗致乱的主因。"

解 义

"子曰：'作《易》者，其知盗乎？'"此语妙哉！作《易》的人不只是要知道圣人的道理，还要知道做强盗的道理，不能只是知道好的一面，也要了解坏的一面。"知盗"，不是要人去做强盗。蒙卦上九爻说："击蒙；不利为寇，利御寇。"真正的教育是御盗，不做强盗而能够抵御强盗。这是说需要知道坏人的那一面才能够预防。"盗"乃强盗，指代所有的坏事情，也代表有人要抢你的东西，对你做不义之事。

孔子就拿解卦六三这个爻来说，"负且乘，致寇至"，所有的麻烦，即强盗，都是自己招来的。"乘"有两种解释：第一种解释是乘车、乘马，乘了车马，又在背上背了宝贝，招摇过市；第二种解释是孔子等儒家的看法，意思是做苦力的人，你还要坐在马车上，就好比没有钱的人还去乘名牌车，这不是自找麻烦吗？是指不当其位，不知道自己的身份。

"负也者，小人之事也"，"小人之事"指志得意满，招摇过市。"乘也者，君子之器也"，古代的马车不是一般人能用的，士大夫才能乘用，所以说是君子之器。"小人而乘君子之器，盗思夺之矣"，以小人的身份坐君子才能乘的车，就会引起别人的抢夺之心，因其身份不合。比如古时，当父亲把君位传给了儿子，儿子担当不起，就改朝换代了。为政者光靠势力还不够，还要做君子。譬如汉高祖得了天下，他本身是一个无拘无束的人，凭武力得了天下，他还是用儒家之道治国，汉朝才存有三四百年。但无能治世的例子在历史上有很多，靠武力得天下了，就骄傲，尤其是"小人而乘君子之器"，一副小人得志的气势，于是"上慢下暴"，最后"盗思伐之矣"就是很自然的结果了。

"慢藏诲盗"的"慢"是轻慢的意思，你拥有金银财宝，却很轻慢，不知道财不露白。"冶容诲淫"，打扮得漂漂亮亮，穿着迷你裙、迷你短裤，花枝招展的，容易招致坏人来非礼。"盗之招"，"盗"是负面的意味，后来道教说"盗天地之机"，"盗"即有抢夺之意。你盗了"天地之机"，而自然也必然会有反扑，因此生态环境就打破了。今天人类的悲哀和危机就是"盗天地之机"，我们所拥有的资源都来自地，机会都来自天。但是地下的资源有限，用一点儿少一点儿，如果就我们今天经济的发展而盗地，盗到最后，就是资源枯竭的结果，我们与地一起灭亡。

第九章

天一地二，天三地四，天五地六，天七地八，天九地十。天数五，地数五，五位相得而各有合。天数二十有五，地数三十，凡天地之数五十有五，此所以成变化而行鬼神也。

语 译

天的数是一、三、五、七、九；地的数是二、四、六、八、十。天数共有五个奇数，地数共有五个偶数。天的五奇数与地的五偶数，其位是奇偶相得的，而其变化正是合于天地变化之道的。天数一、三、五、七、九相加是二十五，地数二、四、六、八、十相加是三十，合起来共有五十五。这些数字构成了易理的变化之道，而通行于造化鬼神的功用。

解 义

天代表一，地代表二，一、二都是数，数是象征的代表。天道混然为一，地道相对，地代表万物，万物相对是二。道生一是天，一生二是万物。天三，单数是一，双数是二。三里面去掉二也剩一；地四，四也是二的相对。天五，把四拿掉，也还是一，为单数；"地六"指二乘三；"天七地八""天九地十"，都是以数字代表天地。

"天数五，地数五"，一、三、五、七、九是五个数，二、四、六、八、十也是五个数。天的五个奇数与地的五个偶数，奇偶相得"各有合"。"各有合"指天地相合。天数一、三、五、七、九，相加是二十五，地数二、四、六、八、十，加起来是三十，天地之数加起来是"五十有五"。由这个"五十有五"数再发展，"此所以成变化而行鬼神也"。"成变化"，是在说单单天地是一体的一样东西，但是天地的作用，可以用数字来代表，天的作用、地的作用，相合起来成就了宇宙万物的变化。"行鬼神"的"行"有三种意思：一是通，通鬼神之道；二为运，运鬼神之道；三为用，用鬼神之道。一通、二运、三用，就能"行鬼神"。

我认为《系辞传》里很多观念很好，但是整篇文章不是一致的，讲卦、讲象也多有重复的部分，这恐怕是孔子对学生的教导，而后人把这些聚在一起，所以有高明的观点，也有浅低层面的相术之学，如"行鬼神"。什么是鬼神？鬼神只是一气的变化，向下是鬼，往上是神，也就是通、运、用一气的变化。一气的变化就是万物的变化，万物只是一气的变化。所以你了解天地，就了解一气的变化，了解一气的变化，你就知道造物是鬼神的一气作用，就不要把鬼神看成很神秘的东西。儒家认为鬼者，归也；神者，生也。归是归于地，归于本源，是向下回归；生是向于天，生生不已，是向上发展。

　　大衍之数五十，其用四十有九，分而为二以象两，挂一以象三，揲（shé）之以四以象四时，归奇于扐（lè）以象闰，五岁再闰，故再扐而后挂。

语　译

　　易理上占卜推衍之数，具于五十茎蓍草，实际运起来须存起一茎，而用四十九茎。先把四十九茎任意分为两半放在左右手，以象征阴阳两仪。再从右手的蓍草中拿出一根挂在无名指与小指之间，以象征天地人的三才。再以四茎为单位来依次数左右手的蓍草，以象征四时的交替。先把左手的蓍草数剩的余数（或一或二或三或四），夹在无名指与中指之间，以象征三年一闰。再把右手的蓍草所剩的余数夹在中指与食指之间，以象征五年再闰。最后手中所夹的三部分蓍草加起来（或五或九），便成了第一变。

解　义

　　"大衍之数五十"，"衍"就是衍生、演变，宇宙的演变叫"化"，万物之化是变化，拿爻的数字去描写宇宙的变化是"衍"。"衍"是衍《周易》，数字的衍，用了五十根蓍草，这是占卜上用的大衍筮法，是占卜的道理。

"其用四十有九"，将一根放在一边当太极，真正使用的是四十九根蓍策。古人使用了很久，总结出四十九根蓍策的分法。《易经》有一套神秘的东西，给大家举个例子。我在美国开《易经》课，外国学生就问占卜。有一个学生说："最近遇到一个问题，我第一次占了是蒙卦，第二次占了是蒙卦，第三次还是蒙卦，占了三次，我就害怕了。"这时，另一个学生问我相信不相信。我说："我把信不信摆在旁边，因为我的智慧还没有到，不敢说没有，也不敢说有，可以存而不论。我不能说相信，我也不敢说不相信，因为我不懂；你要懂了之后，才会说'我相信或者不相信'，我就只是把它放在旁边。"

"其用四十有九"就是占卜的方法，"分而为二以象两"，从右边拿出一根放在无名指与小指之间，象征天地人三才。"揲之以四以象四时"，"揲"是指数蓍草，左右各一堆，以四为单位来数。然后"归奇于扐"，把剩余的蓍策合在一起。"以象闰"，我们中国的历法，三年一闰，五年再一闰。这是就宇宙的变化来说明，配合占卜，"再扐而后挂"。

乾之策二百一十有六，坤之策百四十有四，凡三百有六十，当期之日。二篇之策，万有一千五百二十，当万物之数也。

语译

乾卦的蓍数有二百一十六策，坤卦的蓍数有一百四十四策，合起来共有三百六十策，正象征古时一年的日数。《易经》上下篇六十四卦共有一万一千五百二十策，这正象征了物类的数目。按照筮占之法，由"分二""挂一""揲四""归奇"四个步骤而成一次变化，经过十八次变化便得到一卦。其实，在第九变时，所得的三爻即是八卦，已成就了宇宙万物变化之象。由八卦而引申为六十四卦、三百八十四爻，再由八卦所代表的天地雷风、日月山泽相感相生，这样一来，便可尽《易》占通天下之变的能事了。

解 义

"乾之策二百一十有六"，"策"就是蓍草，乾卦的蓍数有二百一十六策。这个数字怎么来的？卦有六根爻，老阳用九，老阴用六，前面占卜时最后得出四个数字，即三十六、三十二、二十八、二十四。三十六为老阳，即九；三十二为少阴，即八；二十八为少阳，即七；二十四为老阴，即六。此处"乾之策"就是老阳三十六乘六爻，得二百一十六。"坤之策百四十有四"，"坤之策"是老阴二十四乘六爻，就是一百四十四，加起来共三百六十。三百六十正好是古时一年之期，得三百六十天。

"二篇之策"中的"二篇"指上下经，共有六十四卦三百八十四爻，阴阳爻各半，也是阳爻一百九十二，乘老阳之数三十六，为六千九百一十二策，阴爻一百九十二，乘老阴之数二十四，为四千六百零八策，合计一万一千五百二十策，所以说是相当万物之数，是比拟万物之数的繁多。

是故四营而成易，十有八变而成卦，八卦而小成，引而伸之，触类而长之，天下之能事毕矣！显道神德行，是故可与酬酢，可与佑神矣！子曰："知变化之道者，其知神之所为乎？"

语　译

了解前面这一套理数，而善于运用，便能弘扬大道，使德行向上提升，以臻于神化。这样可用于处世应对，也可由此而赞天地之化育。孔子说："能够知道这一套卦爻和宇宙变化的理数，一定能知道造化神妙的作为啊！"

解　义

就阴阳来讲，孔子当时的教学就是数，小孩子一开始就学算术，万物之数，因"四营而成易，十有八变而成卦"。这就是前面说的，数四，然后产生变化，做了十八次，就成一个卦。"八卦而小成"，八卦是小的成，到了六十四卦就大成。"引而伸之，触类而长之"，"触类"就是因万物之类而发展，六十四卦与宇宙万物都相遇，会通天下万物的变化，这就是使"天下之能事毕尽矣！"想了解天下变化的道理，就在这六十四卦里面，这些都是讲数的。

我们再从哲学的层面来讲，六十四卦三百八十四爻可以"显道"，为什么要"显道"？因为道不可知，不可言，"道可道，非常道"，是抓不住的。《易经》就是把道的一些理用六十四卦，即具体的数字及爻的关系，来讲解与表达。比如现在有一个人跑来问我问题，我告诉他，"你应该了解天道、地道、人道"，他可能根本不懂我在说什么。如果我说："你算一个卦吧，然后看看在哪一个爻上。"这样他便有具体的轨迹可寻了。所以三百八十四根爻，可以表达出道的作用来，道以此而显。

"显道神德行"的"神"字用得很好。有些人认为道德好像是外在的勉强规范，讲道德观念就是勉强或强迫人去做。现在一个"神"字把道德神化了，"神"作动词，意思是使道德有神性，有神通、神妙的作用，这样德行就为大家所喜欢、所愿意遵从了。譬如三百八十四根爻，阴阳各半，阳是代表诚、阴是代表谦，诚跟谦是道德的德行，然后配合阴阳，诚与谦就神化了。所以很多人占卜时，看到阳爻，要诚，他就心甘情愿去诚了。孔子也是借神道设教，把真正的德行放进去，提升德行的教化。我认为，要把道德作形而上化去提高，道德形而上化之后，就有普遍性；不形而上化，就是相对性的道德。《系辞传》讲"神德行"，老子也讲"玄德"，用"玄"字把德玄化。

"可与酬酢"，"酬酢"就是日常生活中的应对，意思是都可以由《易经》的作用来应付变化。"可与佑神矣"，"佑神"就是得神之佑，因为"神德行"之后，天会帮助我，就不需要跑到教堂和寺庙里去求神拜佛了。《易经》在爻里面告诉你神在哪里，每个爻都告诉你可以怎么做，照着做神就保佑你，这就是神道设教。

最后孔子说"知变化之道者，其知神之所为乎？""神之所为"是说我们要知道他的所为，其实这很难。除了信仰宗教外，神是什么，我们并不知道。"阴阳不测之谓神"，就是说不要去追问神到底是什么，神就在变化里面，你懂得变化就知道神了。佛教也是如此，你不必知道菩萨是什么，也不必知道佛陀是什么，你只要知道业是怎么来的，做好业就有好报，做坏业就有坏报。

　　所以，《易经》就是把天地的变化转成爻辞中爻的变化，把"阴阳不测之谓神"的作用，变成了爻的作用。只要把握爻的作用，就能把握天地变化，把握神的作用。作《易》者把一个普通人不容易把握的玄妙作用显现出来，变成了一个大家都可以跟着走、顺着走的爻辞。所以我们念《易经》时，我说我不通神，也不了解神，也不了解卜筮背后的道理，可信程度我也不知道，但我只需要用两种态度，即诚与谦，所有的道理、所有的德，到最后都归结于诚、谦中。"不诚无物"，没有诚，所有的德、所有宗教的理论都没有意义。没有谦，宗教里面所有的道理都不能实践。归根到最后，"诚""谦"两个字，是所有人生问题的答案。

第十章

易有圣人之道四焉：以言者尚其辞，以动者尚其变，以制器者尚其象，以卜筮者尚其占。

语　译

《易经》中有圣人作《易》之道的四大特色，即是"辞""变""象""占"。把《易经》运用于言教上的，是取法系辞。把《易经》运用于行动上的，是取法爻变。把《易经》运用在制作器用上的，是取法卦象。把《易经》运用在卜筮上的，是取法占数。

解　义

"《易》有圣人之道四焉"，是说《易经》含有圣人之道，圣人通过《易经》显现四样东西。

第一，"以言者尚其辞"，即圣人之言。《论语·季氏篇》说"君子有三畏"，其中一个就是"畏圣人之言"，畏是敬畏，是看了圣人之言而感到敬畏。圣人把自己的言写在六十四卦的每一根爻辞上，故六十四卦每根爻的爻辞与卦辞，即《易经》的文字，都是圣人之言。在现代，学者都说六十四卦的爻辞与卦辞是文王所系，但老实说，大家多半看不懂，不知道圣人到底有什么智慧。如果我们敬畏这些爻辞，潜心去玩味，就能了解一二。比如，何以乾卦初爻是"潜龙勿用"呢？占到这一爻，大家都简单地认为圣人让我们不要动、不要用，这样是看不出什么大道理来的。其实圣人之辞、圣人之道已经直接告诉你了，在这样的时机下应该潜伏、潜修。又如占卜中，看见爻辞中有"利见大人"时，并不是说你出门就会碰到大人，而是见大德之人则有利的意思。要把圣人的微言大义弄懂，了解到文王真正的用意是借卦爻辞来让你在这个爻位上去追求"大人"的境界，往大人的方向走，即就有道而端正自己。圣人的言自有他的道在里面，这就是"以言者尚其辞"的内涵。

第二，"以动者尚其变"，"动"是指行为的动，"变"是指每根爻相互之间的变化。圣人之道讲动，是见机而作，不仅要动，还要尚其变，在每根爻相互之间的变化中，把圣人之道放进去。比如初爻和四爻、二爻和五爻要相应，这个变化就是要你内外上下和谐。

第三，"以制器者尚其象"，圣人垂衣裳而天下治，从黄帝到后面的圣人，都有各种发明，都是圣人之道。从古至今，第一个真正发明器物的都可算是圣人，比如爱迪生发明电灯，也是圣人之道。制器是要能服务人类的，要为民所用，为人类所用，在精神和物质两个方面都有益于人民，利用万物来厚生。"象"是指《易经》用象来告诉我们怎么制器，这一点在后面会有专门一章来讨论。

第四，"以卜筮者尚其占"。"卜筮"是不是圣人之道？后代儒家不讲卜筮，但我要提醒大家注意《尚书》里面的《洪范》一篇，即箕子写给武王的文章。这篇文章为的是告诉武王治国之道，即如何实施治国的大法。《洪范》的"洪"是大的意思，"范"是典的意思。箕子、武王都是圣人，《洪范》中就表示，他们在没有办法解决问题的时候会参考占卜。可见在古代，卜筮的根本也是圣人之道。

卜筮有使用龟甲的，也有使用蓍草的，卜完了之后国君要问大臣、要问人民，还要看自己的意志，把多方面的意见放在一起参考，所以卜筮是做决定时的重要参考。卜筮还代表你内心希望跟上天进行意识交流的诚意，从这一方面看来，那就是圣人之道。我们不要把卜筮简单地看成是算命。在古代，祭天、兴戎都要卜筮，它们都是国家里最重大的事情，是敬天之举。

是以君子将有为也，将有行也。问焉而以言，其受命也如向。无有远近幽深，遂知来物，非天下之至精，其孰能与于此！

语译

所以君子当有所作为，有所行动。行动时，必占卜以求教于系辞。而筮占者有如接受天命一样，不论远近幽深的问题，都反应快速，且有如神通般地能知未来，要不是易理具有如此精要的道理，又怎能有这样的功效啊！

解　义

"是以君子将有为也，将有行也"，是指因此我们要有所作为，有所行动。"问焉而以言，其受命也如向"，去求问《易经》，从中得到爻辞，爻辞很快就会告诉我们要怎么去做，方向是什么。

这几句话在朱熹来看，"尚辞"是把辞、占合在一起。从表面上看的确如此，但是仔细推敲的话，我认为"尚辞"是在解释"辞"。从"受命"的两种解释中可见："受命"一是指占卜之后，接受你的命运，《易经》用爻辞马上响应你，速度很快，这是朱熹的解释。我认为《易经》的辞是圣王、圣人的微言大义，你问他，他就已经把最高的道理告诉你了。"其受命也如向"，换句话说，他已经把天命告诉你了，你要怎么做才合乎天命。这是第二种解释，是我的发挥，我试着把"命"当成天命解，是天命使得你问了这个问题，你也从《易经》的回答里接收到天命的指引。"如向"是很快接受响应，如果快速地跟从爻辞里面的指引去做的话，你的所作所为就是合乎天命的。

《易经》是圣人把他们对天命的了解，用微言大义写在了文辞里面，当你面对这些文辞时，已经是顺着天命而行了，这样的话，不论远近、无论动静，再幽深的道理也"遂知来物"，即文辞里面的道理都可以指导你未来的发展。所以占卜时问未来是不是会发达，是不是能发财等，是很浅的未来，真正悠远的未来是能够去把握"诚"字，不去想未来就能知道未来。我知道我的未来是做一辈子老师，从师范大学毕业的时候，我就知道除了教书我对别的没有兴趣，这一路走来四十多年，今天我可以很肯定我这一辈子是在做老师，我已经退休了，我的天命就是教书做老师。

根据《易经》圣人所系的这些卦的爻辞去做，你就不必恐惧你的未来。乾卦初爻要"潜龙勿用"，第二爻要"利见大人"，第三爻要"夕惕若厉"……这都是未来。处在第一爻时，上面五个爻位所讲的爻辞不就已经清清楚楚地将未来摆在那里了嘛！

"非天下之至精，其孰能与于此"，"精"与《系辞下传》"精义入神以至用也"的"精"相同。"精义入神"是指义之精能入神，"神"是指精神的专注，真正保持专注就可以知道你的未来。

《大学》中有"八纲"：格物、致知、诚意、正心、修身、齐家、治国、平天下。格物、致知、诚意、正心是向内，从修身开始。朱熹跟王阳明对"格物"有两种解释：朱熹是研究万物穷理之精，王阳明是重在格掉物欲或心的欲望，使精神纯粹。我则有第三种解释：格物就是要研究万物，了解万物都有各自独特的性能。格就是指方格子，格物即把物放在格子里面，草有草的格子，树有树的格子，每个物都还原了它的本色，这就要有真正纯粹的精神，还万物本色。格物离不开精，致知也是如此。致知到精处就是智慧，不是知识。"精义"的"义"有两种解释：一是道德的义；一是义理的义。如果作义理讲，"义"就是知，对每一件事情都真正做到"神"的境界。譬如我们写文章说的"神来之笔"。一个人真正专注做事情时，对那件事情的看法就会打通，就会全面。所以，知也是要"精义入神"才能致知。诚意的诚自然需要精神专注，至诚谓之性，也是精。正心是把心摆正而达到至精的功夫，故《大学》前面四个都是讲"精"。达到"至精"的时候，就自然能够通达。

参伍以变，错综其数。通其变，遂成天下之文；极其数，遂定天下之象。非天下之至变，其孰能与于此！

语　译

易理的变，是参互相杂的，易理的数，是有分有合的。能通达其参互相杂的变化，便可助成天下万物的性能特色。能极尽其有分有合的理数，便可裁定天下万物的事象。如果易理不是含有如此真实的变化，又哪会有这样的功能啊！

解　义

接下来所谈的"尚变""尚象""尚占"都是"变"，故"参伍以变，错综其数"。"参伍"的解释有很多种，有的说"参伍"是一种占卜的算法，天地是两分，天地人是三，"伍"是指经过五个层次。除了《易经》里面的"参伍"，我们也常说三三五五，三是代表多，五也是代表多，三三五五就是指很多。这两种解释都可以说得通，但是我个人还是喜欢后者，用三三五五来表示外在事物的变化之多。

"错综其数",明代易学家来知德花了二十九年的工夫发挥了《易经》的方法:一个是"错",一个是"综"。"错"是指卦中所有的阳爻变阴、阴爻变阳而得到另一卦,比如乾卦跟坤卦就是互为错卦。"综"是把卦倒方向来看,就是另一个卦,但倒过来的时候阳还是阳,阴还是阴。六十四卦里有八个卦是相错的卦,其他的卦是相综的卦。我们把"错综"理解为事物情境的复杂程度,《易经》的三百八十四爻变化错综复杂,这些都是指外在的变化复杂。

"通其变"的意思是能把这三三五五的复杂情况全数打通,如果你不能打通,你就会陷在变化里面,常常执着于一面,被这些变化所影响、所拘束。比如生死,对于生死的变化,如果你不能够打通的话,每天一想到死就沮丧、恐惧。其实人这一辈子再怎么努力,最后还不是要死嘛。圣人会死,桀纣也会死,都是一样的,这就是《列子·杨朱篇》讨论的问题。只有"通其变",才能够成就"天地之文","文"是文采、文明的意思。所以,由于人的力量,由圣人通其变,使天地能够相生相合,才能够让天地之间万物生长,彰显文明。

"极其数",意思是在数里面研究到最根本、最高深的程度,"极"作动词。"数"还有一种解释,是法的意思,如法家讲法,就叫制订"度数"。

何以"定天下之象"?"象"就是卦象,六十四卦就是把天地之法拿来分成六十四个类别,八卦也就是把天地外在的法抽象总结出八种性能。"遂定天下之象","极其数"就是定下了"天下之象","数"就是一种"象",从"天下之象"里再定天下之理。六十四卦都是讲现象界、讲天下之象。能够有这种功夫的圣人,把宇宙的法转化成人生的法,把天的象变成天下之象。"非天下之至变,其孰能与于此",研究变化最深的道理叫"至变","至变"是指从变化里面了解变化的原则。

这一段是讲"圣人之道四"中的"变"与"象"。下一段讲解"至神",指向"卜筮者尚其占",是把"占"提高了来讲的。

易无思也,无为也,寂然不动,感而遂通天下之故。非天下之至神,其孰能与于此!

语 译

易理的本体没有自己的思念、没有自己的作为。但它虽寂然不动,却由相感而生,能通达天下万事万物发展的原委。如果不是易理具有如此的神妙性,又如何有这样的功能啊!

解 义

"无思""无为"相当重要,在《系辞传》里,甚至在整个《易经》里,只有此处提到"无思""无为",以致大家都忽略了它的重要性。从《易经》或者易理的本体来讲,它当然没有思想、也没有行为,宇宙大道本是如此。比如乾的知,不是真正说人类有一个知性,以便知道外在的事物,乾的知就是那样自然地存在着。我们通常会比较浅显地把"无思"解释成无念,没有念头。"无为"在老子的概念中,主要有两种意思:一是没有欲望；一是没有目的。做任何事情只是顺其自然，不抱目的，没有欲望的"无为"是最简单的"无为"。就《易经》的本体来讲，"易与天地准"，即以天地为标准，所以《易经》的本体就是天地的本体。天地无心而成化，即成就宇宙的变化。

老子说："天地不仁，以万物为刍狗。"（《道德经》第五章）如果把"天地不仁"理解为天地无情，那是错误的。天地任自然，并没有什么仁与不仁的分别。即使说"天地之大德曰生"，"德"也只是从人的角度思考所产生的看法，天地从来没有认为什么是大德，更不要说什么"上德不德，是以有德"（《道德经》第三十八章），只是从我们人类的视角来讲罢了。所以《易经》是以天地为本体，天地是无心的，天地是"无思"的，天地是"无为"的，但是每个爻里面却是有思、有为的。每次占卜，把自己放到某个爻上，就已经变动了，每爻都有阴阳，要去了解在这一根爻之前的那个境界。所以就本体来讲，《易经》是"寂然不动"的，"寂然"就是无思，"不动"就是无为。

"感而遂通天下之故"，这是强调"感"，有感就有动、就有思、就有为。意思是靠感应就能打通天下之故。我将"故"注解为两层意思：其一，是缘故，缘故即原因，天下万物都有其缘故，从佛教来讲，都有因有缘。正如本体是空的，一有缘的话就有东西了，一有缘就有感了。其二，"故"也是指事故、事情。何以此处不讲"遂通天下之事"，而要用"遂通天下之故"？因"事"和"故"不同。若讲事，就只是单纯讲一件事情；讲"故"的话，就是要从事里面去通其故，从事里面去找出每件事情的原因。但是我们要注意，不要用二分法去看感应和本体。"无思""无为"的时候才能感应，"无思""无为"之感才能起作用，才能通天下之故。如果有思、有为的话，那个感应就已经有了念头、欲望和先入之见，就不能"通其故"。

天地无心，那圣人有没有心呢？圣人当然有心，但圣人虽有心、有欲望，却会效法天地之无心，故圣人之心能通天下之故。从复卦来讲，有"复其见天地之心"，"复"就是回来，阳气回来而生万物，所以天地以生生为心，天地没有它自己的心，绝对不是自私的。《道德经》第五章中说："天地不仁，以万物为刍狗；圣人不仁，以百姓为刍狗。"这就是圣人学天地而得天地之无心。为什么说"天地以万物为刍狗"呢？这是指祭祀时那些草扎的狗之类，祭祀前花很多钱购买，祭祀完还要烧掉它，或摔在地上让人踩踏。有用与没有用，这是时间的问题，完全是自然的。

我们要注意这两句话的一气贯通，因为"无思""无为""寂然不动"，才能够有真正的感，才能够通。若不能无思、无为的话，就是普通的占卜，都是有欲望在先的。

"非天下之至神，其孰能与于此"，通常我们提到"神"，会说神通、妙用，但若说一个人有神通，有神妙不可测的智慧，一定把是这个人神化了。在《易经》中，要达到"至神"，就要把那个"神"字丢掉，"无思无为"才是"至神"，才能够通天下之故。

文王把宇宙万物的天道变化，写成了六十四个卦，这是圣人观天地之象而来的。天地之象是无心的，因为六十四卦三百八十四爻，这一切都是现象界的自然。种这个因得这个果，佛教中讲"业"，也是如此。有此因就得此果，做什么事得什么结果，这是事实，并非天要使你如何。

所以，我认为真正要讲占卜、卜筮，那也是本之于宇宙变化的本体。此刻我们来卜筮，自己要先"无思""无为"，不要用先入的观念来衡量。在古代朝廷设立有卜筮官，君主有问题时，卜筮官要了解"无思""无为"的道理，不能有先入为主的观念。即便是算命先生，有人来找他算命，他也要"无思""无为"，不能说这个人我不喜欢，我跟他少讲一点；那个人我喜欢，我就多讲一点好听的。有时候，确实需因人而异，算法两样，有对有错，但是从"无思""无为"的态度来说，这很重要，不能随意添加自己的好恶。

夫易，圣人之所以极深而研几也。唯深也，故能通天下之志；唯几也，故能成天下之务；唯神也，故不疾而速，不行而至。子曰："易有圣人之道四焉"者，此之谓也。

语　译

易理，是圣人所极尽宇宙的妙道，细玩事变的机兆而得的。唯其能深入，所以可以通达天下人心；唯其能把握先机，所以可以助成天下的事务。唯其有如此的神妙功能，所以虽未有心求疾，却应对神速；虽未用力去行，却能以理贯通天下。孔子所谓："《易经》有圣人之道四焉"，讲的就是这个道理啊！

解 义

《易经》的道理，圣人研究得非常深。"极"的意思有两种：一是非常；一是高深。"极深"就是指"无思无为"的境界，如此真正的深才能"感而遂通天下之志"，才能够在此"无思无为"之境界下去"研几"。《系辞下传》中就说："几者，动之微，吉之先见者也。"意思是"几"是动静转换的开始，一件事情刚开始有细小变化的时候就叫"几"。如几乎、差不多，都是很微妙的，又如"人之异与禽兽者几希"，人与禽兽的差别很少，差别在很小的地方。"几"加"木"字旁，就是庄子所谓变化之机的"机"，生机就是生的开始。庄子的思想跟《易经》有相同的地方，"万物皆出于机，皆入于机"（《庄子·至乐》），真正能够高深、能通天下之志的就是天下人民真正的希望与需求，而不仅是民之所欲。"志"跟欲不一样，"志"是心之所主的东西，需符合群体的利益。一位真正的圣王，须知"几"，即能够了解宇宙万物变化的"机"，然后才能"成天下之务"。"务"是指事务、事情，范围很广，凡是政治伦理的，一切利于社会国家的作为，都是"务"。

"唯神也，故不疾而速，不行而至"，"疾"代表有形、有意的快。我们如何在没有快的形体、意象时达到速？"速"就是真正的无形无欲的快。假定从因果来讲，如常说的自欺欺人，一要想欺人，其实已经先自欺了，自己的良心就觉察到自己在欺人，满心都是不舒服，报应的速度很快。"神"是指这个报应虽看不到，却快速地到了。"不行而至"，"不行"怎么会至呢？这是精神的作用，精神的思路不留痕迹，在外面看不到行动，却已完成了。

《道德经》第三十七章说："道常无为而无不为。"天地无心，万物自化，即无心插柳柳成荫，有心栽花花不发。只有"无思无为"才能"不疾而速，不行而至"。"神"化，也是最为简单的天道，宇宙万物本来就生生不已，但是当人产生了有为的观念后，即把欲望加进去后，事务就乱了。也就是说，天下的道理本来就是很清楚、自然，是生机盎然的，只是人为的观念把它弄乱了。

我常常跟美国学生说，在中国哲学里，神秘未必是正面的意思。因为宇宙万物本来就清清楚楚、简简单单，而人却制造了很多观念把宇宙神秘化了，这不是它本身自有的神秘，而是人为增加进去的，像神秘的鬼神观就是人为形成的。

宗教和哲学也是如此。如禅宗的不立文字，所有宗教哲学到了最高的层次都非常简单、简易，在最高的层次上都可以相通，也只有简易才可以相通。如果复杂的话，反而会通不了，于是门派树立，壁垒分明，即庄子在《天下篇》所慨叹的"道术为天下裂"了。

最后引孔子的话，说《易经》"有圣人之道四"，即"尚其辞""尚其变""尚其象"和"尚其占"。本段讲"极深""研几""能通""能神"，正是前四者的发挥和运用。

第十一章

子曰："夫《易》何为者也？夫《易》开物成务，冒天下之道，如斯而已者也！"是故，圣人以通天下之志，以定天下之业，以断天下之疑。是故，蓍（shī）之德圆而神，卦之德方以知，六爻之义易以贡。圣人以此洗心退藏于密，吉凶与民同患。神以知来，知以藏往，其孰能与于此哉？古之聪明睿知神武而不杀者夫！

语 译

孔子说："《易》学究竟有什么用处呢？其用处有三，就是在于开发万物以创造未来，经营庶务以助成教化，极数研几以涵盖天下之道，如此而已！"所以圣人由开物以贯通天下的人心，由成务以奠定天下的大业，由涵盖天下之道，以断决天下的疑难。由于蓍占的性能是圆通而神妙的，卦体的性能是方正而有智能的，六爻的义理是平易而有功用的，因此圣人体察易理，以洗除心中的成见，和光同尘，深藏不露，和人民打成一片，以人民的忧患为忧患。他的神知可以包罗过去以预测未来。究竟有谁能达到这种境地呢？大概只有那聪明睿智而又能神圣英武、仁爱万物的古代圣王吧！

解 义

子曰："夫《易》何为者也？夫《易》开物成务，冒天下之道，如斯而已者也！"此处，孔子阐述《易经》的作用时，用了"开物成务"四个字，"开"是发明、展开。"开物"有两种意思：一是物质的发明、物质用处的发现，如同屯卦所示的，在开始面临困难之时要如何开发资源；二是指开来物、开未来，要知道未来的发展，开发资源，这是《易经》的作用。圣人根据易象制器，创造了很多物质。就这一点而言，《易经》不是专门讲空灵的、精神的，它会讲到物质的变化。无论创造的是舟车，还是家居用具，都是"开物"。"成务"指成就事务、发展事务，如政治、法律、军事、家庭、个人发展等领域的事务，都要去成就它们。如何成就？看《易经》六十四卦。譬如论教育的蒙卦，论婚姻家庭问题的归妹卦、家人卦等，六十四卦几乎都是在讲"务"。"开物成务"就是说，《易经》的功用是具体的、是实际的，跟人生息息相关。

"冒天下之道，如斯而已者也！""冒"作动词，前人的注解有两种意思：一是朱熹注为"盖"，涵盖天下之道，如同帽子一样；二是指顶出来、冲出来，顶着天下之道。我的注解要为"冒"增加第三种意思："冒"是指显，将道显出来。何以说显现天下之道呢？就是由"开物成务"而来的。开物成务的目的，是将天下之道显化出来，而为人生人世所用。

"是故，圣人以通天下之志，以定天下之业，以断天下之疑。"此处比前文更进一步是在于"以断天下之疑"，指通过占卜帮助我们决断天下的疑问，了解所有未来事务中我们所不知道的发展，让我们能够更好地行动。

"是故，蓍之德圆而神，卦之德方以知。"蓍就是占卜的道具蓍草，蓍草通灵。"德圆而神"，"圆"是无所阻碍的，可以周遍万物而不着痕迹。庄子曾提到"神"字，但只碰到一点点，如果"神"字摊开，就转不动了。而"圆"就是指"神"不着地，不滞于一方、不滞于一面。蓍草是通灵的，没有方位，所以"德圆而神"。但是卦不一样，六十四卦的德是卦的性质、特色，而这个特色是"方"，所以卦本身是方的。"方"就是摆在那里，方正且规矩，每卦的卦辞都有规矩、有方位，是具体告诉大家要怎么去做的。

讲精神是"圆而神"，讲道德、讲知识是"方以知"，所以有学者拿"方圆"来比喻东西方的哲学，认为东方哲学讲道德、重修养，是"圆而神"，西方哲学讲概念、重范畴，是"方以知"。这里的"知"是知识，"知"跟"神"不同。我们不要看轻任何一个方面，整体性地包括"方圆"，不可偏颇，"无思无为"故"圆而神""方以知"，才有"感而遂通天下之故"。

"六爻之义易以贡"。《易经》的"易"本身有三个意思，即简易、变易、不易，其中不易是在简易和变易的基础上呈现更深的意涵，如"无思无为"。但一般我们多关注"易"的前两个意思：简易、变易。"六爻之义"讲变：九代表老阳，一定变，六代表老阴，一定变；卦的爻位，不是称九就是称六，每根爻都是变的。"六爻之义"了了分明地在那里，如"潜龙勿用"，很青春就知道该怎么做，并没有将爻辞讲得复杂神妙。"贡"在古代是指呈现、上贡、贡献。"六爻之义"就是至简地讲变易，把思想、原则、原理清清楚楚地表现出来，告诉用易者如何去做。

圣人了解"蓍之德圆而神，卦之德方以知"，故"以此洗心退藏于密"。有的版本把"洗"写成"先"，我不赞同这样。"洗"是指纯净心灵，"易"的本体是"无思无为"的，这是事实、是理，但圣人和我们还是有心的，即有思、有为。所以，面对六十四卦，面对《易经》的道理，要先纯净我们的心，学会无思无为，这是我们的努力，也是无思无为的两个含义：一是"易"的本体"无思无为"；二是我们用"易"的道理也要趋向"无思无为"。占卜一个问题，我们存有成见，而要拿出诚意，通过洗心做到"无思无为"，之后再"退藏于密"。"密"在哪里？要把"心"藏到哪里去？"退藏于密"不是说把心像隐私一样藏起来，结合"显诸仁，藏诸用"一句，我们知道这是在说藏在用里面，是密用、大用，如宇宙万物的大用，天道化生的大用，都是我们所看不到的。

"吉凶与民同患"，《易经》的圣人之心就体现在这里，指圣人没有自己的忧患，而以人民的忧患为忧患，与民同患。何以圣人没有自己的忧患？因他洗心，洗掉自己的忧患之心，而把心退藏起来，所以可与人民同心。《道德经》第四十九章："圣人无常心，以百姓心为心"，这就是"洗心退藏于密"。人民吉，圣人感觉吉；人民凶，圣人感觉凶。《易经》是无所谓吉凶的，《易经》不与圣人同忧，因为它是"无思无为"的。

"神以知来，知以藏往"，人能知未来的事情就是神通。但如何"知来"？"知以藏往"的"往"是指过去的经验，意思是存了过去的经验，才有"知"，凭着"知"，便能够知未来。此处，熊十力根据虞翻的注解说："坤主存亡，何不改知为坤，坤以藏往。"（《乾坤衍》）他认为"神"是代表乾，"知"是代表坤，我却认为改得很别扭。因为此处两个"知"字文气相连。《易经》六十四个卦三百八十四根爻，卦辞跟爻辞都是"知以藏往"，即把过去的经验存下来。现在我们学习运用《易经》，可从过去的经验里看出当下该如何去做，这就是"知来"！所以，"神"不是指神仙，而是从过去的经验里面去发展，"知以藏往"与"知来"，有逻辑贯通之处。

什么样的人能够达到这种境界？"古之聪明睿知神武而不杀者夫"，"聪明睿知"即圣知，《中庸》说："唯天下之至圣，为能聪明睿知，足以有临也。"何以要"神武而不杀"？如同普通人信仰神，神有生杀之权，"武"是强调威武，但不杀。《道德经》二十八章："大制不割。"指伟大完善的制度都是注重整体、全面的，不割裂，不会伤害万物。圣人的"神武"就是要不杀，要生生。儒家也有对"不杀"进行解读的句子，"仁者无敌于天下"（《孟子·梁惠王上》）就是不杀。孟子认为，政治上圣人靠着仁政就把敌国打败了，敌国的人民还带着旗子来欢迎。但儒家真正的最高理想是仁者爱天下，根本不用杀，自然仁者无敌。此处的"武""不杀"，也是针对具体的武器来讲的，一个国家不可以总是强调使用武器。王弼认为法律是重器，不能整天强调法律，除了武器与法之外，还有一样东西，那就是"子不语怪力乱神"。孔子"五十而知天命"，他了解宇宙之间的神秘，自身有了解、有体验，但很难讲出来，因为人民的智慧没有那么高，常常就误用了。譬如佛教有那么多经，但一般人到庙里就只是去烧香拜佛，只为自己之利。所以，孔子不讲怪力乱神，而是讲知命。其实命也不好讲，因为一旦要讲天命，一般人就误解成命运了！

是以明于天之道，而察于民之故，是兴神物以前民用，圣人以此斋戒，以神明其德夫！

语　译

因此深明天道的阴阳变化，细察人民的生活事务，而举蓍占等通神之物，以开物成务，安顿人民的生活日用。由于这是神圣之事，所以圣人为此须斋戒以求心之诚敬无邪，才能使自己在德行上通于神明。

解　义

"是以明于天之道，而察于民之故"，是指了解天道与人民所有的事务。"故"是指事务。"是兴神物以前民用"，"神物"着重强调精神的作用，指前去指导人民运用。此处，"神物"

也可以看成《易经》六十四卦。我们认为《易经》是全面的,《易经》是有神知的。有人提出要把神通妙用的东西拿来引导人民发展,但要注意,很多人把"神物"当成奇奇怪怪的思想,用来迷惑人民,反而用得不好。所以运用"神物",运用《易经》,或是运用精神、神妙的东西之后,都要斋戒以"神明其德"。斋戒很重要,它的功用跟"洗心"相同,是让心里面没有欲望。斋戒是为了祭祀,祭祀要通天,要和天交流,所以斋戒也代表诚,诚才能"神明其德",能够提升到神的境界。

孔子和他弟子在交流中都显示了很高的智慧,《易传》跟《中庸》谈的是同一个层次的问题,二者常常在宋明理学中互为表里。《中庸》是孔子的孙子子思所作,《系辞传》也是由其弟子编撰。孔子关于人生的教诲,除了《论语》外,还有形而上的高层次的微言大义,这就是《系辞传》所发挥之处了。

是故阖（hé）户谓之坤,辟户谓之乾,一阖一辟谓之变,往来不穷谓之通,见乃谓之象,形乃谓之器,制而用之谓之法,利用出入,民咸用之谓之神。

语　译

像阖户一样的潜藏,叫作坤,像开户一样的光明,叫作乾。一合一开便是所谓的阴阳变化。一往一来的不停变化便是所谓的感通。阴阳感通而外现的便是象。阴阳相和而生成,有形有质的便是器。依据器的特性而加以裁成的,便是制器为用的法。运用其法,使人民出入、进退都受用不尽的,就是所谓的神。

解　义

　　"是故阖户谓之坤，辟户谓之乾，一阖一辟谓之变，往来不穷谓之通"。"户"是指门、窗，关门阖户是坤，开门辟户是乾；乾是打开的，坤是收缩的。"通"即要通其变，不只是门窗一阖一辟，而要能一直用下去，这是功夫，不仅仅用于政治上，也用于人生的处世之道。"通"字很重要，"通"使得"变"能够生生不已。现实中的人生事业，往往变到歧途、变到障碍就不能通变了，譬如由生变到死就堵住了，这叫不通。"元亨利贞"中"亨"就是通的意思。

　　"见乃谓之象"，能够见天地之道，而变成六十四卦的卦象。"象"有两种意思：一是包括天地的象；一是包括六十四卦的象。"形乃谓之器"，根据八卦、六十四卦的象，把象变成形体而制造出来的器物，就叫作器。"制而用之谓之法"，制定所有的器具，使得人民能够使用，这就是法。"法"不仅仅是指法律，方法、模范、标准都是"法"。

　　"利用出入"，"利用"是指能够使得器具用而有利，即对人民有利，这一点很重要。用而不利的东西被制造出来，对民生反而是有害的。"出入"就是指生活中进出使用都很方便。

　　"民咸用之谓之神"，日常老百姓的生活中都潜移默化地用上了，并不需要有意地知道，这才是神的作用，即"藏诸用"而"退藏于密"。"民咸用"即大家都在用，但是自己还不知道。普通人都知道的用是小用，人们不了解却潜移默化地使用的才是大用。小用会消损掉，如现今的很多器具都是欲望所致，在消耗我们的精神。当人类只知道"有用之用"的话，问题就会越来越多。因重视"有用之用",于是争胜就产生了,这是一个大问题。

《道德经》三十七章说:"万物将自化,化而欲作。"化了以后,欲望就产生了。怎么办?老子接着说:"吾将镇之以无名之朴。无名之朴,夫亦将无欲。不欲以静,天下将自定。"欲望产生之后,老子的方法是降低人民的贪欲。减少欲望的方法,不是说由法律、道德去压制,让人不能纵欲,而是通过釜底抽薪的方法,少思寡欲,从内在降低欲求。

儒家也好,道家也罢,都强调精神生活,强调人与人之间的伦理关系,都是一种方法论。如《道德经》第四十章:"弱者,道之用。"就是让我们不要好强斗狠,"弱"就是一种方法。这些方法很多,但是今天要大家都遵从,很难,是不容易效法的。现代社会大家都追求欲望,今人讲的"精神"是一个以物欲为本质的精神,精神旺、野心大,都是此范畴下的结果。譬如,求易问卜的人多是有欲望的,多是想达成自己的个人目的而来问的。

又如,有人问:"怎样才能做好生意?"这就是欲望。《易经》给他一个爻辞,告诉他应该怎么做。求问者很开心,照着做的时候,圣人的道理已如同补药般放进去了,就不会走上危险的路子,但是他本身并不一定知道。这就是前文说的"兴神物以前民用",是老百姓喜欢的方式。因为在《易经》的爻辞中,圣人已经把道理放进去了,所以问的人在不知不觉中照着这个道理走下去时,也可以满足他的欲望。

是故《易》有太极，是生两仪，两仪生四象，四象生八卦，八卦定吉凶，吉凶生大业。是故法象莫大乎天地，变通莫大乎四时，悬象著明莫大乎日月，崇高莫大乎富贵，备物致用，立成器以为天下利，莫大乎圣人。探赜索隐，钩深致远，以定天下之吉凶，成天下之亹〔wěi〕亹者，莫大乎蓍龟。

语 译

因此《易经》有最高最深的太极理境。在这境界中阴阳未判，纯粹至善。由太极演化，便有阴阳两仪（在卦为阴阳爻，在现实界为天地），再由阴阳的相感而演化成四象，再由四象的作用演化成八卦。八卦形成之后，便涵盖了一切吉凶的道理，依循吉凶的道理而行，便可创造开物成务的大业。因此，可为我们观象取法的，莫如天地的大象；可作我们应变求通的，莫如四时之大顺；在天上悬象照明的，莫如日月的辉光；在人世间最为尊崇的，莫如富有天下、贵为天子；能畜养万物以尽其用，能立制器之法以利天下的，莫如圣人之智；能探本真以求其隐秘，竭尽内涵之深，推求外包之广，以断定天下吉凶之理，使天下人心因明吉凶而知所劝勉的，则莫如蓍龟之灵验。

解 义

"太极"二字最早出现在先秦的古书里，一处在《庄子》一处在《系辞传》。如果《系辞传》是孔子及弟子写的，在历史上就早于《庄子》，也就意味着"太极"最早出现在此处，在《易经》中也仅出现此一次。

周敦颐著《太极图说》，但太极图实则并不是他的首创，他是根据道教的炼丹术，从陈抟《太极图》而来，并加上无极，注重无极生太极，后来在宋明理学里产生争论。朱熹受敦颐影响，并注解《周子全书》，故赞成无极而太极。及至陆九渊这一派，认为无极放在太极上是道教道家的观点。《系辞传》此处并没有讲无极。且老子的《道德经》中并没有讲太极，仅在第二十八章讲到"无极"："知其白，守其黑，为天下式。为天下式，常德不忒。常德不忒，复归于无极。"所以宋明理学中，陆王两派就为此事多有批评、辩论。朱熹辩解说：我讲的"无极"，并不是说"太极"之上有一"无极"，"无极"不是一个境界，而是一个形容词，以"无极"来形容"太极"。"太极"动后生阴阳，动极而阳，静而生阴，阴极乎动，动极乎阴；一阴一阳、一动一静，而后产生两仪。

从根本往上看，"太"就是最高，"极"也是高，"太"和"极"都是指往上看到的最高的境界，是事物所追求的最原始的境界。这个境界不可名、不可解说，所以用"太极"来代表。因此"太极"不是固定着的一个东西。同理，上帝代表最高的神，若上帝之上还有神的话，上帝就变成下帝了，就自相矛盾了。因此，太极只是让我们去了解阴阳之上的最高境界。为什么可以称"无极"呢？因为上面那一层是无限的。

宇宙是一气的变化，气充盈于宇宙之间，气在动的时候，一定有空间，这个空间就是静。同理，气是动，动静一体，太极亦如是。看太极图时，大家会区分说：白色部分是阳，黑色部分是阴。实际阴阳是一气，而底板就是静。

无论阴阳，都是气在动，根本都是一个东西：动静都是一个本体，不可分。

我甚至认为我们通常所谓的"阴中有阳，阳中有阴"，这话是不通的，是逻辑不自洽。阴就是阴，阳就是阳，只能说每样东西里面都有阴有阳。但是到了现象界中，有些东西阳多，有些东西阴多。普通的归类里，男是阳，女是阴，但男人里也有人多阴的，反之亦然。所以宇宙万物中，都有阴有阳。

在现象界中，动静的不可分现象更为清楚。如讲座时的我——吴怡在动，但动时还有一个吴怡的本体在那里，是静。即便我不说话了，保持静止，但是内在的思维仍在动，在酝酿接下来要讲的东西。所以，动的空间，底板是静，而非动中有静、静中有动。所谓动而后有静，静而后有动，动而生阳，动极而静，静而生阴，只是现象界的表象。事实上我们的本体就是静，不是说动了以后才变成静，或静了以后又变成动的。在观察现象的时候，常是以某一个角度出发的，如就说话这一件事情来言，似是不说话时是"静"，说话时是"动"，实则是不说话的时候，内在的念头不知道动了多少呢！

现在我们跃至最高的本体界的视角来看，在本体界无所谓动、无所谓静，也无所谓阴阳。古代哲人把这个无的圈圈当成无极，而我认为圆实际上是太极，我会把圈圈、无极、太极都合在一起。可以说没有无极，也可以只说太极，太极是最高的，它不分阴阳、无所谓动静。

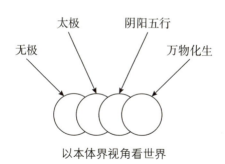

以本体界视角看世界

我们常画的太极图的圆圈中有黑白两个小圆点，里面的黑点就是气，气动、气生。黑点区域动，白色区域不动，接着在太极圆圈之后，阳动阴不动，称静。不动为体，动是用，体用实际上是重叠的。若在观念上拆解开来，背着太阳为阴，向着太阳是阳。阳动以后，有五行之金木水火土动，而太极本体仍不动而静。所以不要在动之外去求静，动里就有静，静里也有动，动静根本在一处。

"太极生两仪"，如果"太极"生"阴阳"的话，为什么此处不直接写"太极生阴阳"？前文中，"阴阳""刚柔"出现过好几次，唯此处出现了"两仪"，且就《易经》全书来讲，"太极"和"两仪"都独此一处。很多学者把"两仪"解释成"阴阳"，虽非错，但《系辞传》不说"阴阳"而说"两仪"是另有作用的。"阴阳""刚柔""动静"都是"两仪"的作用，所以"两仪"不只指"阴阳"，还进一步表示两种作用。

"仪"是指仪表、表现，"两仪"乃是指两种表现。太极本来是"一"，无阴无阳的"一"，然后在作用当中产生两个表态、表现，即现象界的两个东西，但并不是相互对立、对抗的，只是分看而成体用。其实"两仪"相合，还是一物，是"一"的两个面向、两种表现，并且是相互为用的。

"两仪生四象"，朱熹等学者多认为，所谓"四象"，是一个三画卦两两重叠，成为太阳、少阳、少阴、太阴四象。朱熹还画了一个图表以作说明，但是我并不赞同此说。

就八卦的组成来讲，三画卦为八卦，有阴有阳，然后再重叠，成为六十四卦，"四象生八卦"就《易经》结构而言可通，但下一段的"易有四象，所以示也"，就难以解释得通了。因为太阴、太阳、少阴、少阳均是爻重叠的次序，并没有表现出实物来，只是画卦的一个过程。所以我认为"四象"要具体，而"两仪"也可以看成具体的东西，譬如刚柔、动静，都是我们看得到的。"四象"有几种说法，如四时的春夏秋冬，方位的前后左右，但最好的解释是天地日月。为什么？因为后文讲"象"。

"是故法象莫大乎天地，变通莫大乎四时，悬象著明莫大乎日月"，"天地"是象，"日月"也是象，于是就有了两个象相对，天地日月即是我们最重要的"象"，清楚且具体。由圣人观天地日月而发展，画成了八卦。八卦从天地日月始，有八个外在的现象，还包括水、火、山、泽、雷、风，这就是圣人画卦为用。所以，我不因循朱熹从符号解读"太极生两仪，两仪生四象，四象生八卦"，而是直接从外界的现象来解释。"八卦定吉凶"，此句讲得通吗？也通，也不通。说其不通，在于伏羲画八卦，只是画出外在宇宙的八种现象，无所谓吉凶，如同佛教的地水火风，以及古希腊哲学家泰勒斯所认为的万物本原是水（后来也有人说是气），都是外在的元素。伏羲画八卦的时候，人类还处在游牧阶段，尚未进入农耕社会。游牧民族使用八种符号来传递信息，说哪里有山、有泽、有水，但没有吉凶的含义。讲吉凶的是六十四卦，六十四卦有三百八十四根爻，每根爻都有吉凶。

为什么又说"八卦定吉凶"这句讲得通呢？所谓"八卦定吉凶"，因为六十四卦是根据八卦两两重叠而来，习坎，坎险也，艮山，止也。八卦两两相交相摩，所变成的六十四卦，每根爻都在告诉我们要怎么做事情结果才吉，做了什么就会凶。人们根据"吉凶生大业"，创造"大业"，任何事业逃不了每根爻的吉凶。且吉凶不是为了蝇头小事，圣人讲吉凶是为讲"大业"，指导该如何开国承家。所以，圣人写《易经》时，"其有忧患乎"，是为天下苍生忧患，而非个人的成败，因为个人的成败算不上"大业"。

"是故法象莫大乎天地"，我何以把"四象"解释为外在的象，此处就是依据。即以外在的象为法，而最大的"象"是天地。一般生活中，人们未曾有意识去效法天地。我们看天，只知道天就是天空，并不去想天有什么意义。冯友兰解释过"天"的含义：天是理，天是德，天是神，天也是大自然，这是最简单的天之意义。

我认为天的意义还不止这四种，《易经》讲法天，天是无穷的，是无所不包、永恒存在的；天是远的（这是重要的性质），远使人的境界提高，眼光放远，不再局限在自己的一小片屋顶上坐井观天，远即心境无穷；天还有生生之大德，即创生的力量。"天行健，君子以自强不息"，法了天的象，你就成为君子，因此而自强不息。所以，每次讲《易经》，我都强调最重要的就是人要敬天效地。

为什么《系辞传》第一句话讲"天尊地卑"？"天尊"的意思，就是让你了解自己，能尊天，也是尊人。最大的"象"就是天，要从天里面去了解如何做人。接着要去"法"地，我们一般人整天都踩在地上，只认为地是贱的、卑的，却从来没有思考过所有资源都来自地，但中国人热爱土地，传统的农民安土重迁，跟地很亲近。且人的所有的精气神都来自地，即接地气，法地就是效法地，学习地的德。地赋予我们的观念是：地是生生的推行者，是生养万物的，它从不抱怨，无限地供给我们物资。我们感受地，每一步踩得稳，脚踏实地，这都是从地里面得到的智慧。

除了自然界外，天地也有属于宗教的性质，比如天主教的天是上帝，佛教的地是地藏王菩萨。天地总是我们最容易看到的，它们是最大的"象"，所以我们要法天地。

"变通莫大乎四时"，生活随时在变，变而不能通的话就会衰微。"四时"最大的"象"是春夏秋冬，几千年来，春夏秋冬交替更迭，从未曾穷竭。所以，想要变而能通，就要学四时交替、四时代换。代换很重要，不要总想着占有不放手，任何事情都要有交替，父母儿女间亦然。很多父母亲抓权抓得好比古代皇上，七八十岁还要把儿女的生活抓在手里，不懂得交替，结果儿女永远无法独立。能知交替，才能变通。

"悬象著明莫大乎日月"，"著明"就是显明、求明。"四象"

中天地是大象，但我们要追求光明，就要看见悬挂在那里的还有日月之象，日月是最大的明。日月合在一起，就是个"明"字，日月是天地之明、永恒之明。日月之明是无私的，是"乾知大始"，乾的知就是明，了了分明地摆在那里，乾从没有要去知，也不是刻意地去明。

"崇高莫大乎富贵"，常人一看到富贵就很高兴。什么是"富"？有钱。什么是贵？有地位。中国人整天想着大富大贵，可是执着于富贵就无法富贵。念这句话时我们有一个很重要的思考：为什么《系辞传》把"崇高"与"富贵"合在一起？

真正的"崇高"是什么？是天。《易经》讲德，德要崇，最崇高的是天德，所以用"崇高"来解释的"富贵"，不是升官发财的意思。前面讲过"富有之谓大业"，"富"是丰富其所有，我们拥有的东西，还要使它更丰富。所以升官发财只是个人的小事业，"富"实则是精神的富，非指物质的富；贵也是如此，要从"天尊地卑"去看。天的尊贵是崇高，"崇高莫大乎富贵"，也就是把"富贵"提升到"崇高"的位置，实际上是讲自然万物的富有。

"备物致用"是现象的用，是指要把宇宙创设的丰富资源拿来致用。"备"有两种意思，一是准备一是完备，即把所有上天给予的适合我们使用的资源拿来准备，使其完备，让所有人都可以拿来用，这才是真正的利用厚生。

所以有"立成器以为天下利"，"成器"就是制造各种器具，包括科学发明。指圣人发明了各种器物，来有利于天下，即利用厚生。从这个地方可以看出，圣人不是空讲哲学观念，他

"备物致用"，能够制造器具，能有利于天下，圣人是有事功的，而且是很具体的事功，因此我们才称他为圣王。《易经》中对圣人的定义是很清晰的，只是后来我们讲"内圣外王"，把"圣"字的含义缩小了，如宋明理学家口中的"圣人"，指的都是内在的修养。实际上，所谓"内圣"并不是一个人坐在那里拼命打坐，修养自己的德性，"内圣外王"的"外王"才是真正的圣王。

"探赜索隐"，"探"是探求，探求宇宙深层次的理论、道理和原则；"索隐"，即追求事物背后隐藏着的道理，"隐"是指背后的东西。"钩深致远"，"钩"用得很具体，把深处的东西钩出来，让人看得到；"致远"，"致"是达到，指寻求发展达到远处，而不仅是眼前的小利益，要有能达到未来的无限深远的功夫，才能定天下的吉凶。把"赜""隐""深""远"的道理拿来，放入六十四卦的三百八十四爻里面，来定天下的大业，告诉天下人"什么是吉，什么是凶"，这就是系辞的作用。爻辞就是圣人把隐藏在事物背后的一般人看不见的那些原则、道理，与爻结合，让大家都可以使用。

"成天下之亹亹者"，"亹"是古字，当作"兴"字用，是兴盛、兴起的意思。为什么兴起？《系辞传》的每条爻辞都是鼓舞人起来去行动的。动是"成天下"之动，让大家动起来，根据爻辞的吉凶去做。本来是既隐且深的道理，化成爻辞之后，大家看到然后跟着做——这种把深藏在背后的原理变成具体行为的活动，就是著龟占卜的意义。占卜的目的，就是要把深藏在背后的原理拿来，作为我们发展和行为的指导原则。所以，占卜告诉大家怎么样做，把大家鼓动起来，让大家行动起来，天下就会兴盛。

是故天生神物，圣人则之，天地变化，圣人效之；天垂象，见吉凶，圣人象之；河出图，洛出书，圣人则之。《易》有四象，所以示也；系辞焉，所以告也；定之以吉凶，所以断也。

语　译

所以天生蓍龟等通神之物，圣人依据它们而创作了易占的法则。天地运行变化，圣人效法它们而制定了卦爻的原理。天象垂示我们一切现象，表现了吉凶的道理。黄河出龙图，洛水出龟书，这是天象，也是圣人所要效法的呀！因此《易》有天地日月的四象，以垂象昭明于我们。在卦爻之下系了辞，就是要告诉我们何去何从，定之以吉凶的道理，就是要我们知所选择，能趋吉避凶。

解　义

之前说"阴阳不测之谓神"，"神"是指神妙的东西，但具体是什么，并没有讲。现在我们看到"天生神物，圣人则之，天地变化，圣人效之"，圣人效法自然界的一切，效天、效地、效日月，如四时的变化。八卦里面的山河雷雨也是"象"，"天垂象，见吉凶，圣人象之"，就是显示给我们，日月天地把吉凶显现出来，圣人由此创作出六十四卦的卦象，以表示吉凶的情况。

"河出图，洛出书，圣人则之"，"河图洛书"与"天生神物"对照，是指神物。但《易经》没有明说"河图洛书"是什么，今天研究《易经》的考证很多是后人的想法。当然，我们学《易经》，跟着古人去理解"河图洛书"，这肯定没问题。"河""洛"是现象，指黄河洛水，代表外在的现象。"图""书"又分别代表什么？我认为是指文采，"河图洛书"就是指天地之文，圣人以它们为法则。为什么称为"神物"？因为它能使我们"钩深致远"。神是阴阳变化不测的、是神妙莫测的，现在就是把神探索出来、钩提出来，变成大家可见可行的道理。

　　"《易》有四象，所以示也"，《易》把天地之象显示给我们，四象是清楚可见的。

　　"系辞焉，所以告也"，圣人把三百八十四根爻都配合上吉凶的文字，以此来告诉我们。"定之以吉凶"，圣人说如此做会吉、如彼做会凶。"所以断也"，即《易经》告诉我们，怎么样从吉凶里面判断该做什么、不该做什么。

第十二章

《易》曰："自天佑之，吉无不利。"子曰："佑者，助也。天之所助者，顺也；人之所助者，信也。履信思乎顺，又以尚贤也。是以'自天佑之，吉无不利'也。"

语 译

《易经》大有卦上九爻辞说："如能得天的庇佑，便吉无不利了。"孔子说："佑就是助的意思，天之助人，在于人能顺于天道。人之助人，在于能重信诺。所以我们如能在践履上重信，在思想上顺乎天道，在品行上又尚贤崇德，这样的话，便会得天之佑，吉无不利了。"

解 义

本处体例与第八章类似。朱熹说有可能是错简而来，此处或者应该在第八章的末尾。

此处是用大有卦的上九爻辞，来讲"天助人助"的道理。做任何事情都顺乎天道的人，天就会助他；做任何事都讲诚信的人，必会得到别人的帮助。

"履信思乎顺"，"履信"就是践履、信守诺言，行人道；"思乎顺"则是顺应天道。这句话的意思是能行人道、能顺天道。"又以尚贤也"，"尚贤"即崇尚贤能。如能信能顺又崇德，拥有这三种德行的人，就会得到天的助成。

这里我们要特别强调"信"的内在德性，《道德经》四十九章说："信者，吾信之；不信者，吾亦信之；德信。"真正的信，不是先去分辨别人可不可信，而是自己首先要有"德信"。

子曰："书不尽言，言不尽意。"然则圣人之意，其不可见乎？子曰："圣人立象以尽意，设卦以尽情伪，系辞焉以尽其言，变而通之以尽利，鼓之舞之以尽神。"

语　译

孔子说："文字不能写尽心中之言，言语也不能道尽心中之意。"这样说来，难道圣人立言垂教的精意，就晦而不明了吗？接着孔子又说："圣人画卦立象，就是要表达文字语言难尽之意；设卦定位，就是要范围宇宙人生的一切情态和作为。根据卦象再系上文字，就是要阐发圣人继天立极的金玉良言。由卦爻和系辞之理，应变求通，以尽万物厚生之利；鼓舞推动，以尽天道生生之妙。"

解 义

"书不尽言，言不尽意。"所有的书都是用文字来表达的，但文字和语言是有局限的，没有办法把一个人真正想要研究、想要表达的意思完全准确地表达出来。

"然则圣人之意，其不可见乎？"在文字和语言可避免的局限性下，圣人真正的用意在哪里呢？圣人又是怎么样表达他的意涵的呢？

"圣人立象以尽意"，圣人之意虽然没有办法用文字完全准确地表达出来，但可以用象来表达。譬如六十四卦，三百八十四个爻都是象，一个卦的卦象有多方面的含义，表达了两三种甚至多重的意思在里面，是鲜活的。观察天地间的象，每个人有不同的看法、不同的体验，这是用文字语言无法尽善尽美地讲出来的，一旦用语言文字形成定义，就会趋于刻板。

如山水蒙的蒙卦，一方面是指刚刚从山上流出来的水很清；另一方面也指止险，因山代表止，水是坎，代表险。所以，蒙卦谈教育也有两方面的意涵：一方面，小孩子本来像泉水一样很清澈，人之初，性本善，所以老师长辈要知道如何去教育他们，把他们的本性引导出来；另一方面，社会上有许多欲望和不善的人与物，要培养他们不受外界物欲引诱的能力，所以叫"止险"和"御寇"。

爻辞是文字，有文字就定下吉凶与是非。但就原始画出的卦象来讲，是非吉凶皆未定。每根爻辞上的吉凶，未必一定会发生，而人的不同做法会趋向或吉或凶的不同后果。语言文字不可能把所有的可能性都讲到，所以观爻辞的人要沉下心去玩味品悟，把握其中的智慧。"尽信书，不如无书。"当你真正了解象本身的意思时，就不需要拘泥于文字来判断，也根本不用担心吉凶。只要行诚履谦，凡事都从这两方面去践行，就会避凶而趋吉。

如乾卦初爻"潜龙勿用"，我们可以把文王的爻辞放在一边，去感觉、体悟这个爻。乾初九是阳的开始，也可以看作阳气慢慢地产生、发展，这样意思就比较宽广。但一般人，尤其那些不懂易理的人，一看见"潜龙勿用"，就错以为什么都不用做了，而他并不知道，从文字来讲，"潜"在那里虽然是不能用的，但在"象"上来讲却有更深的意思。什么叫"潜龙"？"潜"是潜修、潜德，也表示还有更深的意思。因为乾卦是天道，观天道之"潜龙勿用"，这就会让我们联想到更多的可能性。如我们的起心动念，若对着天去观，能"仰不愧于天，俯不愧于人"吗？应不应该做，应该怎么做？这就给了我们不同看法的空间了。

观象是观文字以外的象，象能提供给我们的信息意涵比较广。圣人写《易》，也是观外界的象，然后写出文字。如今看爻辞，我们要倒过来想象一下，文字是如何由外界的象而来的，不要只局限在文字上，只会用卦内之象。就好比明朝的来知德研究《易经》，着重于卦内之象，因此花了那么久的时间才根据自己的设计把文字解通，终而成一家之学。我认为，若真正念懂《易经》，就要把整本书丢掉，去看天、去看地。每天花二十分钟去看天和地，去感受无穷的天地之象。遗憾的是，我们总是很忙，忙得没空儿抬头看天。

《五灯会元》卷十七，青原惟信禅师说："老僧三十年前未参禅时，见山是山，见水是水。及至后来，亲见知识，有个入处，见山不是山，见水不是水。而今得个休歇处，依前见山只是山，见水只是水。大众，这三般见解，是同是别？有人缁素得出，许汝亲见老僧。"这跟敬天是一个道理，这种体验我也有过。早年我住在旧金山的海边，经常抬头看天。二十多年后我再经过那里，忽然发现同样的天、同样的云看起来却不一样了。以前我好似在看那山那云，实则并没有注意，并没有把自己打开来。二十多年后再看的那一刻，我才突然发现过去的自己并没有真正感悟到天，当下豁然开朗，才有不同的意境。

"设卦以尽情伪"，圣人设了六十四卦来表达内在之情，"伪"不是虚伪，而是指人为。荀子讲人之性恶，"其善者伪也"，很多人注解为：人之性本来是恶的，为什么有善，这是虚伪的。其实荀子是说"其善者"是人为的，是行为出来的，内在之情与外在的行为相呼应。每一个卦都有内卦、外卦，内卦就是指内在的情，外卦即指行为，这是一种简单的分法。因此，六十四卦一方面向我们呈现内在的情感，一方面又指引我们行为上应该怎么做。

譬如《易经》里面常用"悔吝"，"吝"就是害羞、羞耻，感觉有一点儿不好意思，是内在的感觉；"悔"就是后悔，也是在情里面的。吉凶是对事物的判断，是外在的，要如何做有吉而不会凶，这在于人为。

我看卦的时候，从结构上把六爻分为内卦、外卦，以及天、人、地三对。其他很多人看卦虽然各有各的方法，但都偏重在文字上求解。因为不是始于原始《易经》，也没有跟随孔子的观点，再加上大家的看法比较复杂，所以当这些人刻意去解释的话，就变成了卦内求象。我念的是原本文王所写的《易经》，以及孔子的《系辞传》，我只根据《系辞传》的原则来讲内卦、外卦。一般性的原则，内卦代表内在、思想，外卦代表外在、行为，代表国家、社会。所以，大致上可以把人道上的第三爻视作内心，到了第四爻则是由内在到外在，这时候内心要警惕，行为上则应戒慎恐惧、战战兢兢，这就是"三多凶，四多惧"的由来。

再就乾卦来举例。上九"亢龙有悔"，文王系了爻辞，表明的意思是，到了最高处就有悔了，物极必反。但"书不尽言，言不尽意"，你也可以在这个爻上做出选择，不亢龙则无悔，不骄傲则无悔。要怎么做？还是要顺乎天道，天之所作才是至圣！

"系辞焉以尽其言"，"系辞"就是卦辞跟爻辞，文王把每个爻、每个卦都系上了"辞"，来表达他想讲的话，以尽其言，言有不尽处，爻辞就是一个象，无论阳爻、阴爻都可以表达更多的意思。

"变而通之以尽利"，"变"有两种意思：一是外在的自然变化，一是卦里面的爻变。圣人是把外在的变拿来融入爻，爻辞说明和表达的是外在的变。从每个爻的爻变及爻跟爻之间的关系去体味，就能够由内到外，打通、变通而利万物。

《易经》讲变通，变而不通的就不是《易经》。变是四时的变，但是四时变要变得通。怎么求通？从圣人画的爻、系的辞里面去了解道理，然后把道理运用到外在事物上去求通。"变而通之以尽利"的"尽"，就是完全达到真正的利。"利"是什么？不是讲自己的私利，而是利益别人，"变通"为的是达到民生日用之利。

"鼓之舞之以尽神"，"鼓之舞之"是现代汉语"鼓舞"一词的出处。鼓之、舞之，使其兴起。无论是鼓动或是兴起的力量，都在每根爻的爻辞中，爻辞能够鼓动你，使你去行动。圣人把天地之象放入爻辞中，经由它们来鼓动大家行正道。也许一般人还不知道什么是神，但只要一直遵守爻辞里的道理去做，就可以达到神妙的境界，知晓天命、顺天休命。

"神"也可用作神秘的"神"，它是一种关门式的、不可知的，在知道与不知道之间的，好比老子的"玄之又玄"，第一个"玄"就是神、神秘；第二个"玄"超越前面的"玄"。对此，我的解释是：第一个"玄"关了门，第二个"玄"又开了一个窗，门进不去，但可以从窗口去观这种神妙的境界。《易经》是神妙不可知的，是阴阳可不测的，"阴阳不测之谓神"，但是你可以用别的方法感受到它，你可以用你的德、你的心，去体验，去顺着它走。

譬如我们今天讲自然，科学家们是用科学方法去研究，但你若顺着自然很简单地走，也是自然。春夏秋冬四时，春生夏长、秋收冬藏，几千年前的人类就知道这么做跟四时相合，没有违背。

《论语·泰伯篇》说："民可使由之，不可使知之。"有的东西，怕是连孔子也不知道吧！

乾坤，其易之缊邪？乾坤成列，而易立乎其中矣！乾坤毁则无以见易。易不可见，则乾坤或几乎息矣！是故形而上者谓之道，形而下者谓之器，化而裁之谓之变，推而行之谓之通，举而措之天下之民谓之事业。

语　译

乾坤是易理所含蕴的精义吧！乾坤对待成列，易理就存在于其中。乾坤破坏了，也就无法表露易理的存在了。易理不显现，于是乾坤的作用也就断灭了。所以形而上的叫作道，形而下的叫作器。阴阳运化而裁成万物的叫作变。阴阳鼓动而流行的叫作通。举阴阳之理，以安顿人民身心的，叫作事业。

解　义

"乾坤，其易之缊邪？"这句话表面说"乾坤"实则讲天地。"缊"一般是指藏起来，但我认为仅仅藏还不够，一方面要藏一方面还要显。"乾坤"是易之门户，门户一开一关，关的时候是蕴藏，开的时候是显发，"乾"是开，"坤"是关。"乾坤成列"是呼应"天尊地卑，乾坤定也"。"易立乎其中矣"，有"乾坤"就有易，有天地就有易，易在乾坤当中，人在天地当中。所以，易一方面是自然变化，有天地当然有自然变化，但有了天地，还要加上人的变化，人会助成天地万物的生生不息。

"乾坤毁则无以见易"，说明没有乾坤就没有天地，没有天地哪还有易？"易不可见，则乾坤或几乎息矣！"这句话并不是倒来倒去的赘述。天地之间有易，但你若忽略了易，也就不能把握易，乾坤就息掉了。现在科学界也是一样，科学如果不能把握易，科学就可能会摧残宇宙，乾坤的生生之道就息了。"易不可见"是说，人若不能显发、了解《易经》的道理，尽管乾坤的道理都给你了，你也不能运用。

"是故形而上者谓之道，形而下者谓之器"，现在我们用"形而上"来翻译西方哲学的 metaphysics，其中 physics 是指物理学，是研究现象的，meta 就是现象之上看不见的原理。西方哲学就是形而上学，是无形的，因为它的不可见，解释形而上学的西方学者就会讲 being（存在），讲述抽象的观念。我们中国哲学说形而上，并不落脚于无形，而是说往上发展。"形"就是"象"，"象"就是我们现实生活的宇宙现象。所以，我们都是在"象"当中，精神往上发展的就是形而上，就是道。什么叫道？并不是说在另外的抽象观念的世界还有一个 being 的存在，道是往上通的路，就是往上引申。

在一次讨论中，一位教授说现在学生写文章就像坐飞机一样，只在上面下不来。何以下不来，因为写了很多很多却没有结论。我说西洋哲学讲"形而上"也好，讲"存在"也好，都是在天上讲，都是下不来的，没有跟人的日常生活产生关系。

我就延用这位教授的比方来讲一讲。什么叫"形而上"？就像飞机往上飞。什么叫"存在"？就是飞机要往下停。"形而上"就是让我们往上提升，道是没有限制、没有范围的。"道可道，非常道"，似乎"常道"高高在上面。什么是"常"？日常生活是常，平常也是常，所以道要落到日常生活中来，中国的"道"就是走出来的人生之路，凡是往上提升精神空间的就是"道"，不要把"道"当成一个高高在上的东西放在那里。

"形而下者谓之器"，往下发展的是"器"，"器"是现象界的。《易经》里面常常用"成器""制器"，说圣人制造了各种器具，这是"形而下"的。"形而上""形而下"两个词就把中国哲学全讲完了，前者是道德精神往上发展，后者是"开物成务"，发展物质、利用厚生。这一上一下，不是一个东西分成两截，上达下学是一贯的，可上可下。这也是一天一地，形而上是向上的天道，形而下是向下的地道，西方的宇宙论就是属于地道。这些都是《系辞传》里面谈到的，我只是加以发挥而不是创造。现在我就把形而上的天，和形而下地做一个比较：

天道讲智，天是大智，天道开创万物，是始物之智。

天道简单，"乾以易知"，朗朗乾坤，了了分明。

天道易行，天从来不会去说老百姓听不懂的哲学。

天道讲化，即往上提升，也是《庄子》中讲的"神化"。

天道讲时间，天里包括了时，天也是时间，所谓天时。

天讲明，天是圣、天是神，往上提升的神，神而化之，这是《易经》的化。

天讲生生，"天地之大德曰生"，生生不已之谓道。

天道是大生，从开始的时候就给了万物大的因子，使它们发展。

天是天性，讲天命，"天命之谓性"。

天道无为，"《易》无思也，无为也"。

天圆而神，"蓍之德圆而神"，也是讲天道是圆的。

相对于天的就是《系辞传》中讲的地：

地是坤，"坤作成物"，即地能成就万物。

地是简，"坤以简能"，坤的能是简单的，种什么就生长什么。

地讲公，是公用，是敞开为大家所用。

地是贤，与圣相对的，指有能力的贤人。

地讲变，在地上的东西都在发展。

地讲空，相对于天讲时，地讲空间。

地是幽，地下是幽暗的，指它能收藏。

地是谦，相对于诚者天之道，地道讲谦虚。

地有能，地生物，天道是讲生生不已的发展，而地道是给万物以形而生物。

地是广生，地是广大无疆的。

地是厚德，相较于天讲道，地讲德。

地讲感应，"感而遂通天下之故"，地讲现象界的事物，是互相感应的。

所以天地把"形而上""形而下"的一切都包括进去了。

"化而裁之谓之变"，"化"是讲自然万物的化、阴阳的化。"裁"是裁缝的裁，裁缝是怎么做衣服的？根据布的纹理而裁。宇宙万物的变化在那里，要根据宇宙变化来发展。注意"变"不只是指外在的变，还指爻变，每根爻的变化。

当人们了解卦爻的变化以后，"推而行之"，把卦爻的道理推演开去，运用在人生中，这"谓之通"，所谓打通外在的事情，即无论外在遇到困难也好，遇到挫折也好，你从每个爻的道理里面推演出去，自然就知道怎么样去打通它。

"举而措之天下之民谓之事业。""举"是举每根爻的道理、每个卦的道理，把这个道理与措施运用于天下人民的生活上，这是事业。"事业"，不是个人一隅的事业，而是盛业、大业。

是故夫象，圣人有以见天下之赜，而拟诸其形容，象其物宜，是故谓之象；圣人有以见天下之动，而观其会通，以行其典礼，系辞焉以断其吉凶，是故谓之爻。极天下之赜者存乎卦，鼓天下之动者存乎辞，化而裁之存乎变，推而行之存乎通，神而明之存乎其人，默而成之，不言而信，存乎德行。

语 译

因此《易经》所言之象，是圣人看出天下万物各有性能，而模拟其形态，描绘出它们性能之所宜，所以设卦而为象。圣人能看出天下万物的动变，观察它们融会和变通之理，设下典常礼制，以求使他们能依此典常礼制而行这件系辞来断吉凶的做法，在卦象中，就是指的爻辞。究极天下万物的本真，是在于卦之理；鼓动天下万物的变化，是在于卦爻的系辞。阴阳运化而裁成万物的，是在于卦爻的变化；阴阳鼓动而使万物流行的，是在于卦爻的旁通。曲尽其神妙，以光照万物的，是在于人的运用。默默中助成天地之化，虽无言，却信实不虚的，是在于其德行的真诚。

解 义

"是故夫象，圣人有以见天下之赜，而拟诸其形容，象其物宜，是故谓之象"，万物的性能，各有它们适合与不适合的，圣人看到宇宙万物各自的性能而加以描述，这就是象。

"圣人有以见天下之动，而观其会通"，圣人把外物的象用在卦爻之象上，然后再观察它们的变动，而找出它们会通之理，去打通它们，使得变之无穷。"以行其典礼，系辞焉以断其吉凶，是故谓之爻。"圣人运用的礼法、人生的道德、儒家讲的礼，都是根据《易经》而来。礼，实际是人与人的关系。人做事情时，如果只照自己的意思去做，不合乎礼，就难以和别人会通。所以圣人给出三百八十四爻的系辞，来让我们判断做事情的吉或凶，这就是爻的作用，爻就是告诉我们做什么事情吉、什么事情凶。

"极天下之赜者存乎卦"，"极"就是穷极，彻底研究。"赜"字前面讲过，一是指幽深，一是指有条理。任何表面看上去幽深的、乱的、神秘的，其实内在都是有条理的。如果能够抓得住条理，就是"存乎卦"。六十四卦非常有条理地把很幽微的道理告诉了我们。

"鼓天下之动者存乎辞"，"辞"就是系辞，这些辞就是要鼓动天下、鼓舞天下，以此来推动天下人，使得大家可以遵效去做，这就是圣人作《系辞传》的用心。

"化而裁之"是指能够顺万物变化而把它条理化，使得变化无穷尽，这就是"存乎变"。每根爻讲的变化，都是圣人有条理地、像裁缝裁剪一样总结出来的，圣人把宇宙的变化裁成于爻上，我们也需要根据这个条理去裁。"裁"很重要，《易经》的立足点和西方科学不一样，西方科学讲求征服自然，《易经》则强调应该去裁成，即顺着万物的变化去裁。如火烧水，水沸腾后有蒸汽，利用蒸汽发电；水有往下的冲力，可借其下冲之力发电。科学要根据万物去裁成，利用万物的性能，顺其自然才能为用。

"推而行之存乎通"，要把每根爻的道理都推行开去、运用出去。

"神而明之存乎其人，默而成之，不言而信，存乎德行。"这是《系辞上传》的结语，非常重要。

"神而明之"，是要把它显明出来，但不一定要通过说的方式，《易经》里没有"神而说之"。有的人会说这是神的意志。把一切都推给神的意志，连自己的想法也说成是神的意志，这不是易道。若要把易道抽象的神妙显明出来，就要"存乎其人"，这是人的贡献、人的功用、人的智慧。没有人的话，神也是不灵的。

"存乎其人"的"人"很重要，要看什么样的人。我们说"为天地立心"，天地到底有没有心，我们不知道。但要为天地立一个心，把心放上去，还想放得好，同样需要"存乎其人"。一旦放得不好就变成迷信了。

"默而成之，不言而信，存乎德行"。这里对"德行"运用得很好。什么叫德行？就是仁义礼智，是一定要人照着去做的，不做的话就不是人了，这是一个外面的规范。"默而成之"，指不要夸耀，不要自己说自己有道德，"上德不德是以有德"，"有德"但不去讲，而是真正地做到，这才是真正的德。为善不求名，否则便不是真正的德。

"默而成之"，要注重"成"，不成就、不完成是不行的。一个人自己讲道德，如只是私人的范围，那是独善其身，不是真正的德行。要能成就他人、他物，默默地让人家相信你，能够跟大家沟通，这才是德行。

系辞下传

第一章

扫一扫，
进入课程

八卦成列，象在其中矣；因而重之，爻在其中矣；刚柔相推，变在其中矣；系辞焉而命之，动在其中矣。吉凶悔吝者，生乎动者也；刚柔者，立本者也；变通者，趣时者也。

语　译

八卦排定之后，天之垂象便包含在其中。由八卦再重叠为六十四卦，三百八十四爻便包含在其中；由刚柔两爻的相感相推，爻变之理便包含在其中；圣人在每爻下系了辞，使每爻都有其特殊的功能，那么宇宙人生的一切变动的因子，都包含在其中了。吉凶悔吝的现象，是由动而成的。刚柔两爻就是动变的根本。感变而融通，就是为了要取舍合时啊！

解 义

《道德经》分上经、下经，有人说上经讲道、下经讲用，并不尽然。《易经》也分上经、下经，前三十卦为上经，后三十四卦为下经，有人认为因从咸卦一开始就讲感应，所以是上经讲体、下经讲用，这种说法有六成的合理性。但从《系辞传》中看不出区分上下传的道理何在，我们可以放在一边不论。

"八卦陈列，象在其中矣"，八个三爻的主卦乾、坤、震、兑、坎、离、艮、巽，陈列在一起，再将八卦中的每两卦叠在一起成为内卦、外卦，这样就演变出六十四卦。看"大象"就是看这内外卦的象、象辞或《象传》，讲内卦与外卦之间关系的就叫作"象"。

"象"原是外在宇宙的象，日月天地都是象。我以前写过一首名为《太极拳》的歌，其中有两句歌词是这样的："胸含乾坤大，手运阴阳和。""胸含乾坤大"，大家知道打太极拳时会含胸，乾坤就由外在而放于胸口含住，这样整个太极拳的架势打起来就是乾坤的运作；"手运阴阳和"，两只手一阴爻、一阳爻地旋转，这也是把外在现象变成了我们身体中的运作。《易经》就是圣人把外在的"象"变成六十四卦里面的卦象，所以叫"八卦成列，象在其中矣"。"因而重之"，因为八卦重叠，重叠就变成六十四卦，变成六十四卦就有爻，有三百八十四根爻，所以"爻在其中矣"。

有了爻就有阴爻、阳爻，就有刚柔，有一画的"—"，有两画的"——"，就有"刚柔相推"。在《易经》原始的六十四卦里没有讲阴阳，也没有讲刚柔，只讲九或六，即老阳、老阴，阴阳、刚柔都出自《系辞传》。刚柔即指阴阳，阴阳是就宇宙现象来讲，刚柔则是就人生运用来讲。刚柔如何相推？刚是有动力的，是前进的，柔是含蓄的，是收敛的；刚在柔下面才可以推柔，因为刚是一直往前走的，如果柔在下，就推不出来了，阴阳就不和了；刚往上，上面便有柔，而柔在下，下面还有刚，刚柔可以互相推动。刚柔并不停顿，而是一波接一波地互相推动，从而产生变化。每根爻我们只说它是九或六而不说是七或八，这就暗示了每根爻不是老阳就是老阴，每根爻都会动、都要变。

"变"有两种意思：一种是外在宇宙的变化，一种是每根爻的变化，此处我认为是指爻变，刚柔的两个爻互相推动，就产生了爻的变化。爻一有变动就有吉凶，所以要系上辞来辅助。

系辞根据爻的变动，对每根爻加以说明，加以定义，就是"系辞焉而命之"，这一点我们在《系辞上传》中已讲过，如"是以君子将有为也，将有行也。问焉而以言，其受命也如向"，"命"是指天命，圣王给每根爻系上的每一句话都把天命放进去了，这不是普通的命令，也不是圣王的命令，更不是君主的命令，而是圣王根据他的经验和把握着的天道，把天道及天命的思想写成了每根爻的爻辞，爻辞也就产生了动，即鼓动。

我们还要品味一下，"刚柔相推，变在其中矣；系辞焉而命之，动在其中矣"，前面是"变"，后面是"动"，什么叫"变"？什么叫"动"？"变"与"动"有什么关系？

熊十力非常重视系辞，他对"变""动"有一个非常哲学的说明。在《新唯识论》一书中，熊十力列举了"变""动"

之间的三种差别，"一是变者非动，一是变者活，一是变者不可思议"。

我们只就熊十力的"变者非动"来说，即"变"和"动"不一样。熊十力认为宇宙自然的变化是变，是天道的流行，是永恒的；而动是针对一个动作而言的，是短暂的。此话不错，但我认为熊十力在此处还可以进一步去发挥。的确，宇宙的自然变化我们称之为变，但要注意，动也是会产生变、影响变的，虽然动是暂时的，但是动可能会加入变中，一直变化。如长江的水一直在流，如同大道的流行，这是变，但江边的山林可能因人工的砍伐而造成土石流失，岸边的泥沙石块崩动了是动，这崩动或松动的泥沙也会在长江水的流动中一直变化。

禅宗里说："一尘一世界"，即一粒尘埃包含一个世界。灰尘在佛学中是很抽象的，你可不要小看一粒灰尘，你知道它的历史吗？它可能是前天的、前年的，也可能是两千年前的。我们身上有没有灰尘？也许这粒灰尘是我们自己造的，也许是朋友带来的，也许这粒灰尘是经过了一段很长的旅行而来的，又有谁知道呢？所以我认为"动"也很重要，"动"参加进去还可以促成"变"。

"系辞焉而命之，动在其中矣"，圣人已经把动的重要性说明了，就是让人动，鼓动人往好的方面走。"鼓动"是显示人的重要性，如果没有人，不管过两千年、三千年，自然还是那个自然，花还是兀自开兀自谢，确实是一直在变。但是《易经》讲天、地、人，强调人的作用，人的动有妙处，即使动的能量是暂时的，但是不断有人的动参与进去，就产生了一个变。

五千年来中华文明不是自然地在那里自己演变的，人的力量、头脑、智慧都加进去了，现在的自然就跟五千年前的自然不一样了。所以，这是五千年来动的重要性。

另外，就人事来说，变是客观的，动是主观的。天地无心而变，圣人有心而动。天地无心而变，这是客观的变。圣人有心而动，但凡要动，必定有心，多半是有意的，是在时间与空间上的移转，就有了空间上的距离与时间上的经历。从一个状态移到另外一个状态，这就是动。虽然动是暂时的、人为的，但却可以加入变中去变。

《易经》中，动的空间性体现在爻位上，爻位就是空间，从一个爻变到另一个爻就是动。所以"刚柔相推，变在其中矣"，这只是一个客观爻位的动作。但"系辞焉而命之"，是圣人把易道的精神灌注进去，鼓动我们，所以爻动参与进去会成为变的一部分。我认为，读《易经》要把变与动合成一体，要把形而上与形而下打成一片。

因"动在其中"，一念动而有行，"吉凶悔吝"就产生了。"吉凶悔吝"四个字常常是合用的，"吉凶"是指事情或行为的结果，"悔吝"多半是指后悔、羞耻的念头。"吉凶悔吝者，生乎动者也"，行为与念头都是动，而且每一个行为或念头都是阴阳相合、有吉有凶的。

"刚柔者，立本者也"，"刚柔"就是阴阳，是指每根爻都是立本的。立的什么本？是爻位，即是每根爻的位置。我们念《易经》有三个要点：一位，二时，三几，也即变的开始。

"变通者，趣时者也"。"趣"通"趋"，趋向时机，把握时间。爻位是静的，但人加进去以后就有动，你就在爻位上，然后有时间——每根爻的转变就是时，不转变就是静。《易经》六十四卦摆在那里是静，关你何事？但是你一占卜，念头就来了，念头一来，你就把自己放到每根爻位里参与动了。

大自然恒久有变、有动，变和动是不分的。《易经》讲的动是人为的，由"系辞焉而命之"，圣人已经把天命加进系辞中去了，已经放了一个动的因子在里面了。后人念了系辞和卦画以后，被鼓舞、鼓动，然后参与了变。《易经》最重要的特征，就是人主动地加进去而参天地的造化，这是中国哲学的重要性。

吉凶者，贞胜者也。天地之道，贞观者也；日月之道，贞明者也；天下之动，贞夫一者也。

语　译

吉凶之辞，是以贞为胜，也就是告诉我们，做事无往不利是在于能把握正、常之理。天地之道，是以贞为观，也就是告诉我们，效法天象要体认正常之理。日月之道，是以贞为明，也就是告诉我们，知周万物要认清正常之理。天地一切变化，其正常之理，就在于这个贯通万物、守正不变的"一"。

解　义

为什么讲吉凶要提到"元亨利贞"的"贞"字？"元""亨""利"三个字在《易经》里的含义都是好的，"元"

指宇宙开始的发展，"亨"指天地的相交、交流，"利"是利益万物。而"贞者，事之干也"，指做任何事情的主体就是要"贞"。"贞"是指做事、处事，凡做事、处事的结果就有吉凶。

"贞"有四层意思：一是贞正。儒家讲正，贞是正道、正性，指处事的方法用正道，即中正之道。二是贞定。"贞"原来是指鼎，鼎很重，代表稳定。定跟安两个字可以重叠在一起，有安定的意思。三是安贞。"贞"即安，"安，贞吉"。四是贞常，常道。如"永贞吉"，就是指永恒。"吉凶者，贞胜者也"，对于吉凶，如果能够把握贞，把握正道，把握常道，就可以胜。什么是"胜"？就是能够应对而趋吉避凶。这是《系辞传》第一次提到贞的特色。

"天地之道，贞观者也"，"观"就是观天之文、地之理，其中要把握贞常、贞正，用常道、正道去看天地之道。如果不能够把握"贞"，哪怕天地摆在那里，你也会看错、用错。达尔文把天地看成什么？弱肉强食的丛林，那个现象虽然也是自然的一种，但不是天道，不是正，而是偏。

"日月之道，贞明者也"，日月是明，"日月之道"即日月之明。明者，智也，以贞正来用智。太阳常明，将任何东西都照得清清楚楚、无所遁形，也不会有所分别，这是"明"，月亮也是如此。人世间，大家都强调自己看得清楚，却往往指鹿为马，因为那是人为之明，有分别的明，而非真正的明！

"天下之动，贞夫一者也"，"天下之动"是指我们看到的宇宙万物之动和人之动。《道德经》第三十九章说："昔之得一者：天得一以清，地得一以宁，神得一以灵，谷得一以盈；万物得一以生，侯王得一以为天下贞。"这里也出现了"贞"字，老子并没有注释过《易经》，但两处的"贞"字意义完全一致。什么是"得一"？孔子说"一以贯之"，他用了"一"，但是不讲"一"为何物，因为但凡我们举出一物就会偏向它。比如，以人观之，偏向于人了；以《易》观之，偏向于《易》了；以法观之，就会偏向于法了。所以不举出具体之物，只用"一"。"一"包括了所有的一切。入一者无二，一心、专一、至诚、虚静，都可以用"一"来表达。"一"是道在万物现象界的开始，也是道在用中的开始，道本来是无形无象的，但是在现象界它就产生了"一"。老子的"道生一"是"一"，《系辞传》的"太极生两仪"中的"太极"也是"一"，儒家十六字心传的"惟精惟一"也是"一"。所以，我们说天下动的时候，一开始是"一"，即"道生一"。

我们怎么运用"一"呢？《中庸》说："诚者天之道，诚之者人之道。"我们可以讲"天下之动，贞夫一者也"，就是贞夫诚者。这四句都在强调"贞"字，所以说"系辞焉而命之，动在其中矣"，一动就要把握"贞"，这很重要。一动如不贞的话，就变斜了、歪了、错了、乱了。

夫乾，确然示人易矣；夫坤，隤然示人简矣。爻也者，效此者也；象也者，像此者也。爻象动乎内，吉凶见乎外，功业见乎变，圣人之情见乎辞。

乾，是刚健地显示出它那平易的性能。坤，是柔顺地显示出它那简易的功用。爻是效法乾坤易简的性能，象是表现乾坤易简的功用。爻象是感变于卦之内，吉凶是显现在卦爻之外，一切的功业都是在于能应变求通。圣人的心志也都写入了系辞之中。

解　义

《系辞传》一开始就强调"乾以易知"，一个人把话说得太复杂就有问题，反而说不清楚，乾给我们的是清清楚楚、简简单单的道理，没有那么复杂。真理，一句话就够了。想方设法绕着弯子说，是不简单的，是有问题的。和前文串联起来，"贞"就是易简，是简单清楚、了了分明的。"贞夫一"，"一"就是至简，不复杂。所谓"夫乾，确然示人易矣"，就是清清楚楚地告诉我们平易的道理。

"夫坤，隤然示人简矣"，宋明理学家根据朱熹的注解，将"隤"字解释成顺。乾是很强壮的，坤就是比较柔弱、柔软的，所以要讲顺、柔顺。坤的柔顺显示了简，所以有"坤以简能"，坤虽然像是简单到没有自己的主见，实质上却是最简能的开放。这种简能的开放就如同"隤然"，也会有力量。"隤然"就是开放，好像是整个放开，如同大地般拥抱一切。我们观天地之道时，如何才能贞观？就是观天地之易、观天地之简。

"爻也者，效此者也"，每根爻在效法什么呢？就是效法此易，效法此简。每根爻的道理都很简易，如此做有吉，否则便凶，清楚明白，回避不得。你占到了凶爻，不需要怕，不做会变凶的事就好了。"象也者，像此者也"，也是这个道理。

西方的科学近乎唯物的思想，是物质的发展；印度的哲学近乎宗教的发展；但中国的哲学既不是唯物也不是唯神，而是天、地、人相合的哲学。不讲 God，而讲天地之道，讲皇天后土，讲举头三尺有神明，神明就是天，头上有天，脚下有地，这是天地之道。所以，中国哲学是天、地、人的哲学。

"爻象动乎内"，讲爻象、爻辞的道理都在卦之内，圣王"系辞焉而命之"，是命之于卦爻辞之内。

"吉凶见乎外"，"见"通"现"，吉凶在外面都显现得清清楚楚。"功业见乎变"，"变"即动之变，说功业是"见乎动之变"，是把人的动力加入宇宙万物的变化之中，超时空的自然流衍是没有人类的功业参与的。

"圣人之情见乎辞"，"情"字在中国文化里的用法最多，也是最通俗但又最深入的用词。如果写作"圣人之志"或"圣人之知"可不可以呢？当然都可以，但此处用"情"字，是把圣人悲天悯人之情与忧患之情都包括进来了，圣人系了辞，目的不是要跟你讲那套西洋式的哲学道理，他是显现一种情，爱人的情，为了人，他把这种情感放了进去，系辞中有圣人的苦心深情。"情"字是很浓的情感，因此我们念每根爻的爻辞时，不要只是用头脑去分析，务必要感应圣人之情，如此才能体验出"天地之大德曰生"。

天地之大德曰生，圣人之大宝曰位。何以守位？曰仁。

何以聚人？曰财。理财正辞，禁民为非曰义。

语　译

天地的大德，是使万物生生不息的"生"；圣人的大宝，乃是成位乎天地之间的"位"。圣人用什么以把握位？乃是"仁"之德。怎么样使人民归聚？除了仁外，也不能忽视物质的条件，就是财。能够用财合理，言论正当，使人民不致为非作歹的，就是要把握那个"义"字。

解　义

"圣人之情见乎辞"之后，就开始讲"德"。人可以讲德，天地怎么讲德？天地是自然的。中国的天道是属于人的一种感觉、一种体验，这跟西方的宇宙论不同。西方的宇宙论是客观的，中国的天道是圣人的体验，所以要用一个"德"字去讲天地的生生化化。天地之变是无心之变，天地有没有德？天地有没有心？我们不知道，但由于圣人之情加进去了，圣人之情就能够体念天地之德。圣人看到宇宙万物的生生化化，感同身受，就成其"天地之大德曰生"，这是《易经》非常重要的一句话，我认为这句话也是中国哲学的灵魂。

中国的哲学是生命的哲学，中国的天道是生生不已的天道，这个思想不仅是儒家的，道家也是如此。"生"字很难翻译，英文翻译时译作"给万物以生命"，这是最浅的表达。天地之大德就是使万物生生化化，不只是给了生命而已。如果给了你生命，为什么还要让人自然老死？为什么不给人永生？如果我们戕害了自己的生命，天地也没有办法。所以，天地的生是生生死死不已的，虽然我们有死，但是我们的死是在生里面的，是生的一部分。

"圣人之大宝"的"宝"，不是指金银财宝，而是指位。什么是位？就是《易经》所讲的位，每个爻都是位，如天位、地位、人位。此处我强调要加强人的位置。"圣人之大宝"，就是要把握人的位，把握人在天地之间的位置，人应该守住其位置，人应该发挥其位置的作用。对于人位，中国哲学相当高明，可以发展出很多东西，西方讲的人权只是人位的细枝末节。"圣人之大宝曰位"的意思，是指人在天地中的位置是最重要的，因为人负责了天地的化育、天地的生生。天地尽管有大德，但如果没有"圣人之大宝"的人位的话，就没有办法显现出来了。

"何以守位？"人是在天地之间的，天地给我们那么大的位，我们怎么样来把握我们的位？"守位"就是把握，指怎么样做好我们在人位应该做的事情。

"曰仁"，很多研究《系辞传》的学者一看见"何以聚人"，就要把"仁"改成"人"，以便跟后面相通，我认为不能这样改。因为要把握人位，就要做到人应该做的事情，这就是儒家讲的"仁"。"仁"就是人的本质。

"何以聚人"，如何使人聚向我们？让所有的人都能来我们这里，因为我们是爱他们的仁者，不是仁者就很难聚人。由此可见，儒家不是讲空洞理论的。

"曰财"，"财"指财物。这里要注意如何理解"理财正辞"中的"理财"一词。我们多半会认为理财的"理"字是整理的意思，"理财"即整理你的财务。其实，此处的"理"是指道理、条理，意思是要合乎理。四十年前英国史学家汤恩比有一篇文章，里面说现在所有经济的发展都是讲求欲望，都是为了满足人的欲望，而一切资源都来自地下，不久的将来当地下的资源被我们用枯竭了，那就是人类最大的危机。这些都是用财，是以欲去敛财，而不是理财。我们聚人"曰财"，但要用"理"的方式来对待财。

前面我说"何以聚人？曰仁"，不能把"仁"改为"人"，也是因为后句有"禁民为非曰义"这个"义"字。要使你的财合乎理，"聚人"时才会永恒，如果以不合理的欲望之财聚人，别人拿了财之后就会走掉，不能使他们心悦诚服地归向于你。

"理财"之后，还要"正辞"，指说话、目标都要正当。《大学》说："言悖而出者亦悖而入，货悖而入者亦悖而出。"所以禁止人民做不应该做的事，禁止其取不应该取的财，这就叫作"义"。

第二章

古者包牺氏之王天下也，仰则观象于天，俯则观法于地，观鸟兽之文，与地之宜，近取诸身，远取诸物，于是始作八卦，以通神明之德，以类万物之情。作结绳而为罔（wǎng）罟（gǔ），以佃以渔，盖取诸离。

语　译

上古时候的伏羲氏，他治理天下，上则观察天上日月星辰昼夜四时等种种现象，下则研究地上高下卑湿等种种法则。并仔细地分析鸟兽身上羽革的文采和山川水土的地利。近则取验于自己一身，远则取象于万物的性能，于是便归纳而创作了八卦。这八卦的功用，上可以融通神明造化之功，下可以符合万物变化的情状。伏羲编绳结网，用来捕兽和捞鱼。这是取法于离卦之象。

解 义

本章中，《易经》把易卦的道理跟各种器物、文物、制度的发展结合在一起，这就是《易经》所谓"开物成务"，即如何开通万物，怎样成就政治的人生、事务，就在这里一条一条列举出来。

"古者包牺氏"，"包牺氏"就是伏羲氏，伏羲画八卦。"王天下"，成为天下领袖。"仰则观象于天，俯则观法于地，观鸟兽之文，与地之宜，近取诸身，远取诸物"，这几句讲伏羲是创设八卦的。八卦就是观天地之象；"近取诸身"，从日常生活的近处取验于自己一身；"远取诸物"，再从远处采取万物的象；"于是始作八卦"，八卦就是从宇宙万物的象里面得来的。

伏羲的时代是游牧而居的，还未进入农耕时代，神农、黄帝以后才进入农业社会。所以伏羲观天地之象，创画八卦，只是外在的现象，如同科学家的发明。但此处把它们结合，"以通神明之德"，八卦就代表了沟通。"通"是指沟通，可沟通"神明之德"。"神明之德"是什么？"德"是指"天地之大德曰生"，"神明之德"就是"生"。

"神""明"两个字为什么要结合在一起？因为"阴阳不测之谓神"，只讲"神"是看不清楚的，但把"明"字放进来后，虽然神是阴阳不测的，但因为"明"却了了分明地呈现在我们面前了。"子不语怪力乱神"的"神"，我们不知道，也不要特地去讲它。但就宇宙万物的现象来讲，又是清清楚楚的，如道体虽不可知，但道的用却是很清楚的。《道德经》第十六章说："知常曰明"，这里的"明"是指天道显露得明明白白。宇宙万物的生生发展是因为"天地之大德曰生",所有生生的发展里就是"神明",也就是"神","神"在万物。所以"神明之德"实际上就是"生生",是用八卦来表达的宇宙的创生。

"以类万物之情"是指向下看万物,万物有情。"情"字在中国哲学里,有时候可以跟"实"字通用,"情,实也",讲实情;"情者,真也",讲真情。这里如果把"以类万物之情"写作"以类万物之实",虽然情也是实,但明显就没味道了。万物之情就是把万物的需要、欲望都写出来。万物都有欲,情也包括了欲,包括了需要,包括了真情,八卦自然表达了需要和情感。所以这里是说,上天通万物的情,用八卦来表达。

"作结绳而为罔罟,以佃以渔","结绳"有两种意思:一是结绳作网捕鱼;一是结绳而为文字。有人认为伏羲设八卦是文字的开始,八种卦即代表山、水,代表简单的文字,但此处我们暂且不讲文字。结绳是为了"罔罟","罔罟"是指用网去捕鱼、捕兽,这是田猎,是先民的生活方式。

"盖取诸离",离卦是《易经》六十四卦中的第三十卦,是上下是阳爻、中间阴爻的两个三画卦离相叠而成的。离卦跟捕鱼、结网有什么关系?离是文明、附丽,也指遭遇。屈原《离骚》中的"离"就是指遭遇,意思是遭遇了外在的痛苦烦恼。很多学者说,离卦就像一张网,所以这里把离和网结合在一起,但我认为这多少有点儿附会。如果真正是"以佃以渔"的人类社会的创造,他们并不是先看到这个卦象,再去发明一张网的。

包牺氏没，神农氏作，斫（zhuó）木为耜（sì），揉木为耒（lěi），耒耨（nòu）之利，以教天下，盖取诸益。日中为市，致天下之民，聚天下之货，交易而退，各得其所，盖取诸噬（shì）嗑（hé）。

语 译

伏羲死了之后，神农氏兴起。他砍削树木，做成挖土的犁头，再就树木的形状，弯曲而成犁柄。他之所以用耒耜等农具之利，来教导天下人农耕，乃是取法于益卦的卦象。在日正当中而为集市，以招致天下之人民，以聚合天下的货财，交易之后再回去，大家各得所需，这是取法于噬嗑的卦象。

解 义

伏羲氏之后是神农氏，神农氏代表的是农耕社会，也许是某个具体的人，也许是一个部落的名字。"斫木为耜，揉木为耒"，耜、耒都是木头制成的耕地器具。"耒耨之利，以教天下，盖取诸益"，这里落脚的是《易经》第四十二卦的益卦。

益卦上巽下震，上面是风，下面是震动。就卦象而言，巽代表进入，震是动，动而入；巽除了代表风外，也代表木，木头动，下面是震。我认为不一定是先有卦而后有器具，可能是先发明了工具，木制的农耕器具插到土里面去，木头一动地也跟着动，然后就有了益卦之象的结合。圣人不会整天看着《易经》，再从六十四卦的益卦中去发明那种农耕器具，这个从逻辑上是说不通的。

"日中为市"，是指中午的时候大家聚合于市集。当时都是以物易物，还没有货币，以赶集的方式来吸引天下之民，来聚天下之货，让大家通过货物交换的方式各得其所。

"盖取诸噬嗑"，《易经》第二十一卦是噬嗑卦，卦象是下震上离，离是火，代表日、太阳；震是动，日中是离，赶市集是动。此处说明了赶集与卦象的关系，先有这种需要，然后对应上卦象。

神农氏没，黄帝、尧、舜氏作，通其变，使民不倦，神而化之，使民宜之。易穷则变，变则通，通则久，是以自天佑之，吉无不利。黄帝、尧、舜垂衣裳而天下治，盖取诸乾坤。

语　译

神农氏死了好几百年后，黄帝和尧、舜相继兴起。他们都能通器物的变化，使人心不感觉厌倦，他们还能使器物具有神妙的功能，使人心得到适度的满足。他们之所以能如此，就是取法于易理所谓"任何事物，发展到极点，便会有变化；有变化便能触类旁通，能通便可以恒久。这样的话，便能得天助，吉无不利了。"黄帝和尧、舜制定衣裳文物，使天下治平，这是取法于乾坤以定尊卑的道理。

解　义

神农尝百草之后，黄帝、尧、舜、禹顺次兴起，他们的方式就更进一步了。"通其变，使民不倦"，"通"的是什么样的变？看后几句。"黄帝、尧、舜垂衣裳而天下治"，"垂衣裳"有两种意思：一是无为而治天下，这是道家的思想；一是指显示衣裳，"垂"在此处是指显示，"衣裳"是指一种制度，意思是显示出衣裳的制度而使得天下治平。黄帝在位有很多制作，比如发明指南车，黄帝的正妃嫘祖教人民养蚕缫丝，织出丝绸做衣裳。虽然道教奉黄帝为仙，但从中国的历史来看，黄帝不是一个神仙。与印度哲学相比，中国哲学不是讲宗教的，从一开始就是衣裳文化，一切都有文物制度，是确确实实的人生。先民的历史发展中，最初猿人都是赤身裸体的，但从他们用树叶遮盖身体开始，就一点点发生变化，向文明进发，等到黄帝制作衣裳之后，变化就大了。

　　还要注意他们是从什么地方取象的。"盖取诸乾坤"，为什么要取象乾坤？乾坤是天地，"天尊地卑，乾坤定矣，卑高以陈，贵贱位矣"，讲乾坤就是讲分别，有了衣裳，就有了分别。"通其变，使民不倦"，"不倦"是指有变化，不感觉单调。为什么今天很多年轻人喜欢换衣服？就是要有变化。创造各种器物也是为了破除单调，在生活上有调剂，不是只有一个"用"的选择，而是有"五色""五音""五味"，生活中就有变化了。

　　"神而化之，使民宜之"，之前我们讲神明，现在讲神化。要注意，神明是一种智慧，神化是以神的智慧来化育万物。中文里"化"字很重要，"变""动""化"是我们常常会用到的重要的字，可以组合使用，也可以分开使用，"变"是一切自然的变，"动"要参加进去，使其化。在庄子的哲学中，"化"就是往上的提升，是精神的神化。自然的变化，如果没有加入人类的精神变化就是单调的，正因为加上了精神的变化，价值意义就化育出来，生活就有了品质、有了意义。此处，将"神化"和"使民宜之"联系起来，不再单单往上提升，而且要向下化育人民，让神化能适宜于每个人，使得每个人都能够很好生存，每个人的生活都有意义，所以"宜"字非常重要。这里的"化"也有致用的意思，如化育万物、化导百姓。所以，"垂衣裳"不仅使我们的生活有了调剂能"不倦"，也使我们的生活有意义。

中国是衣裳文化，中国的哲学也是衣裳文化。衣裳很重要，是人类从野蛮到文明迈出的关键一步，代表着从野蛮人的不知耻到文明人的知耻，有了羞耻心；是从保暖的功能到分别人我、分辨高下，从而达到精神境界的提升。这就是黄帝的垂衣裳而天下治。

"易穷则变，变则通，通则久"，"易"怎么会穷？这里应该是："易，穷则变。""穷"是指发展到尽头，本来整个外在宇宙的变化是无所谓尽头的，但人参与进某件事情之后，有动就有止了，而止就是动的尽头，也就有了"穷"。"穷"是指我们的动有穷尽。这时候怎么办？就要知道"变"，即变通，要把我们的动而穷，跟外在的变化合成一体。譬如，有生就有死，死是生命的尽头，但若把生死跟宇宙变化结合起来，死就不过是肉体的死亡，只是宇宙之变的一部分。这样就打通了，不会为个人的死亡而悲哀，所以"变则通，通则久"。有时候之所以会"穷"，就是因为我们做某件事情时，总会有尽头。就卦象而言，发展到第六爻，就穷了；但这个时候，我们要知道物极必反，不要死守穷尽处，要知道变化。古代定下的体制法度也有穷，譬如时代不同了，即便是真正伟大的孝道，不适应时代的部分也要变；能够变的话，才能使得孝道继续发展。

变是循环的，春夏秋冬四时循环，这就有了生机。冬天是四季的尽头，但很快春天又来了，冬去春来，这就是变。春夏秋冬的循环实际就是生生不已，四季变化本是天道．

"是以自天佑之"，这样的话你就跟天道相合，自然"吉无不利"。据此，"黄帝、尧、舜垂衣裳而天下治，盖取诸乾坤"。乾坤一方面代表了上下的分别；另一方面也代表了万物的开始和发展。盖"是大概，即大概"取诸乾坤"，不是很确定，是就一般情况来说，并不是百分之百的。

刳（kū）木为舟，剡（yǎn）木为楫，舟楫之利，以济不通，致远以利天下，盖取诸涣。服牛乘马，引重致远，以利天下，盖取诸随。重门击柝（tuò），以待暴客，盖取诸豫。断木为杵（chǔ），掘地为臼（jiù），臼杵之利，万民以济，盖取诸小过。弦木为弧，剡木为矢，弧矢之利，以威天下，盖取诸睽（kuí）。

语　译

挖木为舟，削木为楫。舟楫的便利，是要打通两地的阻塞，使物品可以通于远方，以利天下，这是取法于涣卦之象。使牛能拖物，使马能拉车，以达到负重物行于远方，以利天下，这是取法于随卦之象。设立数重的门，用木柝以示警，来对付盗匪，这是取法于豫卦之象。砍削木头做成杵，挖掘泥土做成臼，杵臼的舂米之利，使万民都能得其所养，这是取法于小过卦之象。加弦于木做成弓弧，削尖木头做成箭矢，以弓箭之利，来威服天下间造乱之人，这是取法于睽卦之象。

解 义

"刳木为舟，剡木为楫"，是指挖空木头来造船，砍削树木来做桨。"舟楫之利，以济不通"，我们能够乘坐船只，而通远近。"济"字是水旁，指渡河之意，第六十三卦既济与第六十四卦未济都是指渡河，自渡渡人，以渡不通。"致远以利天下，盖取法于涣"，涣卦是《易经》第五十九卦，内卦下卦是坎，坎为水；外卦上卦为巽，巽为风，也是木，木在水上的象，恰恰是船啊，船的原理正好跟涣卦相符合。

"服牛乘马，引重致远，以利天下，盖取诸随。""服"是驯服，驯服野牛、野马，使它们为我们载着重的东西，运到较远的地方，以利天下。在当时，牛马就好比我们现在的火车、飞机等交通工具，使得偏远地区的货物也能够互相交流。这是取法于《易经》第十七卦随卦，随卦是下震上兑，震为动，兑为泽，兑者，悦也，即快乐、高兴；动而使人乐于相随。若动的时候人们感到舒服，就会有人跟上，若动的时候人们感觉不舒服，就没有人跟随，这是随卦本身的意思。随的运用就是用牛马来动，让人减少体力的消损，得到快乐。

"重门击柝"，"重"念 chóng，"重门"是指因为担心被偷，门外面还要加门；"击柝"指三更时打更，意思是到晚上了，大家小心火烛，小心盗贼，这是古代的发明。"以待暴客"，"以待"就是对付，对付强盗和小偷，这些是取法于《易经》第十六卦的豫卦。豫有两种意思：一是指预备；一是指快乐。豫卦的卦象是下坤上震，就象来讲，坤也是代表门，所以圣人从这个象里面看出来"重门"，发明了这种防御小偷的方式。

"断木为杵，掘地为臼，臼杵之利，万民以济，盖取诸小过。"砍削木头，变成捣米的杵，再向下面挖出空间，用以捣米去壳，便利万民，这是取法《易经》第六十二卦的小过卦。为什么是小过呢？小过卦下艮上震，艮止震动，下面停止而上面动，就像捣米一样。

"弦木为弧，剡木为矢"，把木头弄弯，作为弓弧，再砍削木头做成箭矢，就是弓箭。"以威天下，盖取诸睽"。《易经》第三十八卦的睽卦，内兑外离，离象日、象火，还象兵器；兑是泽、快乐，也代表毁折、摧毁。用兵器摧毁，就代表了古代的兵器弓箭。朱熹有注，"睽"是指意见不同，反目成仇，因意见不同，甚至变成敌对了，最后就要用弓箭来抵御，"以威天下"。

上古穴居而野处，后世圣人易之以宫室。上栋下宇，以待风雨，盖取诸大壮。古之葬者，厚衣之以薪，葬之中野，不封不树，丧期无数，后世圣人易之以棺椁（guǒ），盖取诸大过。上古结绳而治，后世圣人易之以书契，百官以治，万民以察，盖取诸夬（guài）。

语 译

上古之人，冬天住在洞穴里，夏天睡在原野中，后代圣人教民建造宫室，上有栋梁，下有檐宇，以抵御风雨的打击，这是取法于大壮卦之象。上古时候的丧葬，只是用厚厚的薪木盖在尸身上，把他们埋在荒野之中，既不以土堆成坟墓，又不植树作为标志，而且居丧之期又不定。后代的圣人教民制定丧礼，订定棺椁的葬仪，这是取法于大过卦之象。上古时代，结绳以记事，后代的圣人发明了以木雕刻的书契文字，使得百官便于治理政务，使得百姓易于了解彼此，这是取法于夬卦之象。

解 义

"上古穴居而野处"，上古先民是穴居在洞里，散落在野地中，面对野兽并没有办法完全防护。"后世圣人易之以宫室"，圣人建造宫室，让我们住到有上栋下宇的房子里，有屋顶帮助我们躲避风雨。"盖取诸大壮"，《易经》第三十四卦的大壮卦，内卦乾，三根阳爻，外卦震，震即雷。有雷就有雨，有雨就要有房顶，乾也是代表屋顶，所以圣人因此制造了屋顶，来防御下雨，这就是大壮。

"古之葬者，厚衣之以薪，葬之中野。"古代人为什么要发明丧葬之礼？据孟子讲，古人一开始把死去的父母亲放在野外，但看到尸体被野兽吃掉，就生起了恻隐之心，于是先拿树叶或一些其他的东西盖起来，免得被野兽吃掉。慢慢地，变成了"厚衣以薪"，但实际上还是葬在荒野中，"不封不树"，后来才慢慢把墓穴封好，也种植树木作为标志。"丧期无数"就是丧期没有固定的时长，没有后来说的三年之丧，可能只要难过几天就好了。但后世圣人移风易俗，"易之以棺椁"，"棺"是指棺材，棺材外面还有一层叫"椁"，还要用石头围起来。古代人身份不同，棺椁的层数也不同，这是指丧葬之礼的改变及其重要性，取法于《易经》第二十八卦的大过卦。为什么？大过卦下巽上兑，巽是风、是木头，也是入；兑是悦，即入土为悦、入土为安，这就是大过。去世的亲人入土为安，子女心里就会感觉到舒服，这是好事。但也有人认为大过卦太过分了，是浪费，这是后世墨子的思想，不是最初的取象。

"上古结绳而治"，此处的"结绳"是指文字，跟上面"结绳而为网罟"的"结绳"意思不一样，是以文字来治理。意思是，后世圣人认为结绳的方式落后了，所以"易之以书契"，发明了以木雕刻的书契文字，在有了书契文字以后，"百官以治，万民以察"。有文字才能形成政治，官员知道如何治理，万民知道律法规章，明白应该如何行动，这是取法于《易经》第四十三卦的夬卦。夬卦在卦象上，下面是乾的三阳，上面是兑，一共有五根阳爻在下面，只有最上面一根是阴爻。乾三阳代表固，即坚固、固定，上兑为悦。固而悦，为什么？有了书契才能交流，讲出的话被写下来，就有依据、有定法，所以夬卦的象是说，有固定才有悦，不固定就乱。

以上所说的一切文物制度的创作，都说"盖取诸"某一卦，我们必须了解一点，这里不是说从某一卦上得到印象再去发明这些事物。事实上，六十四卦是文王所作，在文王之前早有佃渔农耕的工具了。所以本章所说的这些发明是来自天地之象，而《易经》的某卦也来自天地的某一象，正和这些器具的取象相同，所以说取诸某卦，即指与该卦的取象相同。

这一章谈到圣人创造文物、制度、器具、礼仪，构成了人类的文明，这是一个中国器物的发展史。但这个发展史不是唯物的，因为这些器物的发展史是根据天道、天象而来的，不是西方科学中的物质发明。西方人不考虑物质跟天象、天道能不能配合，甚至有些东西创造出来是违背了生生之德的，比如砍伐山林就破坏了自然，这不是《易经》的道理。能否"以通神明之德，以类万物之情"是很重要的前提，从易道中我们可以看出，中国人对事物制度的发明，是注重天人之间相通的，所以中国人发明的第一套器物是"通神明之德"，了解神明生生之德的。"类万物之情"就是顺着万物的"情"，顺着万物的需要，而不是违背"万物之情"，也不是斫伤"万物之情"。

所有的制度都是从宇宙万物天象里体现出来的，并已经顺着天象，与天道合在一起。现在我们看每个卦得到的就是天命，每根爻辞的吉凶已经把"命"放进去了，只有以"贞"，即以正道才能够趋吉避凶。《易经》有六十四卦，在现象界便有吉凶，我们要怎么样把握正道，这是很重要的！

第三章

是故《易》者，象也，象也者，像也。彖者，材也；爻也者，效天下之动者也。是故吉凶生而悔吝著也。

语 译

由以上可知，《易经》就是写天下万物的象；象也就如相片一样，可以使我们模拟它的真相。彖辞卦辞，是总括这一卦的意义，也是对卦象的一种裁断；至于爻和爻辞，乃是写天下万物的变化，使我们了解吉凶悔吝的道理。

解 义

"是故《易》者，象也"，《易经》就是讲象的，六十四卦是六画卦，都是《易经》的象，八卦也是象。"象也者，像也"，"像"就是一种形象，天地之象就如同相片一样，呈现给我们观看。

"彖者，材也"，彖是《彖辞》或《彖传》，《彖传》是解释一个卦的内卦和外卦的关系的，《彖传》是解释卦辞的。譬如乾卦的卦辞是"元亨利贞"，《彖传》就是来解释"元亨利贞"这四个字的作用。"材"有两层意思：一是题材、内容；一是裁断。卦辞解释卦的内容，是卦的大纲；彖辞解释卦辞，也是解释卦的内容，内容就是"材"。前面说过，很多学者考证"彖"字的字形，说像一头山猪。为什么像山猪？山猪牙齿很利，咬东西很快，所以说"彖者，断也"，断就是裁断事物，对事物的判断很快。古文中同音可以通假，"材"与"裁"可以通用。

"爻也者，效天下之动者也"，就是取法天下之动，把宇宙的变动都放在每根爻上。"是故吉凶生而悔吝著也"，"吉凶悔吝"四个字在《易经》卦辞里常常出现，我再次强调，"吉凶"是指事情发展的结果，指外在的现象、结果；"悔吝"是指心理问题，"悔"指后悔，"吝"指羞耻。

第四章

阳卦多阴，阴卦多阳，其故何也？阳卦奇，阴卦耦（ǒu）。其德行何也？阳一君而二民，君子之道也；阴二君而一民，小人之道也。

语 译

阳卦之中阴爻居多，阴卦之中阳爻居多，为什么有这种现象呢？因为属于阳卦的，如震 ☳、坎 ☵、艮 ☶ 等卦，是以阳爻为主，两阴爻为辅，所以多阴爻。属于阴卦的，如巽 ☴、离 ☲、兑 ☱ 等卦，是以阴爻为主，两阳爻为辅，所以多阳爻。那么这种"阳卦多阴，阴卦多阳"之象又代表了什么德行的意义呢？因为阳卦一阳二阴，代表一君统率二民，二民即形容民众之多，正是万民归心之意，所以是君子的正道。阴卦二阳一阴，代表二君争一民，二君即形容政出多门，互相争夺，国家大乱，这乃是小人之邪道。

解 义

什么叫阳卦？《易经》八卦除了乾坤之外，凡是只有一根阳爻的，属于阳卦；同理，只有一根阴爻的，属于阴卦。譬如：下面一阳，上面两阴，这是震卦，震卦是长男；然后阳又跑到当中，当中一阳，上下两阴，是坎卦，坎卦是中男；阳爻跑到上面，下面两阴，是艮卦，艮卦是少男。这三卦属于阳卦，共同特点是有一阳两阴，所以"阳卦多阴"。阴卦则相反，最下面是阴，上面两阳是巽卦，是长女；阴在当中，上下皆阳是离卦，离卦是中女；两阳在下，上面一阴是兑卦，兑卦是少女。这三卦都是一阴二阳，叫"阴卦多阳"。

阳中也会有阴。比如日常生活中，男人很刚强，有时候他要考虑很多大事情，是一家之主，但真到决断的时候，他要是想到孩子，就有犹豫。另外，也有的男人是阴多阳少，有的女人是阳多阴少；有的男人性格偏女性的温柔，有的女人性格偏男性的刚强，现代社会中这种例子很多。

"阳卦奇，阴卦耦"，朱熹的注解有些奇怪，他用数字"阳一阴二"来计算，比如震卦，二阴一阳加起来是五，他认为"奇""耦"是这样算出来的。但我认为，"阳卦奇"是指阳卦以阳爻为主，两阴为辅；"阴卦耦"是指阴卦以阴爻为主，两阳为辅。"其德行何也？"是问，他的表现如何？

"阳一君而二民，君子之道也；阴二君而一民，小人之道也。""阳"代表君，"阴"代表民，君主只有一个，但民比较多，这是君子之道。相反，阴卦君多民少，所以起争夺之道、小人之道。

虽然这样解释，但在六十四卦里，真正用到这种理诘的地方并不多，并没有很深的意思。

第五章

　　《易》曰："憧（chōng）憧往来，朋从尔思。"子曰："天
下何思何虑？天下同归而殊途，一致而百虑。天下何思何
虑？日往则月来，月往则日来，日月相推而明生焉；寒往则
暑来，暑往则寒来，寒暑相推而岁成焉；往者屈也，来者信
也，屈信相感而利生焉。尺蠖（huò）之屈，以求信也；龙
蛇之蛰，以存身也；精义入神，以致用也；利用安身，以崇
德也。过此以往，未之或知也；穷神知化，德之盛也。"

语　译

　　《易经》咸卦九四爻辞上说："我们的心情往来不定，都
是为了希望别人能跟从自己的想法。"孔子感慨道："天下万
物都顺乎自然，又哪里会为自己的得失而苦思、焦虑呢？天
下万物虽然路子不同，但都是同归一个目标，虽然思虑互异，

却都离不了一个理。天下万物又哪里会为自己的得失而苦思、焦虑呢？譬如日月的往来，运转不息，由于它们的交感相生，而使宇宙长明；寒暑的往来，交替不已，由于它们的交感相生，而有四时的变化。日月寒暑之往，是代表阴的潜隐，日月寒暑之来，是代表阳的伸展，由于阴阳动静的相感相推，使得万物各得其利，而生生不已。又譬如尺蠖虫在行走时的先屈曲，乃是为了求伸展；龙蛇在冬天的蛰居，乃是为了要保身。这都说明了自然界的道理，也是先在静时有所蓄，到了动时才有所用。因此我们研究义理，必须精炼到入于神化，才能功夫纯熟，大用于世。我们利用厚生以保全我们的形躯，也就是为了以此身伸张道德。除此之外，再向上探索，便进入不可尽知的形而上境界了。所以我们真正能穷神知化的，还是在道德功夫上的成熟。"

解　义

这一章所列举的几个卦都跟安身有关。

第一个卦是《易经》第三十一卦咸卦，咸卦内艮外兑，内山外泽。有的学者解释说艮卦少男，兑卦少女，少男少女谈恋爱，是爱情的感应。实际上咸的感应是把"心"拿掉的感，叫无心之感，因为有心之感就有欲望。此处引证在九四爻，这一爻多半是指心的作用。

"憧憧往来，朋从尔思"。"憧憧往来"指心跳跃不定、上上下下，为什么？"朋从尔思"，你希望朋友跟从你的思想，希望别人能随从或附和你。我们的心常常是如此的，因为有心，就有欲望、有自我。爻辞内容如是。孔子在此处说："天下何思何虑？"如果把天下当作万物的话，万物没有思虑，草木没有思虑。如果把天下当作天下人民，人民就有思虑。为什么思？为什么虑？思什么？虑什么？

"天下同归而殊途，一致而百虑"，这两句话很重要。司马迁的父亲司马谈写的第一篇评论各家思想的文章《论六家要旨》，评论了阴阳、儒、墨、名、法和道德六家思想，文中就引用了这两句话。此处，《系辞传》不是完全讲同归，也不是完全讲"殊途"，它是把"同归"跟"殊途"合在一起用，同时强调两个方面。一讲"殊途"，讲"百虑"。天下每个人的思想不一样，所以有"百虑"，但是归集起来，最后的目的都是一样的，是为了什么呢？司马谈就说：天下的"百虑""殊途"都是"务为治"，都是为了治道。无论六家还是诸子百家，中国哲学的这些思想归结起来都是为了治国、治民，都是为了治道，即经世济民、救国救民，这是中国哲学的精神。尽管各家的思想不同，最后却能"同归"。能够"同归"，"殊途""百虑"时才不会走偏，因为都拥有一个最高的理想在里面。"一"就是前面讲的"贞夫一"的"一"，最简单的"一"，就是道。所有的思想都归于道、离不开道。

佛家说"方便有多门，归元无二路"，也是这个意思。"方便"就是"殊途"，"方便"就是"百虑"，"方便"就是各种学说。佛家里面有各种学说，有小乘、大乘，有三论宗，有天台宗、华严宗，有些宗派之间甚至还有矛盾，小乘批评大乘，大乘轻视小乘，都是"方便"的说法。"方便"是为迁就目前的环境，针对不同的人、不同心理说不同的话，所有言语、文字都是"方便"。但要回到道、回到本体、回到原则，就没有二路，只有一条路，即"归元"。但"归元"也需要有"殊途"，如果没有"殊途"只讲"同归"，没有"百虑"只讲"一致"，那就成为一言堂了。

"天下何思何虑？"就《易经》六十四卦来讲，"一致""同归"在什么地方？"思虑"的又是什么？思虑的都是吉凶问题。"吉凶者，贞胜者也"，"贞"是正道，思虑之后，要"同归"的就是一个正道。

"日往则月来，月往则日来，日月相推而明生焉"，这是指日月交替，相推而相生。注意，"相推"一定要能够相生，"相推"的意思是不能把别人推走了，也不能不相让而变成相挡、相战，真正的"相推"是要相进、相和，是循环的、互相的。《易经》是进步的、一直发展的，是相生相合的，是我们推之使它们相生相合的。"明生焉"指的是，因日有日之明，月有月之明，就当时的环境来用，二者需兼备，各自都恰当其分，因而各有其明。

同理，"寒往则暑来，暑往则寒来，寒暑相推而岁成焉"，指的是春夏秋冬四季更替。"寒暑相推"，即寒暑相生、相让、相和，而成一岁。

"往者屈也，来者信也，屈信相感而利生焉"，"往"是过去；"屈"是潜伏，指伏下去看不见了，也叫屈伏；"信"指伸，是显现，有信则显现，无信则不能显。所以一往一来、一去一伸、一伏一见，相应相感；相应相感就互相作用，产生了利益，也就是对万物有利益。

以上是讲自然的变化，由自然的天地之象慢慢转到屈伸的道理。"尺蠖之屈，以求信也"，"尺蠖"是指毛毛虫，毛毛虫爬行的时候，会把身子先缩一下再伸展，缩是为了要伸；"龙蛇之蛰，以存身也"，龙蛇在冬天冬眠，保存它们的身体，到春天就又可以发展了。"存身"就是为了安身。

安身也是庄子、老子所重视的，他们的观点是要从自然界的变化中汲取智慧来运用。老子讲婴儿的柔软、水的不争等，和《易经》的思想一样，也是殊途同归的，都归结到"精义入神，以致用也"。我开创整体生命哲学时，就将这一句话选在里面。"精义"就是指理，"入神"就是指道，"以致用"就是指用，类似三角形的三角：一是道，一是理，一是用。

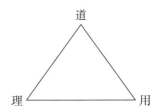

"精义"是研究义理，达到最高的境地就一定会入神，会进入道，进入道之后才能有大用。很多人研究易理，研究到最后还是限于义理，把问题谈得越来越深，却不能用。西洋哲学之所以发展到今天变成观念的游戏，就是出于这个原因。所以"义"之"精"一定要通乎"神"，通乎"神"就是通乎道，但道不是高高挂着的。什么叫"神"？"妙万物而为言者也"。"妙"作动词用，"神"就是通乎万物，能使万物有妙，所以又必须通乎"用"。以上就是我以道、理、用三字构成的整体生命哲学的三角形。

"利用安身，以崇德也"，从此处开始，本章归结到安身，指出真正的安身之道是"崇德"。只有"崇德"才能够使你安身。"吉凶者，贞胜者也"，"贞"既是正道也是崇德。从"安身"到"崇德"，天下的思想、思虑就殊途而同归，百虑而一致。"过此以往，未之或知也"，很多形而上的东西都说"未之或知"，那是在致用之上，在崇德之上我们不谈，我们也不知道。但"穷神知化，德之盛也"，说的是安身只有讲德，只有德可以往上达到这个未可知的境界。

康德对最高的本体也是不知道的，我们从理性的知识经验出发，是无法冲破这个最高的境界的。但他讲，只有道德的实践可以达到，而用"知"却没有办法知道。《道德经》第二十一章说："道之为物，惟恍惟惚。"老子也说用"知"的方法达不到道的境界，但有德的修养可以使我们往上无限地提升。上帝其实是开放的，不是用"知"的方法，而是用"德"的实践、精神的修养。当我们的实践、体验、服务、精神、德行提升到那里，我们就会体验出上帝何在，这是用知识解释不清楚的，也是不可能用什么哲学的，或者其他的理论去证明的。

大家不要幻想有一个神在保佑着我们，不要追求外在的东西，只有崇德才能够让我们安身立命，我们要从崇德做起。

《易》曰："困于石，据于蒺（jí）藜（lí），入于其宫，不见其妻，凶。"子曰："非所困而困焉，名必辱；非所据而据焉，身必危。既辱且危，死期将至，妻其可得见耶？"

语　译

《易经》困卦六三爻辞说："往前走，将被崎岖的石块所阻，往后退，又靠到了多刺的蒺藜里。在进退失据之时，回到了家，又见不到自己的妻子，这是凶险之象。"孔子说："受困于自己多行不义所形成的困境中，这是自找的耻辱。以不择手段的方法来自保，反而加深了自己的危险。名既受辱，身又不保，死期已不远了，哪里还能见得到他的妻子？"

解　义

第二段就《易经》第四十七卦的困卦来讲，困卦内坎外兑，内卦下卦是水，是危险，外卦上卦是泽，是河。泽里面的水流掉了，就是困。这里讲困卦的六三爻，是个阴爻。爻辞说："困于石，据于蒺藜，入于其宫，不见其妻。"前面有石头困住你了，走不过去，背后又有多刺的荆棘，退不了，前有阻碍，后无退路，在这种情况下回到自己家里面，又看不到妻子，妻子也跑掉了，当然凶。为什么有凶？孔子说："非所困而困焉，名必辱；非所据而据焉，身必危。"本来不应该、也可以不受困的，却自找麻烦，把自己困住了。权术的游戏玩得太过火，必然会受辱。

"非所据而据"，指本不应该靠它来得到利益的，却依靠它，自然"身必危"。又辱又危，死期将至，哪里还有什么妻子？这也是讲安身，安身立命，即要立在天命上；立在天命上，自然就立在正道上，不走正路、正道，搞投机，当然危，当然困。立就是"据"。

《易》曰："公用射隼（sǔn）于高墉之上，获之无不利。"子曰："隼者，禽也；弓矢者，器也；射之者，人也。君子藏器于身，待时而动，何不利之有？动而不括，是以出而有获，语成器而动者也。"

语 译

《易经》解卦上六爻辞说："王公站在高城上射飞鹰（或王公射高墙上的猛鹰），一箭便能命中，这是吉无不利之象。"孔子说："隼，是指飞禽；弓矢，是打猎的利器。能执弓而射禽，靠的是人。所以人是最重要的。君子体认射禽的道理，因此先使自己涵养充实，才器毕具，等待时机一到，即见机而作。这样的话，还有什么不利的呢？也唯有这样，他的行动才不会有任何阻塞，而能一举必有所得。这也是所谓必须先能藏器，然后再动的道理。"

解 义

本章的第三个卦是《易经》第四十卦的解卦，"解"是解除、解困，指前面的困挡住了我们，要把困解除掉。解卦内坎外震，坎为水、为险，震为动，动出于险，就解掉了险困。解卦是告诉我们如何去解决困难。这里所用的是上六爻，最上面的是一根阴爻。

"公用射隼于高墉之上"，老鹰停在高墙之上，王公要射掉它，获之无不利。孔子说："隼者，兽也；弓矢者，器也；射之者，人也。"隼是鹰之属，弓箭是你的器具，是你要用弓矢射掉这只隼。此处有三个对象：一是隼，代表邪恶的禽兽；二是弓矢，代表你的工具；三是人，也就是你了。

"君子藏器于身，待时而动，何不利之有？"君子要学会藏器，把握时机而动，即什么时候该动、什么时候不该动。"动而不括，以出而有获"，"括"是指不会受阻碍，这样我们就动得很顺利，一行动就能有收获。"语成器而动者也"，是指把握你的工具而能动。

此处还是在讲安身，即跑到最上面一爻时要知道回头，回到内卦。上六爻与三爻本应该相合的，结果解卦上六和六三都是阴爻，不能相应。内卦坎也代表心，心代表欲望，就心理层面来讲，此时就要拿箭射掉你的欲望，射掉你的自我，不然，会因欲望而不能安心。只有安心才能安身。

六三爻说"负且乘，致寇至"，就是说当我们爬到高墙上时，还背着金银财宝，觉得骄傲，就会招致强盗来抢夺。第三爻多半都是自我心很强，因为有权势并带着骄傲，所以要把它射掉，射掉你的自我、射掉你的骄傲。

以上是一种解释，还可以把它解释为外在现象，即外在的坏人，要用箭射掉他时，得先藏器，不显露，最后一箭中的。就政治方面来讲，就是要待时而动。

子曰："小人不耻不仁，不畏不义，不见利不劝，不威不

惩。小惩而大诫，此小人之福也。《易》曰：'履校灭趾，无
咎。'此之谓也。"

孔子说："小人不以自己做不仁之事为耻，也不以自己做
了不义之事而惧。他们对任何事情，看到无利可图时，便不肯
奋勉而为。如果不用刑罚来威吓他们，他们便不会知所惩戒。
因此若能给他们小小的惩罚，使他们得到教训，而不致犯下太
大的错误，这点小惩对他们来说，还算是小福气呢！这道理正
是《易经》第二十一卦噬嗑卦初九爻辞所谓的：'初犯刑法的
人，虽然脚趾被刑具所夹，有点痛苦，但却使他得到教训，能
改过自新，也就无咎了。'"

"小人不耻不仁"，做不仁的事情，小人不感觉羞耻；"不
畏不义"，即做了不义的事情，还毫无畏惧，一点儿也不害怕。
"不见利不劝"，没有看到利益好处，他不会受到鼓励。"不
威不惩"，不用刑罚惩罚他，他就感觉不到畏惧。老子在《道
德经》第七十二章讲："民不畏威，则大威至。"如果一个国
君在统治时无法令人民对于威权感到害怕的话，那最大的麻
烦，即天的惩罚就会来了。"小惩而大诫"，所以要给小人惩
罚才能够得到大诫。"此小人之福也"，这对小人反而是福气，
要惩他、罚他，他才有戒心、懂畏惧。这是在讲《易经》第
二十一卦的噬嗑卦，以坐牢、刑罚来惩处，引用的是初九爻

辞"履校灭趾，无咎"，指在小人的脚上处以刑罚，使其行路不方便，这是一个初步的刑罚，是小惩罚，这样才会无咎。"此之谓也"，指就是这个道理。

"善不积，不足以成名；恶不积，不足以灭身。小人以小善为无益而弗为也，以小恶为无伤而弗去也，故恶积而不可掩，罪大而不可解。《易》曰：'何校灭耳，凶。'"

语 译

"善行不累积，就不足以成名天下；恶行不累积，就不致有杀身之祸。小人做事，看到了小善，以为不足轻重，便不肯去做；看到了小恶，以为无伤大体，而不肯悔改。最后，弄到恶贯满盈而无法掩饰，罪孽滔天而不可救药，正如《易经》噬嗑卦上九爻辞所谓：'弄到枷锁都遮没了两耳，真是凶险至极之象。'"

解 义

"善不积，不足以成名；恶不积，不足以灭身"，是说在小处就要注意惩罚。如教育小孩子，你给他小惩罚，让他在开始的时候就了解善恶，养成习惯，以后才不敢作恶，这是中国古代的教育方式。当然，现在我们不主张打骂小孩子了，但所有的善恶都是从小积成的，要注意小的地方。

"小人以小善为无益而弗为也"，小人认为小善没有什么意思，没有什么获利，所以不愿意做。"以小恶为无伤而弗去也"，认为小恶也无所谓，以为说一点儿谎话也不足以灭身。"故恶积而不可掩，罪大而不可解"，所以到了最后恶贯满盈。

这里引用上九爻辞"何校灭耳，凶。"注意！在噬嗑卦初九爻中，用的是对脚的惩罚，如果不能够接受这个惩罚，到了第六爻，就犯了大罪，要被"灭耳"，即枷锁都遮盖到头部了，可能头都会被砍掉。

这一段话也是跟安身有关。安身立命的时候，务必要注意小善小恶，如果不在意小处，任由小恶变成大恶，就无可救药了。如果能够注意小的地方，积小善，去小恶，就是安身之道。

子曰："危者，安其位者也；亡者，保其存者也；乱者，有其治者也。是故君子安而不忘危，存而不忘亡，治而不忘乱，是以身安而国家可保也。易曰：'其亡其亡，系于苞桑。'"

语 译

孔子说："凡是遭遇到危难的人，都是由于他以前过分安逸于他的地位；凡是家破人亡的人，都是由于他以前过分追求自己一家之长存。凡是国家昏乱时的君主，都是由于他过分相信自己治术高明。所以君子在安定的时候，不要忘记危难；在图存的时候，不要忘记败亡；在治平的时候，不要忘记祸乱。这样的话，他的生命便可安全，他的国家也能够长存。这正是《易经》否卦九五爻辞所谓的：'个人与国家的危亡啊！危亡啊！其命运就像维系在丛生的苞桑之上，岌岌可危，因此要特别谨慎小心啊！'"

解 义

这是从《易经》第十二卦的否卦而来。否卦下面是三根阴爻，上面是三根阳爻，上天下地是否卦。否卦九五爻是君主，爻辞是："其亡其亡，系于苞桑。"君主在这个时候，要时时体念到危险，要有危机感，虽然现在是安全的，但不要忘掉危机，这样你的国家才不会"系于苞桑"，才会稳定。

所以孔子讲："危者，安其位者也；亡者，保其存者也；乱者，有其治者也。是故君子安而不忘危，存而不忘亡，治而不忘乱，是以身安而国家可保也。"有危机感，才能使你的位置安定；在位置安定时，要时时体念到国家会有亡国的危险，才能够保护国家，使它不亡；要时时想到国家的混乱，才能够把国家治好，当国家还安定的时候，如果整天以为国家治理得很不错，以为国家很安定，而忽略了小的问题，忽略了"福者，祸之所倚"的道理，就会有凶。如果能够安不忘危的话，"是以身安而国家可保也"。国家如此，个人的安身也是一样的。

讲求安身之道，我们需要注意自身外在的环境，注意很多潜在的危险。《庄子·人间世》说："福轻乎羽，莫之知载；祸重乎地，莫之知避。"我们要了解，随时随地都有很多危险在引诱我们，有些表面上是利、是福，其实是陷阱。有这种危机感，我们才能保身、安身。

子曰："德薄而位尊，知小而谋大，力小而任重，鲜不及矣！《易》曰：'鼎折足，覆公𫗧（sù），其形渥，凶。'言不胜其任也。"

孔子说："德行不够，可是却身居尊位；智慧浅薄，可是却图谋大事；才力弱小，可是却担当重任，这样的话，很少有不及于灾祸的。《易经》鼎卦九四爻辞说：'鼎足断了一只，使得鼎中的美食倒了出来，弄得全身沾湿，是凶险之象。'这就是形容力不胜任的毛病。"

解　义

"德薄而位尊，知小而谋大，力小而任重，鲜不及矣！"我们的德不够，却处于高位；知识或智慧不够，计划却很大；力量很小却想承担大任，这都是因为不够了解自己，所以多半达不到我们的目的。

此处引申了《易经》第五十卦的鼎卦，鼎卦是内巽外离，下面是一根阴爻，上面是两根阳爻；巽为木、为风，上离是火。鼎卦在革卦之后，革故鼎新，建立新的制度，所以鼎卦本来是要立制度的，但九四爻辞却说："鼎折足，覆公𫗧，其形渥，凶。"就四爻来讲，是指大臣，是阳；第五爻是君主，是阴，所以大臣强硬，君主柔弱。鼎脚断了，把鼎里面的东西都泼出来了，泼得君主满身都是，弄得很脏，当然是凶。

孔子的评语是："言不胜其任也"，指才能不足以居高位，结果把事情办坏了。这跟安身有什么关系呢？安身第一要务是了解自己的才能，知道自己有多大才能，应该在什么样的位置上担当职务，不可以才能不足，欲望却很大。知己知彼，便是安身。

子曰："知几其神乎！君子上交不谄，下交不渎，其知几乎！几者动之微，吉之先见者也。君子见几而作，不俟终日。《易》曰：'介于石，不终日，贞吉。'介如石焉，宁用终日？断可识矣！君子知微知彰，知柔知刚，万夫之望。"

语　译

孔子说："能知事变的机先，可说已达到神化的境界了，君子如果能做到对上的态度恭敬而不谄媚，对下的态度谦和而不傲慢，也可说是具有知几的功夫了。什么是几？几就是事变发展的开端和动机，也是我们心念初动的一刹那，这时候正是吉凶的先兆。君子的功夫就在能认清机先，把握时机而行动，无须等待事变的结果。《易经》豫卦六二爻辞说：'要像石块一样轮廓分明，看得清清楚楚，把握得笃笃定定，因此在事先便能决定，何须等待日后。这就是立于正道而吉之象'。所谓'介如石'，就是有识见、有定力，一眼就能洞穿真相，哪里还需犹豫不决地去等待呢？像这样能够知道事理的精微与动用，能够知道变化的柔弱与刚强，自然会是万众所仰望的先知先觉了。"

解　义

《易经》里面有三个字很重要：位、时、几。上一段讲知位，要了解你的位置，接下来要讲"知几"，"几"是动的发展的开始。"几者动之微"，任何事情的发展，一定有一个开始，那时候一定微小不显，但会从小变成大。紧接着是"君子上交不谄，下交不渎"，在和上位的人打交道时，不要谄媚他；与比自己位置低下的人交往时，也不要骄傲，不要看轻人家，这才是"知几"——孔子把"知几"一下转到"诚"与谦虚上去了。无时无地都以诚、谦来待人接物的话，就是"知几"。换句话说，真正有德的人，可以知道自己的未来，真正实践诚的人，也可以知道未来。所以《中庸》说"至诚如神"。这话给我们一个启发，不要去空想未来如何，而看自己现在的所作所为是否在正道上，是否有诚。不可自身对别人没有诚，却寄希望于别人相信自己。所以，孔子就把这个"神"字转变为功夫修养上的"诚"字。

"几者动之微，吉之先见者也"，此处"吉"包括了吉凶，可以理解为吉凶之先见者也。意思是，从事物最微小的情况开始，就可以预见事情的吉凶。为什么把"凶"字给省略掉呢？因为君子是为了吉而"见几而作"，不是为了凶。吉凶之先见者是神妙的，所以把握了"动之微"后，就不需要等一件事做完了才知道吉凶，即"不俟终日"。"终日"，代表不用等待事情的结果，一动念之间就会知道未来的吉凶。所谓"吉凶者，贞胜者也"，即保持正道自然会胜，胜就是克服一切困难。

此处引证的是《易经》第十六卦的豫卦，豫卦内坤外震，豫卦只有一个阳爻九四，其他都是阴爻。六二爻辞："介于石，不终日，贞吉。""介"就是真实、耿介、正直，像硬邦邦的石头一样。《道德经》第三十九章："不欲琭琭如玉，珞珞如石。"石头很硬，很素朴，不漂亮。耿介得像石头一样，不要终日等待事情的结果，要把握正道，就有吉。"介如石焉，宁用终日？"

即耿介如石头，为什么还要等到结果出来才知道吉凶呢？"断可识也"，现在已经可以知道了。

"君子知微知彰"，君子从微的一面中就能知道彰的一面，就能知道后来的表现。"知柔知刚，万夫之望"，我们能够有这种境界，大家就都会敬仰我们，认为我们真正有神明的作用。

此处说明安身要知"几"，不用跑到外面去抓一个"几"来，"几"在我们一念之间、一动之间都有了。"见几而作"有两种意思：一是普遍观念，认为《易经》有神通，了解宇宙万物的变化，如能把握它，就可以顺应它，这是外在的把握。另外一层意思是我的观点，见"几"就是了解发展的趋势，从现在就把握正道，从一开始就把握正道。了解宇宙变化的发展，知道应该怎么做，这叫"见几而作"。《道德经》整本书都在说"见几而作"，老子了解刚但把握柔，了解强却把握弱，也是在"见几而作"。

子曰："颜氏之子，其殆庶几乎！有不善未尝不知，知之，未尝复行也。《易》曰：'不远复，无祗（zhī）悔，元吉。'"

语　译

孔子说："颜家的这位子弟，算得上是知几的君子了，他一有过失，自己没有不知的，知道了，以后就不会再犯同样的过错。《易经》复卦初九爻辞说：'稍有错误，迷途不远，便能改过自新，不会有大悔过，这乃是大吉之象。'"

解　义

颜回的修德近道，"有不善未尝不知"，有不善的苗头出现的话，他自己马上就能知道。"知之未尝复行"，是说颜回的"不贰过"，他知道有不善之处，就不会再犯。此处引用《易经》第二十四卦的复卦，复卦只有一根阳爻在下，上面有五根阴爻。复卦的初九爻，象征一匹马还没有跑得太远，马上便回头，这样就不会有大后悔的事情，所以是元吉。人生在世，总会犯一点错，人孰无过？但是"知过能改，善莫大焉"。安身要知过，能改过迁善，重要的是，走到不远处就能知返。如果过错犯得很深，在错误的路上走得很远，可能就回不了头。复卦在西方翻译为 return，只有回而没有复的意思。西方人讲进化论，会认为中国古代这一套东西是退化的，认为老子的思想也是退化的，是小国寡民，批评中国文化复古。其实"复"不是回到原来的蛮荒社会，老子也并没有要我们真正把所有的文字都丢掉，回到原始社会去，这是一种大误解。道一直在发展，我们人也在发展，我们的复于道，也是一直在前进、发展的，最后是复回到"道"上。更不要说《易经》的"复"还有更深的意思。复卦的阳爻在最下面，是回到阳的开始，回到春天，回到万物生长的源头。

有少数哲学家，比如法国的卢梭，他是反对文明的，想要跳回去。但我们易道的"复"跟卢梭主张的回返不一样。我们是回到道，是殊途而同归于道，我们一直在不断地走向道，一直在发展，最后可以回到道。回到道，就始终不离开道，并且道就藏于用中，道在运用中时时地"复"，并不需要上面或者外面有一个道使我们复正，我们在用里面就已经有道了。此外，我们的"复"还要复于内心，时时反省自己，时时回到本心，是明心见性的复，所以"复"跟进退没有关系，"复"仍是进的。"复"也是再生、重生、复活，在心理学上有这个象征。

"天地氤氲，万物化醇；男女构精，万物化生。《易》曰：'三人行，则损一人；一人行，则得其友。'言致一也。"

语 译

天地阴阳之气，相交相和，使万物感应，滋长成熟。男女雌雄之性，相交相和，使万物相感，生命延续。《易经》损卦六三爻辞说："三人同行，各有意见，势必要损去一人的意见，才能两相和协；相反的，一人独行，精诚所至，却能合志同方，得到情意投合的朋友。"这是告诉我们中和精一的道理。

解 义

"天地氤氲"，指天地之气在交流相合，使得"万物化醇"，即生养万物；使得"男女构精，万物化生"，交媾的"男女"是指万物中所有的雌雄。这是引证《易经》第四十一卦的损卦，损卦下兑上艮，六三爻，是一根阴爻乘在两根阳爻之上，第三爻多半是危险，阴乘阳也不好。所以爻辞说："三人行，则损一人"，三人行要损掉一人，也就是要损掉这一爻。卦的第三爻多半代表自我、骄傲、欲望，所以要损一人之私，损掉私见、自我、自私。就卦象来讲，为什么有"三"字呢？因损卦的三、

四、五爻都是阴爻，所以说"三"，这三根爻若逐次往上走的话，一定要先去掉私，不然走不通。"一人行，则得其友"，为什么呢？因六三与上九，一阴一阳相合，而有安身之意。

"言致一"，为什么讲"致一"呢？"致一"就是讲诚，一者诚也。

有句老话叫三个和尚没水吃，两个人可以推心相助，第三个人加进来，大家就互相推诿。又或者即便是两人，但还有一个第三人，即私心，因私心一旦加进去之后，就合不起来了。自然界本来是很自然的相和，一旦加了人的欲望进去，就把自然的天地、万物相和都破坏掉了。

损卦的主要意思就是要损人欲。《道德经》第四十八章说："损之又损，以至于无为。"损掉人欲，人与人之间才能相和，天地之间才能相和，损一人者，损人欲也。要安身，先要去私欲。如一对夫妻关系不好，就把气出在儿女身上，在夫妻两人意识之外，就损掉了儿女的成长发展，这是从负面来讲。如何解决？夫妻之间不要把自己的欲望，或者自己的不足丢给另外一个人，让他遭受损害，这是事前的防范。如果事前没有防范，就会出现夫妻反目的后果。有人说，"三人行"在夫妻的情境下，是指有第三者了。但这是有形的第三者，夫妻之间还有一个无形的第三者，那就是不满、欲望，有形的第三者可以防范，但无形的第三者如果没有被损掉，实际上是会造成有形的第三者的。总结来说，就是要把自己的私欲损掉，不要去损害他人。所以损卦的精神实质是：损己之欲而益人。

又有人说老子在《道德经》第十八章说"六亲不和，有孝慈"，这是老子的批评，认为儒家的道德都是在事后才强调的——如果家庭和睦的话，就不需要特地去讲孝、讲慈。为何《道德经》第十九章，老子又从正面讲孝慈呢？其实《道德经》这两章并不矛盾。老子一方面反对道德观念中的孝慈，一方面又强调实际行为中的孝慈，如果儿女真正孝顺父母亲，父母亲慈爱儿女，这都是自然的、都是事前的，就不同于我们现在谈的事后的道德观念了。至于老子提出的少私寡欲的"欲"和损之又损的"欲"，都不是自然的欲，是无厌的贪欲。符合天地自然的欲，并不是私欲。

子曰："君子安其身而后动，易其心而后语，定其交而后求。君子修此三者，故全也。危以动，则民不与也；惧以语，则民不应也；无交而求，则民不与也。莫之与，则伤之者至矣！《易》曰：'莫益之，或击之，立心勿恒，凶。'"

语　译

孔子说："君子应先安定本身，然后再行动；先心平气和，然后再发表你的言论；先建立彼此之间的诚信，然后再向别人提出请求，有这三方面的基本修养，才能与人相处，没有偏失。否则，以冒险的举动行偏激的政策，人民便不会跟从你；专爱唱高调，以权威吓人，人民便不会附和你；自己不讲诚信，而要人民信赖你，人民便不会赞助你。如果你得不到别人的响应，那么对你不利的人和事，就要降临了。正如《易经》益卦上九爻辞说的：'不仅等不到别人的帮助，反而受到别人的攻击，这是由于他的居心不够坚定恒久，乃是凶险之象。'"

解　义

子曰："君子安其身而后动，易其心而后语，定其交而后求。"这三句话非常好。"安其身"，指要先站在安全的位置上再动，所以要先知位，看自己的位置恰不恰当。如果位置不当的话，那么危险就已经潜伏在你要发展的位置上了。

"易其心而后语"，有两种解释：一是"易其心"，即换我心为你心，要用同理他人的心去讲话，不要老拿着自己的观念去看别人，即"己所不欲，勿施于人"，要尽量去感受别人的想法；一是将"易"字解释为平易、简易，即先让你的心平易下来，再讲话，如果你的心不平，讲出的话就是偏激的，是情绪化的，是冲动的。所以要平静自己的心，然后再和别人谈论。

"定其交而后求"，是说交情要足够时，才能要求别人。朋友之间也是这个道理，交往还不到两天，就向人家借钱，或要求别人帮忙，都是不恰当的。"君子修此三者，故全也"，是说君子能修行好这三种品德，与人交流时才能两全。

"危以动，则民不与也"，这是从治国的道理来说"安其身而后动"。君主要求人民做一些危险的事情，如果只为了一己之私，而不是替人民的福利着想，人民就不会参与了。

"惧以语，则民不应也"，"惧"是指不能平易其心，而是用很刺激的、带挑拨性的、让人恐慌的话来弄得人心不安，人民就不会响应了。

"无交而求，则民不与也"，意思是身为君主，你跟人民没有交流，没有感情，没有建立与人民之间的互信关系，就要求人民支持你，人民是不会心甘情愿地听从你的。"交"很重要，是要建立互相的了解及互相的信赖。

民无信不立，所以叫"莫之与"，是说人民不再支持你，不再响应你，"则伤之者至矣"，即整个国家、社会都受到伤害了。

此处引用《易经》第四十二卦的益卦，益卦的上九爻辞说"莫益之，或击之，立心勿恒，凶"，意思是君主不能够做到真正对人民有所益处，人民就会反抗你。"信不足焉，有不信焉"，出自《道德经》第十七章，是说君王的诚信不足时，人民就不会相信他。所以"立心勿恒，凶"，就是说居心不够坚定恒久，这是凶险之象。

《易经》中有一个恒卦，恒就是常。能够维持恒、维持常，就是要"安其身而后动，易其心而后语，定其交而后求"，这就是常道，也只有这样做才能常。朋友之间，君主与人民之间，都是这样的。

第六章

　　子曰：乾坤其《易》之门耶？乾，阳物也；坤，阴物也；阴阳合德而刚柔有体，以体天地之撰，以通神明之德。其称名也，杂而不越，于稽其类，其衰世之意耶？夫《易》，彰往而察来，而微显阐幽，开而当名辨物，正言断辞则备矣！其称名也小，其取类也大，其旨远，其辞文，其言曲而中，其事肆而隐。因贰以济民行，以明失得之报。

语　译

　　孔子说："乾坤可以说是易理变化的两扇大门吧！乾代表阳，坤代表阴。阴阳合有天地之生德，刚柔兼具天地的体性。所以乾坤，可以体现天地的理数，可以通晓神明的德行。六十四卦卦名的称呼，虽然复杂但井然不乱。我们考察卦名所代表的各类事物，可以想见作《易》者也许是在衰世吧！《易经》的内容，是在于彰明过去的事迹，以察知未来的演变，从普通的事物中去见精微的义理，使宇宙的奥秘得以阐发。乾坤的两扇大门一开，六十四卦之名都能名副其实，可以辨明物性，正确地陈述吉凶之理，以及由文辞的推断以占决。《易经》的作用，虽然六十四卦只有六十四个简单的卦名，但却包括了无数的事物种类。它的意旨深远，它的辞采文雅。它所讲的话，都是曲就万物，以期与万物的性状完全相合，它所述的事，都是直陈现象，而且够深入，能见基本源。由吉凶不同之理以教导人民行事，使他们了解善恶的不同报应。"

解　义

"乾坤其《易》之门耶"，乾坤就是六十四卦的门，乾坤打开了六十四卦中其他的六十二卦。"乾，阳物也，坤，阴物也"，整个乾卦都是阳爻，整个坤卦全是阴爻，由这纯阴纯阳两卦，建立了下面的六十二卦。乾坤是门户，乾坤也是天地，有天地然后有万物。"阴阳"就是事物的属性，"物"就是类，我们不要把它复杂化。

"阴阳合德"，阴阳如何能"合"？什么是"德"？结合"天地之大德曰生"，德的意思就是"生"。"阴阳"不是合在别的地方，而是合在"生"上，阴阳相合就有"生"，这就是生生之德。

"刚柔有体"，什么是"体"？结合第一章"动静有常，刚柔断也"，刚柔是以常为体，无论刚柔都有它的常道，都有它一定的轨道。那么这个常道、常体又是什么呢？

"以体天地之撰"，"撰"是成的意思，比如我写成一本书，就叫撰书一本。天地之所成，是由天地阴阳氤氲而成的，所以"撰"就是成功地和合。天地之合，刚柔有常，就是用来表达天地之和合。然后能够"通神明之德"，什么是"神明之德"？其实还是归于生生之德。"神也者，妙万物而为言者也"，"言"就是谈、讲的意思，这是指万物生化之妙，即神。

"其称名也，杂而不越"，这是指《易经》六十四卦的每个卦都有卦名，是较复杂而多样的。六十四卦分别指向不同的事情，有教育的、有家庭的……虽然相互不同，具有一定的杂乱性，但"杂而不越"。"越"就是指超过。虽然六十四卦杂且多，但是每个卦的卦名，都是根据卦象来说明的，都是依据这个卦而来的，并不会过分，不会离开本意，都是恰到好处的。

"于稽其类，其衰世之意耶？""稽"就是考，指研究、考察《易经》六十四卦所讲的东西。从卦名上可以看出，《易经》的时代是衰世，因为它表达了忧患的意识，讼卦、师卦、困卦等都是其代表，都告诉我们在衰世中如何安身立命。

"夫《易》，彰往而察来"，《易经》六十四卦、三百八十四爻所系的爻辞，都是拿过去的经验去探求未来的发展。"微显阐幽"，即把人家注意不到的小事情显露出来，告诉我们有悔、有吝、有吉、有凶。"开而当名"，"开"者，是指乾坤是《易》之门，门一打开，就是宇宙万物，而其他六十二卦讲的都是宇宙万物的规律。《易经》六十四卦，是把当时圣人所认为的宇宙万物都归成了这六十四类。"当"是匹配适当，"当名"指卦名非常正确地匹配某类事情。"辨物"，以此了解万物。"正言断辞则备矣",每个卦的爻辞都是"正言",即中正的文字,是可以用来断定吉凶的。"备"即完备。

"其称名也小,其取类也大",卦名只有一到两个字,名字虽短,但所反映的外在事物现象却是很多、很广的。譬如蒙卦,"称名也小",只是说被草掩盖、蒙蔽了,但蒙卦在讲教育上讲了很多事情,就这一卦来说,你问不同的问题都可以有不同的解答、不同的发展,这就是"取类也大",可以涵盖很多现象。一个象中也有很多的解释。

"其旨远,其辞文",爻辞表达的意思不是急功近利,不是只看到一点,而是看到未来的发展。"文"不仅指漂亮,也指其辞表达了某个现象,如在天文地理中,就是指一切道理的表现。

"其言曲而中","曲"字用得很妙,曲尽其妙,爻辞的话并不是很呆板、很直接的,要适合每个东西,还得绕一个弯;因为如果只说一面的话,就会失于片面化。"曲"字在《中庸》《荀子》里也用得非常高明,《中庸》讲至诚时,有"其次致曲,曲能有诚"之句。"致曲"的"曲",是指每件事物、每样东西都是曲,都是宇宙万物的一部分,所以适合万物。曲尽其用,即迁就万物而发挥万物。《系辞上传》里也详细讲过:"曲成万物而不遗。"所以《易经》的话是曲成的,是转弯的,但是讲的内容又都是中正的。虽然有曲、有弯,但到最后还是会适合每个东西,这就是"曲而中"。

"其事肆而隐","肆"指发挥、显现,指《易经》讲的事物的吉凶,好像是发挥、显现了出来,适合各种方面,但是他的道理又涵盖其中,是隐藏的。"隐"就是藏于用,道理是藏

于用的，用了又适合万物，即一面是大家都看得见的用，一面
道理又隐在用里面。如儒家常说"微言大义"，"大义"是放开
来的，但是"微言"却表达了微妙的意思。

《易经》为什么要讲吉凶？是单单劝人家不要走向凶，要
趋吉避凶吗？其实《易经》不仅是表面上讲吉凶，让大家判断
这个吉、那个凶，实际上是话里有话，其中蕴藏着深意，即"崇
德"，是为了让大家修德。

"因贰以济民行"，朱熹认为"贰，疑也"，这个实在讲
不通；虞翻认为"贰谓乾坤"，也不太精准，太极生两仪，不
是贰仪。我认为"贰"跟前面相对的性能有关，比如"曲而
中""肆而隐"，都是相对的。在这种相对的关系里面，《易
经》已经用道理来辅助、救济我们，告诉人民怎么去做。所以，
"贰"就是指相对，也是老子所说的"正言若反"（《道德经》
第七十八章）。

"以明失得之报"，让我们去了解怎么样才会失，怎么样才
能得。

第七章

《易》之兴也，其于中古乎？作《易》者，其有忧患乎？是故履，德之基也；谦，德之柄也；复，德之本也；恒，德之固也；损，德之修也；益，德之裕也；困，德之辨也；井，德之地也；巽（xùn），德之制也。

语 译

易学的产生，大概就在文王所处的中古时期吧！《易经》的作者，大概是有深沉的忧患意识吧！因此《易经》的许多卦都是就忧患而立德的。如履卦要我们循礼，这是立德的基础；谦卦要我们逊让，这是行德的把手；复卦要我们知过能改，这是德行的根本；恒卦要我们择善固执，始终不渝，这是道德的信守；损卦要我们损除人欲，这是德行的修养；益卦要我们奋发有为，这是德行的发展；困卦要我们处困而能激励向上，这是品德的考验；巽卦要我们顺天应人，这是德行的制权作用。

解　义

《易经》这本书的产生，大概是在中古时代，作者如果是周文王的话，则正处于商纣昏庸无道的时候，《易经》的作者一定有深切的忧患意识。我们一看到忧患，也许会想到佛教里面的苦、集、灭、道"四圣谛"。释迦牟尼成佛前也是有忧患的，他的忧患是苦，人生皆苦，是从苦观着手。他忧患的是人生无常、生命无常。我们中国的圣王所忧患的是政治、社会，忧患的是国家之间能否安宁相处，人民能否安身立命。就个人来说，圣人所忧患的是自己的德够不够，而不是忧患个人的生命能不能受控制。

下面我们看看本章提出的九个卦。孔子为什么要提出这九个卦呢？因为它们皆是以"崇德"为基础的。

首先，是《易经》第十卦的履卦，"履，德之基也"。履卦履虎尾，就是第三爻踩住了上面三根阳爻，像踩了老虎的尾巴一样，但老虎却不咬人，因为它吃饱了。人如果像驯兽师一样知道虎性，就不会被咬。履者，礼也，礼是规范，是德的基础。凡事要顺乎礼才能解决问题，所以文王的儿子周公，制礼作乐，使得我们的生活有所规范，这是生活的基础。

第二，《易经》第十五卦的谦卦，"谦，德之柄也"。"柄"就是把手，正如热锅因为有柄，所以人可以拿着而不会烫到手，有了柄，东西才能用。柄也指用的方面，所以谦是德之用。谦卦卦象是山在地下，山很高，但因谦虚，却在地的下面，表示一个人很有才能，却默默地发挥，并不夸耀自己的才能，这就是谦。我的老师吴经熊博士，把"万恶淫为首"改成"万恶骄为首"，我问他原因，他说骄才是最大的罪恶，因为淫从骄来。一个人很骄傲地看低别人时就会骄淫荒唐，求学时要谦才会有进步。一谦四益，天道喜欢谦的人，地道喜欢谦的人，人道也喜欢谦的人，连鬼道也敬重谦的人。谦虚的人，鬼都不会找你，鬼是指心里的毛病，谦的人心里没有毛病，所以不用怕鬼。德的运用在谦，一个人如口中讲谦德，但行中却骄傲，那就不是德，而是以德凌人了。老子说："上德不德，是以有德。"（《道德经》第三十八章）不以为有德，就是因为有谦德。

第三，《易经》第二十四卦的复卦，"复，德之本也"。复卦的一根阳爻在初爻，上面有五根阴爻，一阳来复，阳气产生。阳也是代表"诚"，那一点道德的根基不能失掉。复卦的前面是剥卦，剥卦是上面一根阳爻，下面五根阴爻，阴快把阳剥尽了，如果最后一阳被剥尽，这一阳返回来就是复卦，最后的道德防线不能失守。如政治上可以分党派阵营，但是如果人民的道德与价值的底线被摧毁了，那就万劫不复了。如果大家还有一点道德观念的话，总可以回复，总还会有生机，这是复之本，也是德之基。基是指基础，礼在一定的基础上才能发展、运用；本是回到根本之路，是树根，树根是会生长的，生机是会慢慢升起来的。

第四，《易经》第三十二卦的恒卦，"恒，德之固也"。"恒"就是常、常道，德一定要有恒，朝"德"夕改的话，那不是恒，也不是德。持之以恒、守之以常，德才能坚固。行德的时候，一定会遇到很多挫折、阻力和挑战，所以要固守其位，恒常不变，这是德的坚固，要守得住。

第五，《易经》第四十一卦的损卦，"损，德之修也"。损是损人欲，不是说损掉你的知识，损掉你好的东西，只是损掉你的欲望。老子说："损之又损，以至于无为。"（《道德经》第四十八章）修养德行一定要损人欲，随时降低自己的欲望。

第六，《易经》第四十二卦的益卦，"益，德之裕也"。"益"是指增加智慧；"裕"是指给你一个空间，是宽容、是开放。德的增加首先要有一个开放的心胸，一个人思想不开放，就不能增加新知识；心胸狭窄，就不能容让别人。但凡想有所增益，无论思想上也好，学术上也好，道德上也好，一定要有开放性，不把自己禁锢在自我的牢笼内。

第七，《易经》第四十七卦的困卦，"困，德之辨也"。困不只是经济生活上的困、学术研究上的困、道德修养上的困，还有很多其他情境的困。在困的时候，不要乱动，要保养你的能量。《系辞下传》第五章孔子说："非所困而困焉，名必辱；非所据而据焉，身必危。既辱且危，死期将至，妻其可得见耶？"在受困的时候，一定要去反省，要去研究为什么会有这种困，辨别、研究之后，看到困的结果，再回过头去讲动机，这样你才能够打破困局，这就是孔子所说的"困而知之"。

"辨"代表反省以求辨明。此处是讲功夫的，辨明危险只是结果，功夫还要用在辨的反省与分析研究上。比如孔子也曾遇困，困于陈蔡，"在陈绝粮，从者病，莫能兴。子路愠见曰：'君子亦有穷乎！'子曰：'君子固穷，小人穷斯滥矣。'"（《论语·卫灵公》）子路问老师："君子也有穷困吗？"孔子回答："君子也有穷困，但是君子在穷困时，能够固守他的原则，小人在穷困时，就胡作乱为，什么都不管了。"孔子的话里就有着辨明了，在穷困的时候还在辨明我该不该做，用什么样的方法脱困才是正当的。"辨"字在《易经》和儒家那里都是很重要的，是功夫语。

第八，《易经》第四十八卦的井卦，"井，德之地也"。井卦讲君子之德。井卦是讲井里面的井水，不求你来用，但你若来，它永远供给；你不来，它还是保持原有的状态，即："人不知而不愠，不亦君子乎。"（《论语·学而》）你来或不来，井水都不会有怨言。此处为什么说"德之地"呢？"地"就是位，是说像德一样，井站在它的位置而不动。君子之德就是不因外物而改变，只一味固守他的原则，所以就像地一样，稳固而负重，不夸耀以求人知。

第九，《易经》第五十七卦的巽卦，"巽，德之制也"。巽卦的卦象是两个风，风是和和顺顺的。巽卦是这九个卦中的最后一个，前面无论是讲地、讲辨、讲本、讲基……都是建立好的德在那里，遵循的是不动、不变的原则；但是巽卦是动。如果讲德时只讲不动、不变的话，讲到最后，就变成老顽固了，内外不通，所以巽卦就是讲通权达变的。我们要了解外面的事物，要变通它，不能只站在自己的立场去批评人家，要让和风吹过去，去转化它们。"制"是指制权，就是指拿捏分寸到刚刚好。这正是《系辞下传》第八章说的："不可为典要，唯变所适。"

履，和而至；谦，尊而光；复，小而辨于物；恒，杂而不厌；损，先难而后易；益，长裕而不设；困，穷而通；井，居其所而迁；巽，称而隐。履以和行，谦以制礼，复以自知，恒以一德，损以远害，益以兴利，困以寡怨，井以辨义，巽以行权。

语　译

　　履卦贵于和谐，而能使人各得所需。谦卦能使在尊位的人，更加德光普照。复卦重在动之微，而能辨明物欲。恒卦使我们在复杂的现象中，坚守原则，不改其乐。损卦除人欲，开始时虽有艰难，但功夫成熟，最后其道平坦。益卦积德宽广而发展无穷。困卦要我们处困厄而能应变求通。井卦要我们固守岗位，而以诚信感人，使迁于善。巽卦因顺万物，而不露锋芒。由此可见履卦是以和谐来实践德行，谦卦是以自节而尊人来制定礼节，复卦是能反心自知其过，恒卦是能坚守一贯的原则，损卦能为我们远避祸害，益卦能使我们因积德修学而有利，困卦能使我们经验丰富而少怨悔，井卦能使我们辨明自守与养人之义，巽卦能使我们顺天应人以行权变之宜。

解　义

　　这一段是在解释九个卦的性能。

　　"履，和而至"，"至"是达到某个目的，即由礼而和；"至"是要你用脚去走，走大道，而不是礼在那里空空荡荡地限制你。礼，能帮助我们达到社会安定和谐的目的。

"谦，尊而光"，"谦"有两个重要原则：一个是"卑，而不可逾"，虽然很谦卑，但并不会被人随意逾越、践踏；另一个是"尊而光"，谦虚是受人尊敬的，不要把谦虚想象成因为我谦卑所以人家看不起我，谦虚是能发出光辉来的，也就是谦而有光芒。

"复，小而辨于物"，复卦初爻的一根阳发动很微小，常常被大家忽略。意思是在初始时要能辨别，要去了解是非、好坏、对错。做任何事情，一开始的时候就要辨明：这在德上运用会如何？动机对不对？在微小的地方就要辨别，不要让自私生根发芽。如果动机不对，未来的发展就会有问题！所以"复"就是慎其始。

"恒，杂而不厌"，"恒"指能恒久固守你的原则；"杂"是指乱，在很杂很乱的环境里面，还能够固守你的原则而"不厌"。什么叫"不厌"？有时候你想固守原则，但守了两天就开始盘算，其他人都不讲德，就我一个人讲，划不来。"恒"是要你像吃饭一样，一辈子也不感觉厌烦、厌弃，永远不会抛弃自己的原则，这就是"不厌"。

"损，先难而后易"，损欲一开始做时总是很难，很不容易，得做到最后，才会容易。损到最后，达到真正无欲的时候，无欲则刚，什么事情都会被克服，所以叫"先难而后易"。

"益，长裕而不设"，"益"是增加智慧、知识或道德。"长裕"就是把自己完全开放，不是局部的、片面的，而是不设的，即无限的开放，没有限度设定在那里。"设"就是限制。只要有限制在那里，我们就只有一个面向了，所以要永远开放、无限开放，增加知识是没有限制的，增加智慧也是没有限制的，我们只求"苟日新，日日新"，以至无限。

"困，穷而通"。"困"，自然穷，遇到困穷，如果还不知通变的话，就完蛋了，就真的被困住了。所以困穷时，要能通得出去、走得出去，这点很重要。身处困境，你要把"困"当作契机，使自己能够由困而通达以脱困。"困而知之"就是指自己要知道如何打通的路子。

"井，居其所而迁"，"井"是不会移动的，"居其所"就是它固定在那里。"迁"不是指位置上的移动，而是它本身的水能日新，能影响万物。人来取水，井有君子之德，持续供水，它虽固定不动，却可迁物，能影响人与物。"迁"是指动，意思是它居其定位而能动物。

"巽，称而隐"。"称"即称物，是指配合万物，跟万物相配；"隐"就是指能保持原则。与万物相和，有些人同流合污，很多人用权术去相和，而忘了他自己的根本。"隐"字，就是要能把握原则来隐，藏住自己的部分原则，却不会因顺着万物而完全失去了自尊、失去了德行。

以上是九个卦的作用。

最后还要强调："履以和行"，与"履，和而至"的意思是一致的，以"和"来行，作为行动的标准。"谦以制礼"，谦虚要能够合礼，不合礼的谦虚会让人感觉虚伪，所以是要以礼为规范去践行谦。"复以自知"，指要自知，要反观自己。"恒以一德"，恒久来把握一个德，恒应落在德上，而不是恒在僵化固着的观念上。"损以远害"，损能裕，自然能够避免伤害别人。

"益以兴利"，即益用以兴办福利。"困以寡怨"，处困能通，身临困境，不怨天、不尤人，要想办法解决问题。"井以辨义"，井水养人，义者养人，要了解井，了解自己的任务是养人。"巽以行权"，巽就是权，要知道怎么样用权、怎么应变行权，这都要以德行为本。

第八章

《易》之为书也，不可远，为道也屡迁。变动不居，周流六虚，上下无常，刚柔相易，不可为典要，唯变所适。其出入以度，外内使知惧，又明于忧患与故。无有师保，如临父母。初率其辞而揆（kuí）其方，既有典常，苟非其人，道不虚行。

语 译

《易经》之书，不远离人生实用。《易经》所谈的道，是迁流变化而不停不滞的，它周流地分布在六爻之位中，或在上、或在下，没有一定的频率，阳刚与阴柔相互交替推移，切勿拘泥偏滞于一象一理，要能顺其通变去运用。虽然要顺变，但卦爻之上下变动，也有其吉凶悔吝法度，使我们进退出入能知所警惕。同时易理又能深知忧患及其原因，虽然没有老师指导我们，但其理明晰，有如父母之耳提面命，不可稍忽。在开始时，我们先循其系辞去探索，再思度其所含义理，才知易理自有其不易的定理、定法，只是这套定理、定法，要不是没有人的智慧去运用，虽有，也形同虚设了。

解 义

不要把《易经》这本书看得离我们太高、太远啊，《易经》是很了不起，但却不会因其形而上而和我们脱离，变得太艰深、太幽远。实际上，易道从不曾远离，就在我们的日常生活里面，甚至就在我们的心里。《易经》所讲的道不是固定的，它是永远"变动不居"的，它从未停留在一个地方，而是一直生生不息地变化着。

"周流六虚"，"六虚"有两种解释：一是上下四方谓之"六虚"，即六合，充塞在宇宙之间；二是指写《易经》的圣人，把外在的"六虚"变成六根爻，拿卦来表达外在的象，六根爻每根都是虚的、不固定的，因此叫"六虚"。因为"虚"，当我们占卜出某个卦时，把自己放进去，就有实了。意思是，爻本来只是一条条地摆在那里，虽然每根爻的爻辞写的都是吉凶，但实际上并没有一成不变的吉凶，端看人怎么做，违反了会凶，照着做会吉，行动之后就变成实在的结果。

"上下无常"，从宇宙来讲，往上也好，往下也好，都不是一定的；就卦爻来讲，六爻中下面三根是下爻，上面三根是上爻，上下相应，在于一心，在于行动。

"刚柔相易"，外在的动静、刚柔是互相转变的。而在爻位上，阳爻是动、是刚，阴爻是静、是柔。"不可为典要，唯变所适"，这是说，并没有固定不变的原则，不要把它看得呆板，阴阳永远在变动，吉凶和福祸也没有一定不变的，完全是看你怎么动，顺着你的变动来走，这叫"唯变所适"，即顺着变来走，才是最适合的动。

"出入以度"有两种解释：一是在生活上，无论出入，都有规范、原则；二是就卦来讲，由内卦到外卦是出，由外卦到内卦是入，意思是上下两个卦的卦爻的出入关系，都是有原则、有原理的。

"外内使知惧"也从内外两方面来讲：在外，我们对外面的事情要战战兢兢、小心戒惧，不要骄傲，不要认为自己可以把握一切；在内，要心存警惕、小心谨慎，内外一致都要把握一个"惧"，不要妄自尊大，以为自己可以控制一切而无所不为。《易经》讲忧患，就是要我们"知惧"。

"知惧"，然后"明于忧患与故"，"故"即缘故、原因。有忧患之思，同时能找出原因，而不只是停留在忧患的境地，那样的话就完蛋了，会变成郁郁不乐。当我们处于忧患人生、忧患政治、忧患社会时，就要进一步了解，为什么会有这种忧患，找出原因去解决问题。

《易经》本来是"无思也，无为也，感而遂通天下之故"。感应到了，就会了解天下一切事情发展的缘故。如果你能够知道"故"，就有智慧、有"明"，就能处理它们了。

"无有师保，如临父母"，这里把"师保"解释为老师，是指虽然没有具体的老师来指导你，但是《易经》的道理就像父母亲一样，时时刻刻在你身边。"师保"是指外在的，"如临父母"是指内在的，像父母亲一样总是小心提醒我们，甚至父母不在了，他们的教言还会留在我们内心里，提醒我们、保护我们，会一直存在，这就是《易经》的道理。

"初率其辞而揆其方"，一开始做任何事情的时候，你都要顺其辞。"率"就是顺，《中庸》所谓"天命之谓性，率性之谓道"，这里的"率"字和《中庸》的"率性"的用法是一样的。一起始、一动念，我们就要抓住《易经》六十四卦、三百八十四爻所系的辞。我们讲过，不动念的时候我们可以打坐，这个时候六十四卦跟我们没有关系；一动念，我们就进入了每一卦、每一爻中，每根爻就告诉我们应该怎么做，我们要顺其自然。"揆其方"，"揆"就是判断，判断我们的方向，判断我们该不该做。

"既有典常，苟非其人，道不虚行。"前面说"不可为典要"，此处又说"既有典常"，看似矛盾，实则相合，就是指《易经》的刚柔动静没有固定的原则，都是变的。但是圣人把变动转化成了三百八十四根爻辞，用以说明圣人体念的原则，这些爻辞给我们提供了一种典常、一种规范、一种常理。所以《易经》有变易，也有不易；有不易的原则，也有变易的现象；就现象来讲是变易，就理体来讲是不易。"有典常"，指不易的理摆在那里。

"苟非其人，道不虚行"，如果没有人的话，这个道也就没有用了。道在人行，没有人，《易经》讲的道就没有用了。所以，最后回归到人的重要性，唯人才能行道。

接下来的第九章很重要。我在研究《易经》时用的几个原则不是我创设的，也不是后代人创造的，是明明白白的理，是孔子在《系辞传》里写到的，我只是把它们进一步归纳出来，稍微清楚地整理出来，方便大家运用。

第九章

《易》之为书也，原始要终，以为质也，六爻相杂，唯其时物也。其初难知，其上易知，本末也；初辞拟之，卒成之终。若夫杂物撰德，辨是与非，则非其中爻不备。噫，亦要存亡吉凶，则居可知矣！知者观其彖辞，则思过半矣！二与四，同功而异位，其善不同。二多誉，四多惧，近也；柔之为道，不利远者，其要无咎，其用柔中也。三与五，同功而异位，三多凶，五多功，贵贱之等也。其柔危，其刚胜邪？

语　译

《易经》之书，为卦和爻所成。就卦来说，从初爻开始，推求到上爻做结尾，这就是全卦的体质。就爻来说，六爻之阴阳相间陈列，再配合了时和事物，便形成了爻变的作用。初爻是开始，其意义难知，上爻是终结，既成定局而易知。初爻之爻辞，须拟议而后言，到了上爻，便自然发展成定局。真正能与物相杂陈，而能表现事物之特性，辨别其是非的，就只有二、三、四、五的中爻了。的确啊！如能把握中爻，要求存亡吉凶之理，即使静处不动，也能了如指掌呢！有智慧的人，只要体认一下卦辞之义，对于该卦的作用，也就洞悉得差不多了。至于中爻，二爻与四爻同属阴功而位之上下不同。因此二多可誉之事，四多恐惧之感，这是因为四爻靠近五爻的君位啊。阴柔的本质是较为软弱的，因此不利于独自远行在外，但如能以其阴柔处于阴功之位的话，便不会有麻烦。三爻与五爻同属阳功而位之上下也不同，因此三爻临内卦之末，所以多凶险之事，五爻得至中正大之位，所以多有大功。这是由于两爻贵贱之位的不同啊！这两爻位都属阳功，阴爻处之必危，阳爻处之，则位当而能胜任了。

解　义

《易经》的占卜原则全在这一章里。首先说《易经》这本书，"原始要终"，"原始"是指对于任何事情，要从开始的时候去研究，"要终"就是求其终。"始"与"终"两点都要注意，开始的时候注意动机，结束的时候注意行为的吉凶悔吝。有个成语叫"慎终追远"，特指祭祀父母，是"原始要终"的一部分，"原始要终"可以扩展到任何事物，不是只属于某一方面事情的始终。同时就六爻来讲，第一根爻是始，最上面的爻是终，这是六爻的始终。

"以为质也"，"质"即本，意思是指以为本。要注意任何事物的始终，而就卦来说，要重视一卦的始终，譬如六爻的第一爻到第六爻的始终，以它为本质。

"六爻相杂，唯其时物也"，六爻如何相杂呢？有阴有阳，阴阳相杂，刚柔相杂。"爻"是位，位会变，变动在"时"，"时"是指时间。我们第一要看到时间的重要性，第二是物，每根爻代表一个物，人进去和物联结后，看卦爻变我们就要看占卜的人。占卜占出在哪一爻时，只有位、只有时，那是空的，得有一个具体的东西进去，才能三者齐备。

"其初难知"，"初"就是初爻，第一根爻。第一根爻是刚开始，还不了解情况，所以是潜伏的，是"难知"的。

"其上易知，本末也"，"上"就是最上爻，指事情已经发展到最高潮了。第一爻刚刚开始的时候，还有一段发展过程，怎么把握、怎么运用，我们不知道，但到了第六爻，已经没有什么余地可发展了，到最后阶段了。这还是讲终始的关系，初是本，上是末。

"初辞拟之"，初爻的爻辞基本上都是试着去做，并不会固定住，因为刚开始时一切还在发展。比如"潜龙勿用""履霜坚冰至"，都是给我们建议。"卒成之终"是指到最后了，完成了，才有结果。

"若夫杂物撰德，辨是与非，则非其中爻不备"，接着讲当中四根爻的特点。"物"包括人，"杂物"指杂于物，即人与物进到爻位上，参与相杂、相和。"撰德"是指成德，撰其德即成其德，就是告诉我们当中四根爻的作用就是跟外物相遇，并告诉我们该怎么样来做、怎么样处理，以此成就我们的德行。

"辨是与非"，让我们了解，在每根爻上该做哪些，不该做哪些；不该做的做了，就凶；该做的做了，就吉。"是与非"是根据四根中爻的爻辞来判断的，中爻很重要，如果没有当中四根爻的作用，则整个卦的道理就不能完备了。

"亦要存亡吉凶，则居可知矣"，"居"即居其位，要看看自己居在哪一根爻位上，是第二爻、第三爻、第四爻，还是第五爻；同时还要看居位当不当，居位当则吉，居位不当则凶。看明白了站的位置，我们就可以知道是吉、是凶，是存、是亡了。

"知者观其彖辞，则思过半矣"，解释卦辞的是彖辞，属于"十翼"。六十四卦有卦辞与爻辞，譬如乾的卦辞讲"元亨利贞"，这是文王时写的；解释"元亨利贞"的"元者善之长也，亨者嘉之会也……"这一段是彖辞。真正有智慧的人，看看彖辞就差不多知道该如何去把握亨通了，就差不多了解这一卦的主要作用了。

接下来再讲当中四根爻的作用。

"二与四，同功而异位"，"二""四"就是指二爻、四爻。为什么"异位"呢？因为二在内卦，四在外卦，内卦在下，外卦在上，位有不同，这是异位。又为什么"同功"呢？因为二、四、六是阴位，一、三、五是阳位。"二"和"四"都属于阴爻的位置，同属于阴功，有同样性能的功。但是位置一上一下有所不同，其善也不同，结果就不同了。"二多誉"，第二爻多半指道德修养，是讲功夫的，爻辞也倾向比较好的、赞美的，乾第二爻便说"利见大人"。但为什么"四多惧"呢？因为它临近五爻的君主，伴君如伴虎啊！四爻通常指秘书长等近君的大臣，靠君主太近所以战战兢兢，所以"多惧"，这是由位置的不同所导致的。

"柔之为道，不利远者，其要无咎"，"柔"是指二、四这两个阴爻位，是说凡是在阴爻位上的，不要求远或向外追求，不强调功业，多半是指引你固守其位，在你的位置上站稳，不要有大动作，只要做到无咎就好。尤其是第四爻，最好做到不要有麻烦就够了，不要贪功，一贪功就容易造成大麻烦。"其用柔中也"，说这两根爻要以柔和为中道，不要阳刚太盛，不要太强硬。第四爻如果强硬的话就会功高震主，那是很危险的。

"三与五，同功而异位"。三爻和五爻同属于阳功，功能是阳刚的，"异位"也是指一个在上，一个在下。"三多凶，五多功"，第三爻都是危险的，因为由内到外有一个鸿沟要跨越。第三爻在内卦的上面，处高位，很危险，属于多凶之位；第五爻乃九五之尊，当然多功。"贵贱之等也"，五爻是贵，君主；三爻是贱，在下为民，同属阳功，但有差别，要注意你的位置。"其柔危，其刚胜邪"，在阳位上如果是阴柔的话，就有危险，阳以阳刚来处位，就合乎身份，会胜。所以《易经》中，若九五是阳爻的话，九五之尊的爻辞都是好的；但如果是阴爻处六五位，要小心，君主在高位却很柔弱，再碰上下面的第四爻是阳爻的话，就要小心了。

我们在《易经》占卜上用的所有法则，都是从这一章来的，《易经》最早的注解就是孔子的《系辞传》。所以我们今天了解《易经》的性能，就是靠这个最早的记录了。

第十章

《易》之为书也，广大悉备，有天道焉，有人道焉，有地道焉。兼三才而两之，故六,六者非它也，三才之道也。道有变动，故曰爻；爻有等，故曰物；物相杂，故曰文；文不当，故吉凶生焉。

语　译

《易经》之书，至广至大，无所不包，有天道的阴阳，有人道的仁义，有地道的刚柔。每个卦都兼有天、地、人三才之道，而每一才有二爻，所以共有六爻。六爻就是指三才之道。易道是变动不居的，所以立"爻"以"效天下之动"。六爻有上下的次序，每一次序都代表了不同的"物"。物物相杂列，而殊相毕现，这就是各物的阴阳之"文"。其所呈现之阴阳，如有位当与不当，便产生了吉凶。

解 义

孔子又另起一章，讲"《易》之为书也，广大悉备"。《易经》是很广、很大的，包括了很完备的宇宙人生的道理，里面"有天道焉，有人道焉，有地道焉"，六爻卦的上面两爻是天道，中间两爻是人道，最下两爻是地道。

"兼三才而两之"，"三才"就是天、地、人三才；"两之"指重叠的内外两卦。为什么要用"才"字？才者能也，即天道之能、人道之能、地道之能，这三才发挥了天、地、人的能量，并不是刻板固定的符号，这是宇宙之间的能。天道有天道的能，阳气给万物以生机；地道有地道的能，使得万物都能生、能成；人道更有人道之能，参赞天地之化育。"才"就是发挥了它们的能量。"故六，六者非它也，三才之道也"，所以说"三才"加以内外卦，即这六根爻就是天、地、人"三才"之道。

"道有变动，故曰爻"，因为道有变动，宇宙天道、地道、人道都有变动，所以我们需要六根爻来表现天、地、人三道。

"爻有等，故曰物"，六根爻有等次，有下有上，有它的不同差别。为什么有差别？这是就万物来讲的。"物"包括天、地、人，天、地、人所面临的万物相杂而不同。

"物相杂，故曰文"，不同的物表现出不同的文，有天文、地文和人文。讲"三才"是从能量的角度，讲"文"则是它们的表现。如果表现不当，天失去天文，天就乱象；地失去地文，万物就不能生长；人如失去人文，非但不能参天地万物之化育，反而会破坏天地万物的正常发展。

"文不当，故吉凶生焉"，意思是"文"不当的话，天、地、人都一起被破坏了。今天我们看到的很多危机，就是我们的人文不当，破坏了天文，破坏了地文。人文很多的吉凶都是我们人造成的。如环境的污染、自然资源的过度运用，都是人文的过失。又如核武器试爆影响地文，导致地里面生产出来的粮食蔬果变得不安全了，这些都是"文不当，吉凶生焉"。《易经》在几千年前就看出了今天的问题。

"其有忧患乎"，我们的忧患就是在这儿啊！

第十一章

《易》之兴也，其当殷之末世、周之盛德邪？当文王与
纣之事邪？是故其辞危。危者使平，易者使倾，其道甚大，
百物不废。惧以终始，其要无咎，此之谓《易》之道也。

语　译

《易经》的产生，大概是在殷之末年、周初之盛世罢！其
所写的，大约都是文王与商纣之事吧！所以《易经》所系的都
是危言。危言令人警惕，所以反而能使人获致平安。否则轻忽
易生怠慢，反而使人招致覆亡。可见易道非常广大，包罗万事
万物，其目的在于使我们自始至终心存戒惧，以求无咎，这就
是《易》之道了。

解　义

《史记》中说："文王拘而演《周易》。"文王从羑里出来以后，就完成了《易经》，所以才有周之盛德大业的开始，这是历史事实。殷纣王把文王拘禁在大牢里的时候，文王一心都放在为卦和爻系辞上，所以他系的辞里有危机感；同时周文王要对抗商纣，又不能失掉自己的性命，必须有忧患意识。所以《易经》的卦辞与爻辞，很多都是困、危，代表危机意识，几乎所有的辞都是警告，警告你如何有吉、如何有凶、如何能无咎，不然的话就有悔、有吝，爻辞里充满了圣人的忧患之心。

"危者使平，易者使倾"，这种危机意识是为了要得到安全、太平，如果你忽略了忧患意识，忽略了危机意识，就会把事情看得很容易，就容易忽略危险，让整个国家陷入危难。

《易经》之道"甚大"，包含宇宙人生、政治伦理和所有小的事情，但重点在"惧"字和"危"字，要我们戒慎恐惧，慎始慎终。

"惧以终始，其要无咎，此之谓《易》之道也"，这句话点明了《易经》的哲学根据，即忧患意识。我认为这是研究《易经》的一个重点。《易经》的主要目的是达到"无咎"，吉凶是一个判断，"无咎"是你要怎么样做才无愧于心。孔子讲："五十以学《易》，可以无大过矣。"连孔子都只求无大过，只求"无咎"，所以"无咎"是功夫语，下功夫的地方是如何实现无咎。我们要尽量根据易道去做，即使外面有很多事情不是意料之中的，但是已经照道理做了就"无咎"，因为问心无愧呀。

这一章虽然简单，却写出了危机意识，写出了戒慎恐惧，写出了《易经》的目的是"无咎"，这是非常平易的。平易才是真正的道。

第十二章

　　夫乾，天下之至健也，德行恒易以知险；夫坤，天下之
至顺也，德行恒简以知阻。能说诸心，能研诸侯之虑，定
天下之吉凶，成天下之亹亹者。是故变化云为，吉事有祥，
象事知器，占事知来。天地设位，圣人成能，人谋鬼谋，
百姓与能。八卦以象告，爻象以情言，刚柔杂居，而吉凶
可见矣！变动以利言，吉凶以情迁，是故爱恶相攻而吉凶
生，远近相取而悔吝生，情伪相感而利害生。凡易之情，
近而不相得则凶，或害之，悔且吝。将叛者其辞惭，中心
疑者其辞枝，吉人之辞寡，躁人之辞多，诬善之人其辞游，
失其守者其辞屈。

语　译

　　乾，是天下最刚健之象，它的德行表现是，永远以平易光

大而看清艰险之途。坤，是天下最柔顺之象，它的德行表现是，永远以简易清静去明察阻塞之因。所以心必须宽平简静、和悦畅通，然后再细密地思虑艰险阻塞之因，便能裁定天下万物吉凶之理，便能鼓动天下人心的向善避恶。至于万物的变化作用，都是事之吉凶必有先兆，事之有象，使我们知所制器。筮龟之能占，使我们可预测未来。由天地定位之后，圣人便能通以前变化之理，以参天地之化育，圣人这种功夫，是参考于贤哲之人的知虑，是体验鬼神造化的迹象，所以其所系的辞，可以使普通百姓也能运用，以参与天地之化育。八卦的作用，是告诉我们变化之象，而爻辞卦辞却是就我们人生的实情实为而写的，阴阳两爻的上下杂陈，便使一切吉凶的现象得借爻位以呈现。爻的变动，是告诉人们求利之道，只是因人情之有迷有悟而有吉凶的不同。所以爱恶的相关，爱胜恶则吉，恶胜爱则凶。远近的相悦，不得其正，便有悔吝的产生。真情与人为的相感，应之以真情的便得利，应之以人为的便受害。易理的感应之情，要我们近而相比、相亲，否则，便是凶，便有害，便会产生过悔与困穷。由这种相感相应之理，使我们知道，凡是有叛变之心的人，他的言辞中一定惭形于色；凡是内心有疑虑的人，他的言辞一定枝枝蔓蔓，不能斩钉截铁；凡是有修养的大吉之人，他的言辞一定简单朴实；凡是躁急多欲的人，他的言辞一定滔滔不绝，喋喋不休；凡是诬害善良的人，他的言辞一定浮游不定，闪烁其词；凡是理有亏欠的人，他的言辞一定理不直而气不壮。

解　义

"夫乾，天下之至健也"，但凡讲乾，有两层意思：一讲天道；一讲乾卦。乾通天道，是天下的至健。就天道来讲，"天行健"，自强不息之健，永远持续发展，没有任何东西可以阻碍天的自健。

"德行恒易以知险"，天道自然，无所谓德不德，圣人写出了乾卦，就是要告诉我们，如何从乾卦的角度去体念天道，实现我们的德行。"恒"，指自强的精神及发展是恒久的，而非暂时的，也不是片面的，所谓恒者不易。《易经》第三十三卦就是恒卦，说明恒的重要性。"易"指平易，即"乾以易知"，这是我一直强调的一句话。乾卦的"知"是平易的，朗朗乾坤，明明白白，这是它的智慧，清清楚楚地摆在这里。如果我们体念天道，德行就要非常平易，没有神秘、奥妙，是平常心之道。"以知险"，此处我们要注意，"德行"和"知"这两个观念在西方哲学中始终是摆不平的，道德跟知识是两回事，知道了不见得有道德。但中国哲学常常把"德"跟"知"融合在一句话中，我们讲德行不是只讲道德，还要了解道德有知性，是很深的智慧。"知险"也是讲天道，坎卦说："天险不可升"，即天的险我们没有办法逾越，没有办法超越。天险就是天道、天理，人不能冒犯天险、天理。人生在世，有时候我们为了得到利益，需要冒险去做一些事情，那是正常的；但是天险不能冒，冒天险就是做违反天理的事情，这是最危险的。体念天道，就乾卦来看，是告诉我们，德行要永远像天一样行健，自强不息，但方法是走平易之道，不要去冒天险，用平易的方式才能走得长久。

就"道德"来说，《道德经》第二十八章说："知其雄，守其雌，为天下谿。"雌雄是相对的，雄是强壮的，是外在的竞争；雌是柔弱的，"守"字就是德的功夫，即一种把守，安处柔弱是一种德，柔弱是不需要去跟刚强争胜，用守的方法来对付即可。知道外在的凶险属于知，知道政治的环境也属于知，知道却不犯它，这就是"德"。当你想用险时，是以知用之，知险而不能避，就是知；以德来应付，不去冒险而绕过它，这是德。

　　科学上很多的冒险都是为了求知，为了发明新的事物，这种险是能以知用之的，科学是知的范围。但自然科学之发明一旦用得不当，则会对人类造成危险，这是《易经》所谓的天险。

　　如火药是危险的，要"知险"，就是要避免用火药去害人，把所发明的东西用在好的途径上，这是德行。如果有知识的人丧失德行，只以知求知的话，就会走到危险的境地。所以此处的"知险"两字很重要，是告诉我们，要知道其危险性，要懂得怎样去把握。

　　"险"，什么时候可以犯，什么时候不能犯？要归结到"格物致知，诚意正心"。在我看来，"诚意"属于德，"致知"属于智慧，在拙著《生命的转化》中我曾对此进行过解释。譬如就知识来讲，古人和今人都知道该如何造房子，虽然古今的建筑风格不同，建筑的方法也不同，但始终是走在知上的。如果今天的一个建筑师，他建造房屋时先衡量材料的品质，不偷工减料，这就是把良知和诚意放进去了，这很重要。所以知与德紧密关联，不能分开。

　　佛教中讲"转识成智"，这是专有名词，"识"指意识，要把意识转成智，这在唯识论中是一个非常重要的论题。唯识论有"八识"，前五识是眼、耳、鼻、舌、身五官，第六识是意识，第七识是我识，第八识是藏识。这八识都是虚妄的，要把它们转成四种智慧。首先，前五识之转就是对着外在的事物正确去接受，没有欲望。外面的花儿美，就只看到它的美，没有独占它而满足私人享受的欲望。这种无欲的官能感受是一种智慧，叫"成所作智"。第二种是意识之转，意识经常判别是非，这是欲在作祟，如果意识到五官中去，不带着欲望，这也是一种智慧，叫"妙观察智"。第三种是把七识的"自我"转掉，面对万法，没有人我之见，一律平等，这种智慧叫"平等性智"。第四种是把第八识转掉，第八识是最重要的，储藏了各类种子，种子就变成山河大地，变成个人的心。现在，把第八识转成一个大圆镜子，镜子能够反映宇宙万物，但它自己没有变化，这是最重要的一种智慧，叫"大圆镜智"。"转识成智"，就是把我们内心的意识转成智慧。"智慧"两个字就是无分别，"意识"就是有分别，把分别的意识转成无分别的智慧。在这个转化当中，自私、自我都被打掉了。后来六祖惠能对这四智颇有微词，他觉得名相太多，四智只是一智，只要把私欲转掉，就是智慧。惠能的重视简易，真可谓通于坤道的简易之道了。

我们再看坤卦，"夫坤，天下之至顺也"，坤是指地道，地道是顺，地顺天。"德行恒简"，"简"即不复杂。"简""易"两个字经常连在一起用，此处，"易"为平易，"简"是简单，即原则简单，以一应万。什么叫平易？平易就是让自己的心持平，即心平。我们常说"心平好过海"，心平就是做任何事情不贪。地的德行只有一个原则，即生长万物，种瓜得瓜，种豆得豆，这就是"简"。如果复杂的话，譬如我只要豆生，我只求树活，"我"一旦加进去，就使各个不同的要求互相侵越，就复杂了。

"以知阻"，"阻"就是有阻碍。地有阻碍，是因为根据地形、山川河泽等，会呈现阻碍。我们知道地的德行是顺，若能够顺的话，就会打破一切阻碍。为什么？顺物性，顺人性，顺天道。所以"简"字就是顺，种了豆，顺着豆的性，让豆发展；种了花，顺着花的性能，会开花，地道很简单，适合万物，不会受阻，因为地是顺着物性而发展的。我们为什么会受阻？通常都是我有自己的意见，不顺从自己的观念，那就会有阻碍，而且常常是自我设限，把自己限定在那里。所以，"顺"字能冲破一切阻碍。

这一段是讲乾卦和坤卦的德行，一健一顺。

有人问顺和三从四德的顺从，以及盲从讨好的区别。第一，坤是顺天道，即顺乾、顺天理，这是就《易经》的哲学原理来讲的，这不是普通的顺，而是一种抵达极致的至顺，不是表面且肤浅的低层次的顺从。第二，顺是德行，不是闭着眼睛盲目地顺。第三，顺是简，把握简的原则，然后知阻，即明白该不该顺。如遇到问题时，太太顺着丈夫的方法来处理，两个人感觉都很好的话，就无所谓了；但如果丈夫的做法不合理时，太太该不该顺？此处就要知道阻。知性不是盲目的，如果盲目顺从，就谈不上知。所以此处说了"夫坤，天下之至顺也"之后，接着便说"德性恒简以知阻"，不说无阻、无险，而说"知阻"，有一个"知"字在那里，让你去了解。

《易经》讲的是人事的原则，一简，一易。《易经》有实践性，是要用在人事上、制度上、政治上的，但《易经》也有局限性，所以说"周流六虚，不可为典要"。道"周流六虚"，但是使用它的人，不能刻板僵化地抱住原则不放。比如，三从四德是封建社会的观念，落在现象界，现象界的东西本身就是有时间性的，所以不能为"典要"所局限。父子君臣的关系也是一样的。

"能说诸心"，"说"通"悦"，易道悦诸心，是指从内心里面认为适合，这也是阐释易简的原则。心里舒服不舒服是一个标准，内心不舒畅就是险阻。因为人犯了天险，良心会受责备，心里也会不舒服。所以第一个原则就是你的心的感受。

"能研诸侯之虑"，"侯"字显然是错简进去的，古代很多考证家认为"诸侯"这两个字有问题。"虑"是指考虑原则，比如思考什么时候该顺，也就是知险知阻，知就是虑。意思是，有易简的原则，也有知险知阻的考虑。圣人考虑到了这些，才把外在的象写出来，再系上爻辞，来定天下的吉凶。爻辞就告诉你怎么样做才会吉，怎么样做就会凶。运用的人要知险，如果不知险，入险则凶；要知阻，如果不知阻，受阻则凶。

有了卦辞、爻辞，圣人作《易》以后，"成天下之亹亹者"，"成"即成就，"亹亹"前面出现过，意指使大家都能兴起。《易经》的卦爻辞就是用吉凶悔吝这些卦爻辞去调动、鼓舞大家，让大家去行动、去做事，并在这个过程中趋吉避凶。

"是故变化云为"，"变化"指外在的变化；"云为"是指卦爻辞告诉你怎么去做。有的版本把"云为"当作"作为",但是"云"本来是说话的意思,譬如"某某云"。"云"也是辞,"云为"是讲话与行为,意思是《易经》告诉你怎么讲话,怎么行动。

"吉事有祥",任何事情凡是吉的话,它一定有表现、有象征。"象事知器",观宇宙各种形象,然后知道我们要创造什么器具,怎么用器具,要根据什么情况用什么器具。"占事知来","占"即占卜,用《易经》的占卜让我们知道未来的发展,这是针对卦爻辞来说的。

"天地设位,圣人成能",意思是天、地、人三才之道设立,圣人在天地中成就万物的变化。如果没有人,没有圣人,天地的作用就万古不变;有圣人,于是发挥了天地的作用,所谓参天地之化育,即"成能",成就"参天地之化育"之能。这是说,圣人作《易经》就是用来告诉我们怎么样来参助天地的变化的。

这种参天地变化的能,是"人谋鬼谋"。"谋"是一种智慧,是知虑的谋,不是指阴谋,而是一种求,即谋求。求智慧与谋事业,都是谋求。圣人作《易经》的"参天地之化育"之能,是包括了人参赞天地的一种自律,这叫"人谋"。鬼斧神工是有一种看不见的自然作用,一方面人参与产生作用;另一方面是自然变化的作用,包括鬼神,鬼神即是自然的作用。用佛教的话讲,这是"业",人造的业,到了报应这一段就是"鬼",这叫"鬼谋"。常说人算不如天算,人算是指人谋,天算是指"鬼谋",后者我们看不见、摸不着,但是会在宇宙里面起作用。所以"圣人成能"里面,包括"人谋鬼谋"。

"百姓与能",普通的老百姓都参加进去,都受它的影响。

普通百姓、贩夫走卒都不能离开这个变化之能。总而言之，圣人由《易经》来参天地化育这种思想，包括了人谋，也包括了鬼谋，包括了所有贩夫走卒。一切老百姓的事情，都囊括其中。

"八卦以象告"，指圣人用八卦告诉我们象，然后重叠为六十四卦，每卦都由内卦、外卦组成，来告诉我们该怎么做。

"爻象以情言"，爻象是爻辞与象辞，都是"以情言"。中国哲学整体来说是"情"的哲学，但我们很难对"情"字下定义，如人情、感情、情欲、实情等，都可以包括进去。为什么用"情"而不是用"事"呢？"情"是从人的情感意识来讲，卜易的人看到《易经》的象辞、爻辞，心里马上就动，心动而情动，该做的、不该做的，都在其中了。"情"字非常活，只一个"情"字，就进到心里头了。

"刚柔杂居"，刚柔指爻性，刚、柔两爻杂居。"杂居"者，即刚柔不由己定，混在一起而有吉凶。当你该刚的时候不刚，位不当的时候，就有凶。一有刚柔，就有吉凶。一占卜，就把你自己放在某一个爻里面，吉凶就开始呈现了。"变动以利言"，动就有利害关系，不动就无所谓利不利。佛教也说不动，一动就有利害。"吉凶以情迁"，"迁"就是变，"吉凶"现，你的"情"就变了。趋吉避凶会影响你的情，会影响你的内心。

"情"会产生爱恶，"是故爱恶相攻而吉凶生"。"爱"是喜欢，"恶"是不喜欢。喜欢或不喜欢的情绪，会在你的心里面"相攻"，相攻就是相克。有时候喜欢超过不喜欢，也有时不喜欢超过喜欢，内心就会有冲突，于是就产生吉凶。吉凶是与你的爱恶相关的。

"远近相取而悔吝生"，"远近"也是"情"的取舍，一般离得远就"情"少，靠得近便"情"多。"相取"即相悦，指远近相悦，靠近自己喜欢的人，不喜欢便离得远远的，这是世间常态。我们的情感是偏私的，偏私于亲近的人，这是私情，这样相取相悦，就有悔吝生。有悔有吝，都是因为情的问题。

"情伪相感而利害生"，此处的"情"是指意识，"伪"是指作为。意识在内，作为在外，互相感应，互相作用，于是产生利害，利害相关。

所以，外在大的道有易之道，细到每一卦的爻辞，是易之情。易如何讲情感呢？

"近而不相得则凶，或害之"，日常生活中靠近你的东西，当你得不到、达不到时，会认为这是凶，是有害的。离得很近，却得不到，会让人感觉羞耻、羞愧，这就是讲情感。《易经》的人之用，就在于情，情即动。"成天下之亹亹者"就是情，即鼓舞你的情，所以《易经》讲道理、讲德行，最后落实到一个"情"字，归结到一个"情"字，真是绝妙啊！

《系辞传》最后讲了"情"的六种形态：

"将叛者其辞惭"，"惭"是指心里有愧，"叛者"未必是说叛变、叛国、背叛等，还指违反。如夫妻之间，先生有了第三者，是叛；你有一个原则，但是为了其他原因，违反了这个原则，也是叛，就会问心有愧。遗憾也包含在惭愧之心里面，如达不到某一高层次的理想等，言辞中一定是惭愧不安的。

"中心疑者其辞枝"，有的人内心疑惑不定，心中没有原则，不值得信任，他们讲话时就支支吾吾，有时顾左右而言他，做事不能决断。

"吉人之辞寡"，少言则吉，祸从口出。

"躁人其辞多"，心里急躁的人爱说话，可是言不及义。

"诬善之人，其辞游"，"诬善之人"即冤枉好人的人，他讲的话飘忽游移不定，油腔滑调，是没有原则的。

"失其守者其辞屈"，放弃了自己原则的人，讲话就低声下气，不能理直气壮。

《系辞传》为什么在最后的第十二章结尾处讲这些呢？

第一，六种人里面，五种人不好，只有一种人是吉的，这是一个比例——不好的有千差万别之"路"，做好事只有一"道"，即吉人只有"一"，做好事只有"一"，真理只有"一"，那就是正。

第二，爻辞是辞，辞是一种表现，《易经》所讲的辞都是表现，表现都在心里面。《易经》从前面讲理、讲天道、讲乾坤，然后归结到情，最后又归结到个人的心里，整个《易经》就是一个心学、情学。真正的易理之学，讲的是人的情，是人的心的问题。

所以，《易经》平易、简单，复杂的宇宙万物，最后都归结到情，归结到心，归结到"吉人之辞寡"，即少。《易》之简单、平易，一直简化到心，即平常心是道。

说

卦

《说卦》是讲象数之学的。说卦要讲的卦，不是六十四卦中的卦，而是八卦，是专门解释八卦的。一般认为《说卦》不是孔子所作，是孔子的后学者著述的。

第一章

昔者圣人之作《易》也，幽赞于神明而生蓍。参天两地而倚数。观变于阴阳而立卦，发挥于刚柔而生爻，和顺于道德而理于义，穷理尽性以至于命。

这一段提醒我们，注意《易经》里的蓍、数、卦、爻、义、命六个方面的内容。大意是在过去，圣人写作《易经》，深深地赞助神明之德而创作了蓍草的占卜之法，以一、三、五的天之数和二、四、六的地之数，造成可依据的数的法则。他观察阴阳的变化而成八卦，发挥刚柔的性质而成爻位。他和合并承顺天道与地德，而以理为义的基础。他穷究万物之理，尽量发挥万物的性质以达到天命的禀赋。

"昔者圣人之作《易》也，幽赞于神明而生蓍"，这是说体察天道、神明之道，不要把神明当作一个神仙来看。在韩国学者和韩国人的思想中，他们相信神明，也就是我们说的老天爷、神仙。但是《易经》的神而明之，神明并不是指具体神仙的神，而是指道、神明之道。"幽赞"指暗中辅助神明之道。看不见的神明之道，被写进卦爻辞中就看得见了，以蓍草占卜来用之。

"幽赞于神明而生蓍"，"幽"是暗、是深，是指圣人在内心的深入体察。"赞"是赞叹敬仰之意。此处神明并不是上帝或神祇，而是指天道的神妙作用。"明"是智慧的光明显露。

"参天两地而倚数"，前哲如朱熹、孔颖达的解释，都在数上绕了些圈子。如朱熹说，"圆者一，而围三，三各一奇，故参天而为三。"（《周易本义》）其实我们简单来说，天数是阳之数，是一、三、五。"参天"指天道。至于"两地"的"两"就很清楚的，是"二"的偶数了。如果阳数一三五是指天，那么二四就为地道。"倚数"的"倚"是依靠的意思，即是可依靠这些数字，作占卜之数的运用原则。

"观变于阴阳而立卦者，发挥于刚柔之道而生爻"，这几句话归结到道里来了。"阴阳"是变化的气运，可以用它们来画出八卦，是外在的变化原理。"刚柔"是物体的性质，可以用它们在爻位上说明事理的运作。

"和顺于道德"，要了解什么叫道德，现代汉语中把道德变成了一个词，实际上，道是道，德是德，《道德经》的道德就是两个字。道讲天道，德讲人事；道关乎宇宙普遍性，德针对个体特殊性的修养；道德是指天之道和地之德。这也就是说，八卦的卦和爻是合于天地道德的。"而理于义"，此处理针对道而言，把道具体化是"理"，把德具体化是"义"，理讲道，义讲德。这里的"义"有两个意思：一是合于万物之宜；一是仁义的义，即孟子所说，是人所该走的路。无论是宜或是路，都要合于理。所以在圣人作八卦时，已经把这个理放了进去。这也是后来我们的哲人能从八卦的天、地、雷、风、雨、日、山、泽的自然现象中，发展出健、顺、动、入、陷、丽、止、悦的义理来的原因。

"穷理尽性以至于命"，"穷理"是穷究八卦之理，"尽性"是尽量发挥爻位所含有的万物之性，这样我们就能做到天道所交给我们的性命，这里的"命"即天命，因为这个理和性都是天所禀赋的。

"穷理尽性以至于命"，"穷理"后来被宋明理学家延伸为"格物致知"。在朱熹他们的语境中，"穷理"就是穷宇宙万物万事之理。实际上，"穷理"是穷天之理，研究天道，以体现天之理，然后尽"性"，就是完全发挥个人的天性。"天命之谓性"，这个"天命"，一方面指研究天道，一方面就指个人的性。"以至于命"的"命"是讲天命，讲如何完成一个人应该有的天命。这几句话把《易经》的道理讲出来了。《易经》的道理就是研究天道的，由天道来讲人事之德与理，完成人事上应该做的人之理，就能够尽天道、听天命。

第二章

昔者圣人之作《易》也，将以顺性命之理，是以立天之道曰阴与阳，立地之道曰柔与刚，立人之道曰仁与义。兼三才而两之，故《易》六画而成卦。分阴分阳，迭用柔刚，故《易》六位而成章。

这一章讲天、地、人三才之道。大意是，过去圣人写作《易经》，是为了承顺性命之理，所以建立天之道，是阴和阳；建立人之道，是柔和刚；建立人之道，是仁和义。《易经》每卦的六爻，可分天、地、人三才，每一才又各有阴阳、柔刚和仁义的两种性能。所以《易经》的六十四卦，每卦都有六爻，每爻有阴有阳，就互用柔和刚。这样一来，每卦的六爻便能彰显它们的性能了。

"顺性命之理"，"顺"是指顺承"性命之理"。这里一个

"理"字已把"性命"提升上来了。"性命"一词不是我们通常泛称的性命，"性"是指《中庸》"天命之谓性"的"性"，"命"是指天命。

六爻的每个爻位都有它们的"理"，每个爻辞都表现了这个"理"，所以当我们通过占卜或读《易》用《易》时，我们的心性就和这个爻位的"理"相感应，我们顺理而行，就是我们的"性"和"理"契合，就能尽到我们的"天命"。"顺性命之理"，正说明了前章"穷理尽性以至于命"的道理

"立天之道，曰阴与阳"，"立"字很重要，这表现了作《易》的圣人有意为《易经》建立哲学的体系。"阴阳"两字不见于文王六十四卦的卦爻辞中，在卦爻辞中只有一个"阴"字，指树荫，而没有阴阳的哲学意义。《易经》全书只有两个象征性的符号"—"和"--"，后来由于"十翼"里所立的阴阳哲学，为了方便说法，把"—"称为阳，把"--"称为阴。事实上，天之道是指宇宙之道，阴阳就是宇宙一气的两种变化而已。

"立地之道，曰柔与刚"，地之道是物理自然界之道，在物质的自然界，包括一切动植物，它们的形体有柔有刚、有弱有强。譬如花草柔弱，树木坚强；婴儿柔弱，成人壮强。这只是形体上的自然现象，至于把柔和刚拿去运用，如老子的"柔弱胜刚强"，已不是纯粹的地之道，而是有人道掺入进来。

"立人之道，曰仁与义"，这里讲仁义，显然是儒家的思想，是把人道提升上来了。如朱熹在《大学章句·序》说的"继天立极"，"立极"即立人之极，即人之道。这里的仁义，我们跳脱它的道德面貌，落实下来，配合卦爻的运用，即仁是人性，

义是人路。

"兼三才而两之"，"三才"指天、地、人，这三者在宇宙人生的变化上各有性能。就六爻来说，下面两爻是地，中间两爻是人，上面两爻是天。这是配合了前面的天之道、人之道和地之道。天之道是生物之能，地之道是养物之能，人之道是赞天地生化，维系生生不已之能。在六爻的运用上，由于下面两爻是地，一在地下，一在地上，正是涵养积蓄之时，所以重修德和求知。中间两爻正在内外卦转变之时，所以重视人知的运用和处变的功夫。上面两爻提升入天位，所以重视天道的造化之功，以及天命的顺承。

这里提出了"三才"，是把天、地、人三方面融合成一个整体，这一点非常重要。在中国哲学史上，都讲天人合一。由于只讲天人，所以它们的合一都是就本体和德性来说的，因此常流于形而上的体验。它们的缺点就是忽略了地，这个地虽是地之道，但今天我们落实下来，用现代的话来说，就是大地、地球、自然界、物质界。今天这个地的自然界对我们是非常重要的。英国史学家汤恩比就说："我们人类生命的所需都来自地下。"这里的三才已看到地的重要，可是后来我们却忽略了它的地位，只重人文而缺乏科学对物质界的研究。

"两之"是指阴阳、柔刚和仁义的两两对立，这说明互补的重要性。阴阳必须相和；柔刚必须相济；仁义必须兼顾，因为人心之仁必须由人路之义实践出来。

"分阴分阳，迭用柔刚"，这不是讲概念上的天道地道，而是落实下来，讲六爻的运用。"分阴分阳"是指六爻中有阴爻、有阳爻。"迭用柔刚"，指在运用时遇阴爻则用柔软，遇阳爻则用刚毅。

"故《易》六位而成章"，"章"即成文、表现。这一段说明每卦用六爻的原因。

第三章

天地定位，山泽通气，雷风相薄，水火不相射，八卦相错。数往者顺，知来者逆。是故《易》逆数也。

这一章讲八卦的次序方位、设立八卦的原理。大意是天高地卑之位设定后，其间山和泽的气就能相交流，雷的震动和风的吹拂互相拍击，水和火并不相斥，却能相资。这天地、山泽、雷风、水火的八个卦是杂然并处的。能追数过去的事迹，这是顺着经验而知的；能够知道未来的事变，这是和追数"过去"的事不同，是逆转"过去"，预算"未来"的事变的。所以说《易经》是一种逆转"过去"，预知"未来"的原理。

"天地定位"，"天地"是指八卦中的乾坤两卦，乾代表天，坤代表地。当它们落实为天地，一高一下定位以后，宇宙的变化，就在天地所设定的框框内，即我们所看到的天地之间的自然界了。

"山泽通气"，"山泽"是指艮兑两卦。当它们落实为山泽后，山有山气、泽有泽气，山泽相连，两气便时时交流。"雷风相薄"，"雷风"是指震巽两卦，"相薄"就是相迫。当它们落实为雷风后，雷的电击和风的吹拂经常相逼相连。"水火不相射"，"水火"是指坎离两卦。何以"不相射"？"射"即入，传统上把"射"解释成"厌"，即不相厌、不排斥，水火不排斥。当它们落实为水火后，我们常以为水火是相射相克的，但此处却说"不相射"，因为实际上水火一向下、一向上，是各有路向、各有功能的，也是互相作用的。

"八卦相错"，"八卦"在自然界是代表八种不同的气流，有八种各自的功能。"错"是金字旁，古意是磨金属，所以"错"也是相磨、相交。这个"错"就是"错综其数"的"错"，是阴阳两爻的互变。"八卦相错"，是指八卦重叠而成六十四卦，有了六十四卦才有人事的变化，才有"数往""知来"的占卜或应变的方法。

"数往者顺，知来者逆"，朱熹的解释是："起震而历离兑以至于乾，数已生之卦也；自巽而历坎艮以至于坤，推未生之卦也。"（《周易本义》）为什么由巽而坎艮坤，是未生之卦，可以知来，可以使我们知未来的变化？朱熹没有答案。《周易折中》引邵康节之说："邵子本意，以三阴三阳，追数至一阴一阳处为顺；自一阴一阳，渐推至三阴三阳处为逆。"这仍然是拘泥于阴阳之数，并未说明如何能知未来的变化。《周易折中》又引胡炳文说："诸儒训释，皆谓已往而易见为顺；未来而前知为逆。《易》主于前民用，故曰《易》逆数也。"这里只谈字意和义理，反而能说明知来的作用。此说较平实却很中肯。

我个人尝试分析，有两个新解：一是从"八卦相错"着眼。后代研究《易经》者，把《系辞传》的"错综其数"具体解为六十四卦中，相邻两卦的阴阳相变为"错"（八个错卦），相邻两卦颠倒过来是"综"（其余五十六卦）。这里的"错"似包括了"错""综"两义。我们得了一卦是正面的解释，从初爻向上到最上爻，是顺着走的；相邻的另一卦却是倒过来的，就前一卦来看，却是逆着走的。我们通常说，从这两卦的相颠倒使我们知道，看一件事情先看到这一面，也须想到另一面。看到这一面是从过去到现在，是顺着走的，而想到另一面，不易看得很清楚，却是要预期的，所以说"知来"。

二是，《易经》六十四卦的卦爻辞都是文王和他的后继者们所作所添，都是古圣先哲的智慧和经验，因此我们读《易》用《易》是顺着他们的思路而走的，至于我们的应变，就要走出"过去"，面向"未来"。这里的"逆"字，并不是说违逆古圣先哲的智慧，而是从过去转到未来。由于未来是不可知的，所以用一个"逆"字，如我们常说的"逆料"。譬如我们卜到一个卦，爻辞上说"吉"或"凶"，这是对当前的处境来说的，而判吉凶的根据却是过去的经验和智慧。但对于未来呢？则不在文字之间。我们现在所得的爻辞是"凶"，如何转凶为吉却要我们在字里行间探索，因为爻辞都是条件句，告诉我们如果这样做的话就会"凶"。那么我们逆转过来，不这么做，结果便不会"凶"了。

正如比卦的上六是"比之无首，凶"，那么逆转过来，如果"有首"则就不凶了。这不也是用了一个"逆"字吗？其实，《易经》的应变是一本未来之学，所以说"《易》逆数也"。这个"数"不是数字的数，不是象数的数，而是理路、法则。《易经》能知未来，就在能善用一个"逆"字，能转化，能转凶为吉、转不利为有利。

第四章

雷以动之，风以散之，雨以润之，日以烜（xuǎn）之，艮以止之，兑以说之，乾以君之，坤以藏之。

这是在讲象。雷动为震，震是动；风是散，风吹有消散的作用；雨润湿；"日以烜之"，晒干东西；艮为山，以止之；兑是悦，说与悦都与嘴巴相关；"乾以君之"，君即主，乾为主；"坤以藏之"，坤地藏。

第五章

　　帝出乎震，齐乎巽，相见乎离，致役乎坤，说言乎兑，战乎乾，劳乎坎，成言乎艮。万物出乎震，震东方也。齐乎巽，巽东南也，齐也者，言万物之洁齐也。离也者，明也，万物皆相见，南方之卦也。圣人南面而听天下，向明而治，盖取诸此也。坤也者，地也，万物皆致养焉，故曰：致役乎坤。兑，正秋也，万物之所说也，故曰：说言乎兑。战乎乾，乾，西北之卦也，言阴阳相薄也。坎者，水也，正北方之卦也，劳卦也，万物之所归也，故曰：劳乎坎。艮，东北之卦也。万物之所成终而所成始也。故曰：成言乎艮。

　　"帝出乎震"，这个"帝"在《老子》第四章里面用过，"吾不知其谁之子，象帝之先"，很多英语翻译都把"象帝之先"解释成"上帝之先"，其实不然。我认为"帝"代表创生。"万物出乎震"，以方位来讲，震在东方，这里指后天八卦。"齐乎巽"，弃本义"平"，此处也是斋戒的"斋"。庄子曰"心斋"，《礼记》说"心齐"，《礼记》里面"齐"当"斋"。就"斋"来讲，"齐"即纯。"巽"是风，风吹物散，故有平、散之意。"离也者，明也，万物皆相见，南方之卦也"，"相见乎离"，后天八卦离位是在南方的，离代表日、光明。

"致役乎坤"，"役"即用，"坤"代表地，地道讲用，用乎地。"说言乎兑"，"兑"是悦，嘴巴讲话又高兴，因"兑"代表秋天、西边，秋天收成，就悦。"战乎乾"，这不是打仗征战的"战"，"战"乃奋发。乾卦三根阳爻，奋乎乾，意指强健的，乾代表奋也、健也。"劳乎坎"，"坎"代表水。"逝者如斯夫，不舍昼夜"，水川流不息，故"劳"。"成言乎艮"，"艮"讲成、止，到了山上，不能再发展了，有成。

先从天道的运动轨迹，来说明八卦具有的意义，接下来讲方位：

"万物出乎震"，"震"是东方之卦。"齐乎巽"，"巽"是东南，这是指后天八卦而言，不同于先天伏羲八卦图。

"震东，巽东南，南方离"。"离也者，明也，万物皆相见，南方之卦也"，"圣人南面而听天下"就是因为南方代表离。"向明而治"，对着光明而治理天下，"盖取诸此也"。坤地"万物皆致养焉"，万物靠地来养，所以说"致役乎坤"。

兑在西边，是秋天，"万物之所说也"，秋天万物秋收，有收成了，"故曰说言乎兑"。何故"战乎乾"？乾是西北之卦，"言阴阳相薄也"，这里若单解释为阴阳相交，我认为还不太清晰。

西北之卦乾，是就西北地理气象位置来讲的，西北气候干燥，阴气与阳气比较容易相互接触激荡起来。"坎者，水也，正北方之卦也，劳卦也"，水流不舍昼夜是"劳"。"万物之所归也"，万物都要归于水，万物都需要水，故曰"劳乎坎"。艮是东北之卦，万物之所成，艮代表山所成，万物之所成终而成始也，故曰"成言乎艮"。万物之所成，山高且止，山上的万物生长也是从始至终，完成又开始。所以"成言乎艮"。

这是就八卦后天的方位来解释它们的性能。

第六章

　　神也者，妙万物而为言者也。动万物者莫疾乎雷，桡（ráo）万物者莫疾乎风，燥万物者莫熯（hàn）乎火，说万物者莫说乎泽，润万物者莫润乎水，终万物始万物者，莫盛乎艮。故水火相逮，雷风不相悖，山泽通气，然后能变化，既成万物也。

　　这一段有很重要的一句话："神也者，妙万物而为言者也"。在《系辞传》里用了很多次"神"字，倒是此处把"神"字解释了出来。"阴阳不测之谓神"，是说"神"超乎阴阳，阴阳没有办法来抓住"神"的意象、感觉，"神"不在阴阳之中。此处说"神也者，妙万物而为言者也"，不同于前面的"阴阳不测谓之神"的形而上说法，这一句话就现象来解释"神"。"妙万物"的"妙"当动词用，即使得万物有生化之妙。比如我们人血液里面的白细胞，设计得多妙！基督教徒会说那是上帝的杰作，就中国哲学而言，这个"妙"是自然的万物生化之妙。宇宙万物都是神妙的，而"神"就在宇宙万物当中。这一句话我认为相当重要，这个思想可以通老庄。庄子说宇宙万物的生长都是"妙"，都有它存在的必要。《道德经》第一章云："玄之又玄，众妙之门"。"玄之又玄"，阴阳不测了，但却是"众妙之门"。老子不说一个"妙"，那还是形而上的，而是说"众妙"，因为宇宙万物都是"妙"。

"动万物者莫疾乎雷"，"神"在万物里面，催动万物。春雷一声，万物都活动。"桡万物者莫疾乎风"，"桡"即变，风吹万物，使万物变了，风吹而变动。"燥万物者莫熯乎火"，"熯"为干燥万物，火是离。"说万物者莫说乎泽"，"泽"是泽水，指湖。"润万物者莫润乎水"，坎，坎水，有水的滋润。"终万物始万物者，莫盛乎艮"，艮有终有始，艮是最高、是终，是万物之终，但山也是万物之始。"莫盛乎艮"即"莫成乎艮"，盛乃成的意思。

"水火相逮"，此处是水火相济，与前面水火不相射的意思相通。"相济"指互相依靠，水火不可缺一，水火是互相用的，非如一般认为的水火相攻，其实是水火相用。"雷风不相悖"，雷风不会相悖。"山泽通气"，山泽相通，若山没有泽，就没有气了，就干枯掉了。"然后能变化，既成万物也"，万物变化之妙，就靠这个八卦来互相产生作用。

第七章

乾，健也；坤，顺也；震，动也；巽，入也；坎，陷也；离，丽也；艮，止也；兑，说也。

这一段说明八卦的基本性能。乾健，坤顺，顺天道而行。震动，巽入，巽也代表木、树木、生长的木。风也入。坎陷，危险；离丽，即火，火要附丽在别的东西上才能燃烧。艮止，兑悦。

接下来的几段一个一个讲卦象，用于相术。孔子大概并没有讲这些。

第八章

乾为马。坤为牛。震为龙。巽为鸡。坎为豕。离为雉（zhì）。艮为狗。兑为羊。

乾以马为象征，坤以牛为象征。震即龙，震为雷。巽为鸡，因为巽伏，鸡在日出前是不打鸣的。巽顺，巽代表发展生命，申命。因为鸡报晓，故鸡属于巽。坎即坎水，豕，即猪。猪喜欢在脏的水里面。离雉，雉即野鸡，也代表漂亮的花纹，因离代表光芒、漂亮。艮即狗，因为艮止，狗守门是止道。兑羊，兑即嘴巴，在中国羊是温顺的一种象征，兑也代表快乐。

第九章

乾为首。坤为腹。震为足。巽为股。坎为耳。离为目。
艮为手。兑为口。

"乾为首"，元亨利贞。"坤为腹"，坤收藏，故为腹。"震
即脚"，一阳动是脚。"巽为股"，股即下，巽代表潜伏在下，
股也代表下身；巽代表随，股即跟随，股随。"坎为耳"，坎象
外阴内阳，耳朵也是外阴里阳，坎像耳朵。另外，坎即水，水
清，耳朵听得很清楚。"离为目"，因为"离也者，明也"。"艮
为手"，手能制物，艮代表止，要抓住东西。"兑为口"，因为
兑即嘴巴。

这一段说明了八卦分别代表的人体部位。

第十章

乾，天也，故称乎父。坤，地也，故称乎母。震一索而得男，故谓之长男。巽一索而得女，故谓之长女。坎再索而得男，故谓之中男。离再索而得女，故谓之中女。艮三索而得男，故谓之少男。兑三索而得女，故谓之少女。

这一段是从家庭关系来讲八卦。

乾是天，代表父亲；坤是地，代表母亲。有父母之后就生孩子，第一根阳爻出现，震代表长男。第一根阴爻出现，第一次得到女儿，巽就是长女。坎再索而得中男，离当中一阴，是中女。艮是上面一根阳爻，为少男；兑是上面一根阴爻，下面两根阳爻，是少女。六根爻就是六个家庭成员。

六十四卦中还有解释关系的，比如第三十一卦咸卦为什么代表爱情？因为咸卦代表男女初恋，少女少男相遇。

下面几段具体地讲每一卦的特性。

第十一章

乾为天，为圜（yuán），为君，为父，为玉，为金，为寒，为冰，为大赤，为良马，为老马，为瘠马，为驳马，为木果。

乾卦。乾代表天，"为圜，为君，为父，为玉，为金，为寒，为冰"。为什么有寒冰？因为乾是西北之卦，西北是寒、是冰。乾代表"大赤"，"赤"是颜色，红色。乾代表良马、老马、瘠马。阳代表骨头，代表露出骨头的瘦马是瘠马。乾代表强健凶悍，也为驳马，即颜色不纯的马、凶悍的马。"乾为木果"，不太好解释，朱熹等解释为"木讷果断"。我则认为"木"代表树木，"果"是结果，"木而有果"，即有果的树木。

第十二章

坤为地，为母，为布，为釜，为吝啬，为均，为子母牛，为大舆，为文，为众，为柄，其于地也为黑。

坤卦。坤代表地，代表母。"为布"，即分布在地上。"为釜"，"釜"即锅子，用锅子炒成菜，如同地产生万物。"为吝啬"，因为地也收藏，"收"是吝啬。坤为均。"为子母牛"，就是怀孕的母牛，母子牛。"为大舆"，即大车。"为文"，"文"即地文，地的表现，所有地上生的都是文、文采。"为众"，地上的东西都很多。"为柄"，"柄"代表用，地为用。"其于地也为黑"，坤的颜色是黑色的，黑色是地的颜色。

第十三章

震为雷，为龙，为玄黄，为旉（fū），为大涂，为长子，为决躁，为苍莨（láng）竹，为萑（huán）苇。其于马也，为善鸣，为异（zhù）足，为作足，为的颡（sǎng）。其于稼也，为反生。其究为健，为蕃鲜。

震卦。"震为雷，为龙，为玄黄"，"玄"是天之色，"黄"是地之色，"玄黄"就是天地颜色相合。震代表一声春雷，把天地阴阳气相合。"为旉"，"旉"一般注解是花。"为大涂"，即大路。"为长子，为决躁"，震动是决躁。"为苍莨竹"，因为震代表青色，故"为苍莨竹"，青颜色的竹子。"为萑苇"，即青草。"其于马也，为善鸣，为异足"，"异"，后左脚白色的马。因为马脚是白色的，一动白色就显出来了，震是动的。"足"就是动物的蹄，比如马蹄。"为的颡"，"颡"就是额头白的马。"其于稼也，为反生"，"反生"是倒过来生，因为阳在下面。有些作物可能是倒过来生的。"其究为健"，根本来讲，震代表健。"为蕃鲜"，拨动散开，震雷一声就散开了。这是就象来讲的。

第十四章

巽为木，为风，为长女，为绳直，为工，为白，为长，为高，为进退，为不果，为臭。其于人也，为寡发，为广颡，为多白眼，为近利市三倍，其究为躁卦。

巽卦。"巽为木，为风，为长女"，因为下面是一根阴爻，故为长女。"为绳直"，古代的"绳直"是工匠用来衡量木头的工具，工匠用线绳来作尺，即绳量。"为工，为白"，为什么是白色？风吹扬尘土，即为白色。"为长"，树木生长。"为高"，生长之后就高了。"为进退"，申是进。为什么退？巽下面是柔爻，柔是退。"为不果"，"不果"就是没有果实，树木没有结果实。"为臭"，风吹过的气为臭。"其于人也，为寡发"，头发少，风把头发都吹掉了。"为广颡"，"颡"就是额头，"广"就是额头宽广。额头宽了就显得头发少了，意思是相连的。"为多白眼"，阳代表白，阴代表黑，巽是只有一个阴两个阳，所以"多白眼"，拿白眼看人。"为近利市三倍"，市贾可获利，巽也代表阴而贪，贪心。做什么事先看有没有利，没有三倍的利不做。"其究为躁卦"，意思是巽到最后，根本是一种很躁动的卦，这个卦是没有定性的，是很容易变动的。

第十五章

坎为水，为沟渎，为隐伏，为矫輮，为弓轮。其于人也，为加忧，为心病，为耳痛，为血卦，为赤。其于马也，为美脊，为亟心，为下首，为薄蹄，为曳。其于舆也，为多眚（shěng），为通，为月，为盗。其于木也，为坚多心。

坎卦。"坎为水，为沟渎，为隐伏"，有沟就是有隐伏的。"为矫輮"，水就会侵蚀东西。"为弓轮"，弓就是要把竹子侵蚀，才能转弯。坎代表月，月儿弯弯，也是弓形。坎对人来讲，"为加忧"，坎险是忧。"为心病"，一阳夹于两阴当中，心里面有病。"为耳痛"，外面虚内里阳，里面有问题。"为血卦"，坎代表血，血是损，血卦，"为赤"，坎也代表赤黑色。"其于马也"，就马来讲，"为美脊"，马的背脊很美，背是当中，脊很刚强，坎是当中那根阳。"为亟心"，因刚在内。"为下首"，水往下流。"为薄蹄"，水流过去，可以把东西冲散，冲薄了，流经之地把东西都变薄了，故说"薄蹄"。"为曳"，"曳"即拖，水流过地就是拖地。"其于舆也"，就车来讲，"为多眚"，车轮有毛病，因为坎代表险，是里面有问题，有危险，"多眚"，即多毛病，车子常常出毛病。"为通"，水流而通。坎"为月，为盗"。为什么象强盗？因水无所不入，像强盗一样潜入。"其于木也"，对树木来讲，"为坚多心"，因为坎卦里面有一根阳爻。

第十六章

离为火，为日，为电，为中女，为甲胄，为戈兵。其于
人也，为大腹。为乾卦，为鳖，为蟹，为蠃（luǒ），为蚌，
为龟。其于木也，为科上槁。

看看离卦。"离为火，为日，为电"，"电"即闪电。"为中
女"，离卦当中那根阴爻是中女。"为甲胄，为戈兵"，因离外
两阳爻，代表兵器。"其于人也，为大腹"，前面说"坤为腹"，
坤代表腹，离在坤之下，"大腹"就是下腹。"为乾卦"，因火
烧万物，代表乾的卦。"为鳖，为蟹，为蠃，为蚌"，这些都是
外面有硬甲壳的生物，都属于离，为龟。"其于木也，为科上
槁"，就是中空之意，木头当中空的。离卦象是外面阳，里面
是阴，所以象木头当中空掉了。

第十七章

艮为山，为径路，为小石，为门阙，为果蓏（luǒ），为阍（hūn）寺，为指，为狗，为鼠，为黔喙之属。其于木也，为坚多节。

艮卦。"艮为山"，山上有小路，"为径路"，山上有石头，"为小石"。"为门阙"，因为艮卦上面一根阴爻下面两根阳爻，像是门。"为果蓏"，这种果蓏长在山谷里。"为阍寺"，管门人，主门，艮代表门。"为指"，手指。"为狗"，也是守门用的，狗者止道，用艮。"为鼠"，老鼠。"为黔喙之属"，黑色的嘴巴之类，就是鸟嘴，因为艮卦上面有一根阳爻，表示硬。老鼠嘴巴是不是硬？鸟的嘴巴是不是硬？代表外面是硬的东西。"其于木也，为坚多节"，艮山，坚硬多节。竹子没有节的话，就软了，所以竹子的节也是硬的。

第十八章

兑为泽，为少女，为巫，为口舌，为毁折，为附决。其于地也，为刚卤。为妾，为羊。

兑卦。"兑为泽，为少女"，上面一根阴爻下面两根阳爻，为少女。"为巫"，巫师靠嘴巴，你看电视里演的巫师就念着类似"天灵灵、地灵灵"的咒语，巫师是以嘴巴来求神为巫的。"为口舌"，专门讲好听的话。"为毁折"，兑下面两阳把上面的阴爻冲掉了，破损了，悔折了。"为附决"，"附决"就是兑附在别的东西上，把它决掉。这让我们想起夬卦，下面五根是阳爻，上面一根是阴爻。兑就在上面、是外卦，故兑卦附于阳，附在阳上面，下面的阳要把阴决掉。意思是说你附在哪一个东西上，把另外的东西决掉、冲破。"其于地也，为刚卤"，两根阳在下面是"刚"，"卤"就是卤水下润，泽水是下润的。"为妾"，因为这是少女。"为羊"，羊很温顺。

这就是后人用《易经》占卜时，以日常的物和象来象征八卦。这些东西，很多我们今天用不上了，也见不到了，当然今天用的很多东西也是当时没有的，比如汽车。所以这些象要再加引申。

清朝人惠栋曾写出了八卦的三百多个象征，后面有人也不断再往里面加，我们今天也可以加进去更多结合现实的象。

序卦

我认为《序卦》《杂卦》的境界不高，只是三四流的作品，这不是我个人的批评，康有为先生就批评了《序卦》。他认为《序卦》很肤浅，只是附会地把它拉在一起，虽然每一卦之间的序列可能也有条理逻辑，但是硬说顺序，未免很多附会。

　　虽就六十四卦次序来讲，可以连接起来成逻辑地讲，但就《序卦》本身来讲，有些观点我们要带着思考去看。

　　有天地，然后万物生焉，盈天地之间者唯万物，故受之以《屯》。屯者，盈也，屯者，物之始生也。

　　语译：乾者天，坤者地，有天地，然后有万物，万物始生时，必有其曲折、艰难，是谓《屯》。屯是充满，万物创始的意思。

　　物生必蒙，故受之以《蒙》。蒙者，蒙也，物之稚也。

　　语译：屯生之后，草莽遮蔽大地，必须经营开发才能为用，是谓《蒙》，蒙是经营开发，开始是稚，开始都是幼小笨拙的。

物稚不可不养也，故受之以《需》。需者，饮食之道也。

语译：蒙是万物各得其养，需要养，《需》就是养，是饮食给养之道。

饮食必有讼，故受之以《讼》。

语译：欲有所求是需，有求必有争，所以出现《讼》，争讼。

讼必有众起，故受之以《师》。师者，众也。

语译：讼必有争，争者必聚众而斗，故受之以《师》，师者，众也，有人数众多的群体了。

众必有所比，故受之以《比》。比者，比也。

语译：师者，聚众以争，派系争斗必有终有所归，故受之以《比》，比就是回归。

比必有所畜，故受之以《小畜》。

语译：比者，向上比附也，能使之向上比附的，必能有所蓄养，向上有所蓄养，即受之以《小畜》。

物畜然后有礼，故受之以《履》。履者，礼也。

语译：小畜必须能使人约之以礼，即《履》，履礼通。

履而泰，然后安，故受之以《泰》。泰者，通也。

语译：履者，履礼也，有礼才能使家国安宁，故受之以

《泰》，泰者通达万物。

物不可以终通，故受之以《否》。

语译：万物不能永远通达，故受之以《否》。

物不可以终否，故受之以《同人》。

语译：否者相拐也，违背、相拐。转相拐为相合，故受之以《同人》。

与人同者，物必归焉，故受之以《大有》。

语译：同人者，大同也，大同才能《大有》。

有大者，不可以盈，故受之以《谦》。

语译：大有者，大其所有，能大有，必能虚怀若谷，故受之以《谦》。

有大而能谦，必豫，故受之以《豫》。

语译：谦者其心平和，故受之《豫》，和谐。

豫必有随，故受之以《随》。

语译：豫乐、娱乐，和谐。豫者和乐也，能和乐，则能任顺物；能和乐，就能顺着事物《随》。

以喜随人者必有事，故受之以《蛊》。蛊者，事也。

语译：随者能于事物婉转，随着事物婉转也，事物因成就而腐化，故受之以《蛊》。蛊是整治事物。

蛊者，事也。有事而后可大，故受之以《临》。

语译：整治事物需清明世事，故受之以《临》。临者，大也。临者，清灵明事。

物大然后可观，故受之以《观》。

语译：清灵明事必须深入体证，故受之以《观》。

可观而后有所合，故受之以《噬嗑》。嗑者，合也。

语译：从观怎么发展到合？以心观心，然后能人我相合，故受之以《噬嗑》。噬嗑者，求合也。

物不可以苟合而已，故受之以《贲》。贲者，饰也。

语译：求合必须先有外在之亲和，故受之以《贲》，贲就是外在的粉饰。

致饰然后亨则尽矣，故受之以《剥》。

语译：修饰门面、更新，以防其破败，故受之以《剥》。剥就是防护，防破败。

剥者，剥也。物不可以终尽剥，穷上反下，故受之以《复》。

语译：剥者，薄弱也，救治薄弱，需重元气之新生，故受之以《复》。

复则不妄矣，故受之以《无妄》。

语译：复者，元，元亨利贞的元，元气之复，本于万物之真性，故受之以《无妄》，无妄是讲真性。

有无妄，物然后可畜，故受之以《大畜》。

语译：无妄之贞，需涵养充沛，故受之以《大畜》。

物畜然后可养，故受之以《颐》。

语译：大畜者畜养大人也，故受之以《颐》。

颐者，养也。不养则不可动，故受之以《大过》。

语译：颐养大人之心性，是为了经世治弊，故受之以《大过》，大过就是国家出问题了，你要出来拯救。

物不可以终过，故受之以《坎》。

语译：大过者，国家有难，匹夫救患也，救患需冒险泛滥，故受之以《坎》，会有坎陷。

坎者，陷也。陷必有所丽，故受之以《离》。离者，丽也。

语译：坎者，涉险也，涉险必须暗中求明，故受之以《离》，离者求光明之道也。求光明需能与人、物通感，而得其情实，故受之以《咸》。

有天地，然后有万物；有万物，然后有男女；有男女，然后有夫妇；有夫妇，然后有父子；有父子，然后有君臣；有君臣，然后有上下；有上下，然后礼义有所错。夫妇之道不可以不久也，故受之以《恒》。

语译：有天地，然后才有万物；有了万物，然后分出雌雄，在人称作男女；有了男女然后才有夫妻，咸卦象征夫妻。有了夫妻，然后才有父子；有了父子，然后人类社会才仿效父子关系，建立了君臣的体制；有了君臣的体制，然后才能分出上下的等级名分；有了上下的等级名分，然后才能建立并实施礼仪。夫妇的关系，不可以不长久，所以在咸卦之后，接着是恒卦。恒是久的意思。我认为，咸者感应也，感应而后能持久，故受之以《恒》，恒是感应持久。这一节是下经序列的说明，但上经最后的离卦与下经开始的咸卦的关系却没有说明。

恒者，久也。物不可以久居其所，故受之以《遁》。遁者，退也。

语译：恒者守常也，守常必须知退进，故受之以《遁》，遁就是知退。

物不可以终遁，故受之以《大壮》。

语译：退者为了求进，以退为进，故受之以《大壮》，大壮即是进。

物不可以终壮，故受之以《晋》。晋者，进也。

语译：大壮者，以大为壮，能大则能向上也，故受之以《晋》，晋就是向上。

进必有所伤，故受之以《明夷》。夷者，伤也。

语译：晋者向上是进也，向上的晋，高处多风险，故受之以《明夷》，这是有一个风险了。明夷乃光明实有所伤。

伤于外者必反于家，故受之以《家人》。

语译：光明有所伤，外在受伤，求安于内，故受之以《家人》。

家道穷必乖，故受之以《睽》。

语译：家人者，家和也，家之和谐重在化解意见之相左，故受之以《睽》，睽就是要化解相左。

睽者，乖也。乖必有难，故受之以《蹇》。蹇者，难也。

语译：睽者相乖，离也，如不能化解内在之和，便无法解外在事物之困难，故授之以《蹇》，蹇就是前面的阻碍。

物不可以终难，故受之以《解》。

语译：行物之难，以面对之、化解之，故受之以《解》。

解就是面对它解决问题。

解者，缓也。缓必有所失，故受之以《损》。

语译：解者，解难也，解难之道，先减低心之欲，故受之以《损》，损就是要损人欲，损而不已必益。

损而不已必益，故受之以《益》。

语译：损已必能增进智慧，故受之以《益》。

益而不已必决，故受之以《夬》。夬者，决也。

语译：益者，易知也，易知必能临事而断，故受之以《决》，决即是决断，夬者，决断也。

决必有遇，故受之以《姤》。姤者，遇也。

语译：决断在于把握机遇，故受之以《姤》。姤就是机遇。

物相遇而后聚，故受之以《萃》。萃者，聚也。

语译：把握相遇，随时而化，则能凝聚万物，故受之以《萃》。萃者，聚集也。

聚而上者谓之升，故受之以《升》。

语译：萃者聚物，聚物而必须能使物提升，还要能化物，故受之以《升》。

升而不已必困，故受之以《困》。

语译：升者，精神之升华，升华有时是从困境中建立，故受之以《困》。

困乎上者必反下，故受之以《井》。

语译：困者，困于环境也，困而能自反、自省、自修，故受之以《井》。

井道不可不革，故受之以《革》。

语译：井者，自养而养人，要日新其德，故受之以《革》。

革物者莫若鼎，故受之以《鼎》。

语译：革者，革心也，革心来革面求新，故受之以《鼎》。

主器者莫若长子，故受之以《震》。

语译：鼎者，创新也，创生需有原始的动力，故受之以《震》，震就是动力，原始动力。

震者，动也。物不可以终动，止之，故受之以《艮》。

语译：震者，发动也，发动之后，要能知所控制，故受之以艮。

艮者，止也。物不可以终止，故受之以《渐》。

语译：艮者，止也；止者，知止，止之。必知而后能渐进，故受之以《渐》。

渐者，进也。进必有所归，故受之以《归妹》。

语译：渐者，徐行，徐徐地行，徐行必知所终，故受之以《归妹》，归妹者，终也。

得其所归者，必大，故受之以《丰》。

语译：归妹者，归于柔软也，归于柔软才能和强，故受之以《丰》。

丰者，大也。穷大者必失其居，故受之以《旅》。

语译：丰者，光大也，光大而后能行旅，必通行天下，故受之以《旅》。旅，行旅。

旅而无所容，故受之以《巽》。巽者，入也。

语译：行旅天下，必知顺时。知道顺时，故受之以《巽》，巽者，顺也。

入而后说之，故受之以《兑》。兑者，说也。

语译：顺时然后能无入而不自得，故受之以《兑》，兑，悦、说也。

说而后散之，故受之以《涣》。

语译：心悦然后兴起，散出疾郁，故受之以《涣》，散掉疾郁了。

涣者，离也。物不可以终离，故受之以《节》。
语译：涣散之后而不失操守，故受之以《节》。

节而信之，故受之以《中孚》。
语译：节制而后归于信实，故受之以《中孚》。

有其信者必行之，故受之以《小过》。
语译：中孚则诚于内，诚于内可以无过也，故受之以《小过》。

有过物者必济，故受之以《既济》。
语译：小过者小有过度，小有过度时就修正之，而后能成事，故受之以《既济》。

物不可穷也，故受之以《未济》，终焉。
语译：既济是小成也，小成而不执着，心象无穷，故受之以《未济》。未济者，无穷之物，无限之事，无为之心，无止之行也。

杂

卦

康有为先生评论《杂卦》，说只是一个训诂，训诂指字面的解释。我倒认为《杂卦》不只是训诂，而是尝试用一个精炼的字来表述整卦的意思及每卦的特性，但我们要带着思考去读，看看杂卦的说法有没有问题，我们自己有没有什么新的看法。《杂卦》的结构是把两个卦用来做对比，希望用一两个字表达出卦的特性来。下面我们就来看看《杂卦》。

乾刚坤柔。说乾阳坤阴也是可以的，乾纯阳坤纯阴，但我认为乾天坤地比较合适，能涵括的范围比较大。乾是天道，坤是地道，这意思就包括了刚柔、包括了阴阳，也包括了乾的开创性及坤的生长性，所以范围比较广。

比乐师忧。我会用"比辅师戒"。比卦的第五爻是阳爻，其他五根爻是阴爻，也就是阴要比附于阳。同时这五根爻也辅助第五爻阳爻，有一个辅助的意思。若说"比乐"，"乐"就只是讲心情，就卦的特质来讲，用一个"辅"字反而比较能够表现出比卦的特色。师讲"忧"，这是一种感觉，有战争就会有忧愁。但是就师卦爻辞本身而言，师不讲忧患，而是讲如何行军的。所以，我用"戎"字，"戎"是军事行动。或者用"武"字也可以。但师卦并不是告诉我们怎么样运用战争，重心放在了军事方面，故而"师戎"更恰当。

临观之义，或与或求。"临"是君临天下，代表春天来临，君主去临幸或者临观，去看。"与"，是参与；"求"，是有所要求。对于临观，第十九卦的"临"是代表清，清明；二十卦的"观"是代表观化。观内卦地、外卦风，风吹行于地上，风化万物，所以我用一个"化"字，"观化"。

屯见而不失其居。讲屯卦的时候我们说，有天地然后万物生。万物生长的时候要用力，因为有困难。开始的时候困难也可以代表生。万物生长也可以说"见"，"见"代表显现出来生，"见而不失其居"一句，代表慢慢来，一定要把基础打好，一步一步地来，屯卦的这个意思是表达透彻了，但是要凝缩为一个字，我认为可以用一个"生"字，"屯生"。有天地而后万物化生。

蒙杂而著。蒙就卦的象来讲，代表所有的草木掩盖生长，所以要启蒙、讲教育，所以蒙卦我用"教"或"育"。

震，起也。震卦是一阳开始，震也是讲动，我用一个"动"字，我讲震即动，"震，动也"。

艮，止也。艮是山，为止。

损益，盛衰之始也。只说盛衰之始，并没有讲出损益的特色来。损卦是损人欲，损之又损，以至于无为。益是益智慧，益是增加。我认为可以用"损减，益增也"。

大畜，时也。《易经》所有卦都在讲时，"时"字还不能完全标注出大畜卦的特点。大畜是二十六卦，第四爻、第五爻是两根阴爻，这两个阴爻怎么样去蓄养下面的三根阳爻？把这三根阳爻的气变成上面的天道，所以我说"大畜，容也"，你怎么样能够容纳这些人才、蓄养人才，能容则畜。单讲"时"，我认为太空洞了。

无妄，灾也。此处我不赞同。无妄卦里面第三爻确实有无妄之灾，但"无妄"很清楚地代表天真、没有妄想，如同佛教里面说的没有妄念，所以"灾"字绝对不适合，无妄不是讲灾的。我认为是"无妄，真也"，即天真、真性、真实。

萃聚而升不来也。萃卦是聚合人才，因为人才容易流失散掉，所以君子怎么样才能把人才聚在一起，就用"萃"。至于升卦，实际上是讲下面的气往上升。"不来"，我不知道作何讲。朱熹也没有注这个"不来"的原始的意思，所以我认为"不来"不能表达什么叫升。升怎么不来？"升者，升也"，代表提升，精神的提升。

谦轻而豫怠也。"谦轻"，"轻"字用得并不好。谦卦是山在地下，虽然山是高高在上的，但是却让自己放低身段，所以用一个"虚"比"轻"字要好，"谦虚"。至于豫卦，说豫者，怠也，懒惰。豫本来是一种快乐，但有时候过分强调快乐就不好了，所以单单用"怠"讲豫卦是不够的。

噬嗑，食也。噬嗑卦，我们知道当中一个是硬的，要把这个硬的拿掉，然后嘴巴再合到一起来，所以他不是讲"食"，"食"是吃东西。真正讲"食"的是颐卦，颐卦是嘴巴上颐养，还比较适合的。所以我说"噬嗑，合也"，要整合，噬嗑就是整合。所以我用了"合"字来讲噬嗑。

贲，无色也。就这个"贲"字的原始意义来考据，它是"无色"，但是就整个卦来讲，是粉饰、修饰。所以我用"修饰"，不讲"无色"。

兑见而巽伏也。兑卦是两个泽重叠，代表悦，卦名去掉了悦的"忄"旁，无心之悦，就如同咸卦是感应，无心之感。无心之悦是没有欲望的悦，所以我认为，兑卦用"悦"字可以表达出来它的真正意思。巽伏是隐伏、遮盖。

随，无故也。朱熹说"随前无故"。随本来就是跟随，元亨利贞，随的是什么？随时、随礼，顺着时间，顺着礼。我们在生活上随时随地要随。所以我认为随就是从，"随从"。

蛊则饬也。"饬"可以来治理，代表治。蛊是治，有的东西要腐烂了，社会腐烂了，问题产生了，我们要加以整治，"蛊，治也"。

剥，烂也。第二十三卦讲剥，下面五根阴爻，把上九阳爻剥掉了，阴气上升、阳气消退，"剥，消也"，消除。不只是"烂"，"烂"只是结果，阴气上升的作用把阳剥掉了，所以用一个"消"字比"烂"字好，也文雅一点。

复，反也。复，反应。我是加用一个走字底的"返"，返回到，阳又回生了。"反""返"两个字的古文是可以通用的。

晋，昼也。明夷，诛也。晋是日升，三四五爻都是往上晋级。明夷，我用"下"字，太阳在地下了，受到伤害了。用"诛"字，意思太强，朱熹把这个"诛"字改成"伤"，"伤"字比较软，就是受到伤害，君子受到伤害。我在这个地方用上下来分，一个上、一个下，晋上，明夷下。

井通而困相遇也。第四十八卦是井卦，井口开在那里，水是供给鱼儿、供给人类来用的，人要来，鱼儿鸟儿要来，才能饮用或汲水。第一爻、第二爻都是指古井，没有人来了，连飞鸟都不来了，不来就不能通。所以用"开"字还比"通"字还好一点，"开"是永远开放在那里，你来，我就给你水，不来，我还是君子一样开放。即孔子所谓的"人不知而不愠，不亦君子乎？"这是君子之德。"相遇"，有很多卦都是讲阴阳相遇的。但是朱熹说，刚柔相遇，相遇之后，刚被柔、阴所掩盖，所以有困。想想看，你的井水，如果人不来用，井就闭；人来用，就通、就开。所以一开一闭，井是开，困是闭。之所以困，是在你困的时候，在你闭塞的时候，在你遇到外在很多的困难的时候，在你打不通的时候，你用了闭。"闭"比"相遇"更能够解释出困的境遇来。

咸，速也。恒，久也。咸讲"速"，什么是速？第三十一卦咸卦讲无心之感，也就是无欲之感，关键在于感应。这里用"速"字，大概为了配合下面的"恒，久也"，"恒"是"久"，"咸"了之后能"恒"，感了之后能久，这很好，但不一定需要完全相对的一个速、一个恒。男女相爱也是感，男女相爱之后要让这个爱维持长久，"恒"就是家庭，久长。一见钟情的爱情，使感应转化为婚姻，就需要恒。

涣，离也。"涣，离也"，而离卦也是"离"，这两个"离"有什么区别呢？实则，就涣卦本身来讲，涣是一种涣散，像君主吹号角，号角通过去，把淤积涣散掉，如同中医一样。我认为涣用"散"字也可以。

节，止也。 节卦，用一个"止"字，与艮卦的"止"字重复了，艮是"止"，节也是"止"，这两个"止"是相同的意思。要避免重复的话，我把"止"字改成"制"，第六十卦，"节，制也"。

解，缓也。蹇，难也。 讲困难、灾难的卦很多，屯卦、困卦都是，屯是初生初始的困难，困是相遇闭塞的困难，蹇是前程、前途有困难、有阻碍，解就是解困。我也说"解"就是分解，分解困难。

睽，外也。 "睽，目不相视也"，我们互不相看，就是背对背了，也就是说别人的意见与你的意见相左、不合。用"外"来讲睽卦也可。我说，"睽，相背"。

家人，内也。 睽是外，家人是内，这两个卦是相对称的。但家人讲"合"，睽是相拐、不合。用"和合"来解释，比较有哲学内涵。

否、泰，反其类也。 这里说否卦、泰卦这两个卦的意思相反，并没有解释两个卦的性能。我认为泰就是安，安泰；否就是逆，做什么事情都是不顺意、不顺心，嘴巴一张口就是"不、不、不"，什么事情都讲不通。

大壮则止，遁则退也。 第三十四卦大壮卦下面是四根阳爻，上面两根阴爻，阳往上发展，把两阴消掉了，君子道长，小人道消，所以我的解释就是"往"。大壮可以"往"，往上发展、往前发展。大壮卦这里又来一个"止"字，这是《杂卦》第三次用到"止"字了，前有"艮止""节止"，不仅重复，而且我认为大壮的意思并不是不要发展了、要停止。大壮卦的四根阳爻作为很阳刚的君子，他可以往上发展，并不是止的意思。所以，我很怀疑写作《杂卦》的人，行文是不是经过仔细的考虑和精心的安排，比如《道德经》八十一章，老子写平生的经验是很小心的。此处三卦都用"止"字，为什么不做出区分？这样是比较粗糙的。如果只是为了对称，"遁则退也"，一止、一退，这是不可取的。我认为"遁退"比较准，大壮可以用"往"，"大壮往""遁退"也可对称。

大有，众也。同人，亲也。大有卦只有第五爻一根阴爻，六五怎样让其他阳爻都聚合于他呢？所以"大有，大也"，心胸大、能大，才能够容众大有。同人讲同，同于人，是亲；但还要避免过亲，过亲就偏私了。所以同人二爻说"同于宗"不好，"宗"就是宗亲、祖宗，要开门出去，"同于人"。所以我在这个地方避免"亲"字，改用一个"同"字，用"同人，大同也"。

革，去故也。鼎，取新也。"革"就是革命，就是去故、革旧，我用一个字表达，改革的"改"。鼎，取新。

小过，过也。"过"就是过错，小过、大过都是过，故单说"过"字还不能表达小过卦的性质。小过卦是小有一点点过，还好，没有大过错，譬如聚会，提前到个十分钟，可能是刚刚好，没有过。要"裕"，给多一点时间。怎么样去实践小过？就是给人一点多余的空间、时间。所以我用"裕"字，因为小过里涵括的哲学道理就是讲"裕"，"小过，裕也"。

中孚，信也。 中孚就是"信"，这个没错儿。

丰，多故也。 如何理解这个"故"字？《系辞传》讲了："无思也，无为也，感而遂通天下之故"，有感才能通天下之故。"故"是原因、原始。任何事情都有一个"故"，都有一个原始。我认为"丰者，满也"，丰是代表满，多故也是说多，天下万物各种原因多了，所以可以用一个"满"字来解释丰卦。

亲寡，旅也。 这是倒过来讲的，旅是亲寡。人生是逆旅，这个卦是讲君主被放逐在外，国家被敌人所占领，这是旅卦本身的意思。所以旅卦是要告诉我们，逆旅中怎么样把握住原则。不要只注重小小的问题、小小的安乐，要能守你的原则、守住你的节操，所以我用一个"守"字。跟丰卦一起，"丰满旅守"，也很对称——当你发展得很丰富的时候，要能守得住；在逆旅中的时候，也一样要能守得住。

离上而坎下也。 这个"上""下"只是就水火来讲的，火是往"上"，所以"离上"；坎是代表水，往下，所以是"坎下"。但是前面已经用了"上""下"，所以我认为可以用"明暗"来表达离跟坎之间的不同。离是讲"明"，光明、太阳，坎是"暗""险"，用"暗"或者"险"都可以。

小畜，寡也。履，不处也。 小畜是第九卦，履是第十卦，小畜只有第四爻是阴爻。一根阴爻怎么样能够来畜这五根阳爻？不像大畜，大畜有两根阴爻。故，小畜是指谦虚之德，以柔克刚，是故小畜是讲修德，修的即谦虚之德。如果只说小畜之"寡"，可能是讲只有一根阴爻，故而少，势单力薄。但小畜的含义更多在以阴畜阳，以少制多，以柔克刚。履，不处也，履虎口，履讲礼仪，履的这一根阴爻，上面是三根阳爻，就像老虎一样。这也表明了：阴怎么样才能够应付外面的强阳？唯有顺着礼行动，危险就没有了。虎口如路口，顺着红灯绿灯小心前行，就没有危险。所以并不是说"履，不处也"，而是要人顺礼而处。

需，不进也。讼，不亲也。 万物屯生之后，要发蒙，然后人就有需求。需卦是讲饮食之道，是有所求、有欲望，并非"不进"。讼是争，争讼，说"不亲"，并不能充分说明这一卦的性质。因为求而不得，则争；争而不能解决，就要战争。一卦一卦，接得蛮好的。

大过，颠也。姤，遇也，柔遇刚也。 之前有小过卦，此处讲大过卦。这里把二十八与四十四卦，大过与姤放在一起讲，泽风大过，初爻和上爻两根都是阴爻，当中是四根强阳爻，大是指阳太过，所以阴柔不能负荷它。大过卦是代表一个国家处于危机的时候，栋梁歪的时候，我们该怎么样做到"国家兴亡，匹夫有责"，怎么样去拯救国家。故大过指向的是纠正，要纠正世局，把开始歪陷的栋梁扶正。

实际上《易经》中二十七颐卦、二十八大过卦，正好是两个卦象倒过来的。第二十七卦颐，是养。我更倾向把颐卦与大过卦按照顺序放在一起，但是《杂卦》作者把大过卦跟姤卦配合在一起。"姤，遇也"，姤是最下一根阴爻与五根阳爻的相遇关系。

朱熹评论说："至大过以下，卦不反对，颇以之错简"，所以，有可能大过卦实际上是跟颐卦配一对的，而现在颐跑去和五十三卦渐卦配对了。

渐，女归待男行也。颐，养正也。渐卦是风在山上，代表慢慢吹过，卦爻辞中用大雁飞，大雁从水边飞到岸上、飞到陆上、飞到山上、飞到天上代表"徐"，"徐"就是慢慢地发展。我认为"渐"乃徐，慢慢来，嫁娶关系的过程不要图快，要慢慢来。"颐，养正也"，颐养天年。

既济，定也。归妹，女之终也。未济，男之穷也。既济卦应该与未济卦配在一起，但这里又配了归妹，可能也是有错简的。《杂卦》从大过以下，一对一对的配对就产生问题了。朱熹发现了错误但又不敢说，可能因为这是圣人之言，也可能有其他原因，但这里显然留下了问题和疑问。

既济可以是"定"，但我认为既济的"济"是"成"，已经成就、成功了，是成就了某一件小事情。当然这不是永远的，只是暂时的，是某一件具体事情的"成"，故我说"既济，成也"。

"归妹，女之终也"，归妹卦是指嫁女儿，女之终究归宿。但归妹更重要的是在讲次序，嫁娶之礼一步一步的步骤。归妹是君主嫁女儿，但君主之女切不要因自己是公主而自视骄矜，要谦虚。但是谦卦已经讲"谦"，这个地方再用"谦"来讲的话就重复了，所以我讲"归妹，次序也"。这个"次序"包括了谦、尊重、礼节等，比如君主嫁女儿，也要照着对方家庭的伦理次序，媳妇不能只讲自己是公主，既然嫁给对方，变成别人的媳妇，媳妇就要尊敬公婆，这也是一个序。

未济卦在既济之后，不在既济之前，这一点很重要。在既济之后是无穷，所以我用一个"无"字代表未济，"无"是代表无穷、无止、无限。这个"无"字不能变成道家的"无"字，所以我还要加上一个"易"。《易经》讲"易"，整个归到"易"，是永远的变化，既济只是一个暂时的变化成了，但是定了以后还有变，还有无穷。"易"就是代表无穷之易，永远在变。我说："未济，易无穷也。"

夬，决也，刚决柔也。君子道长，小人道忧也。我用一个"断"字来定义第四十三卦夬。"刚决柔也"，这个地方恐怕也是错简了，"决"字变成孤零零的了。

"君子道长，小人道忧也"，这是《杂卦》最后加上去的话。夬卦若刚柔决掉了就分裂掉了，那就不是"君子道长，小人道消"，而是没有君子之道了。

道善人文经典文库
让你能知味的中华经典解读丛书

毓老师作品系列

毓老师说论语（修订版）　　　　　　　爱新觉罗·毓鋆讲述

毓老师说中庸　　　　　　　　　　　　爱新觉罗·毓鋆讲述

毓老师说庄子　　　　　　　　　　　　爱新觉罗·毓鋆讲述

毓老师说大学　　　　　　　　　　　　爱新觉罗·毓鋆讲述

毓老师说老子　　　　　　　　　　　　爱新觉罗·毓鋆讲述

毓老师说易经（全三卷）　　　　　　　爱新觉罗·毓鋆讲述

毓老师说（礼元录）　　　　　　　　　爱新觉罗·毓鋆讲述

毓老师说吴起太公兵法　　　　　　　　爱新觉罗·毓鋆讲述

毓老师说公羊　　　　　　　　　　　　爱新觉罗·毓鋆讲述

毓老师说春秋繁露（上下册）　　　　　爱新觉罗·毓鋆讲述

毓老师说管子　　　　　　　　　　　　爱新觉罗·毓鋆讲述

毓老师说孙子兵法（修订版）　　　　　爱新觉罗·毓鋆讲述

毓老师说易传（修订版）　　　　　　　爱新觉罗·毓鋆讲述

毓老师说人物志（修订版）　　　　　　爱新觉罗·毓鋆讲述

毓老师说孟子　　　　　　　　　　　　爱新觉罗·毓鋆讲述

毓老师说诗书礼　　　　　　　　　　　爱新觉罗·毓鋆讲述

刘君祖作品系列

易经与现代生活　　　　　　　　　　　刘君祖

易经说什么　　　　　　　　　　　　　刘君祖

易经密码全译全解（全9辑）　　　　　刘君祖

易断全书（上下）　　　　　　　　　　刘君祖

刘君祖经典讲堂（全十卷）　　　　　　刘君祖

人物志详解　　　　　　　　　　　　　刘君祖

春秋繁露详解	刘君祖
孙子兵法新解	刘君祖
鬼谷子新解	刘君祖

吴怡作品系列

中国哲学史话	张起钧	吴 怡
禅与老庄	吴 怡	
逍遥的庄子	吴 怡	
易经应该这样用	吴 怡	
易经新说——我在美国讲易经	吴 怡	
老子新说——我在美国讲老子	吴 怡	
庄子新说——我在美国讲庄子	吴 怡	
中国哲学关键词 50 讲（汉英对照）	吴 怡	
哲学与人生	吴 怡	
禅与人生	吴 怡	
整体生命心理学	吴 怡	
碧岩录详解	吴 怡	
系辞传详解	吴 怡	
坛经详解	吴 怡	
写给大家的中国哲学史	吴 怡	
周易本义全译全解	吴 怡	

高怀民作品系列

易经哲学精讲	高怀民
伟大的孕育：易经哲学精讲续篇	高怀民
智慧之巅：先秦哲学与希腊哲学	高怀民
易学史（三卷）	高怀民

辛意云作品系列

论语辛说	辛意云
老子辛说	辛意云
国学十六讲	辛意云
美学二十讲	辛意云

其他

易经与中医学	黄绍祖
论语故事	（日）下村湖人
汉字细说	林藜
新细说黄帝内经	徐芹庭
易经与管理	陈明德
周易话解	刘思白
汉字从头说起	吴宏一
道德经画说	张爽
史记的读法	阮芝生
论语新读法	崔正山
数位易经（上下）	陈文德
从心读资治通鉴	张元
公羊春秋的伦理思维与特质	林义正
《周易》《春秋》的诠释原理与应用	林义正
易经经传全义全解（上下册）	徐芹庭
周易程传全译全解	黄忠天
牟宗三演讲集（10册）	牟宗三
易经之钥	陈炳文
唐诗之巅	朱琦

人与经典文库（陆续出版）

左传（已出）	张高评	论语	林义正
史记（已出）	王令樾	墨子	辛意云
大学（已出）	爱新觉罗·毓鋆	近思录	高柏园
中庸（已出）	爱新觉罗·毓鋆	管子	王俊彦
老子（已出）	吴怡	传习录	杨祖汉
庄子（已出）	吴怡	尔雅	卢国屏
易经系辞传（已出）	吴怡	孟子	袁保新
韩非子（已出）	高柏园	荀子	周德良
说文解字（已出）	吴宏一	孝经	庄兵
诗经	王令樾	淮南子	陈德和
六祖坛经	吴怡	唐诗	吕正惠
碧岩录	吴怡	古文观止	王基伦

四库全书	陈仕华	说　苑	殷善培
颜氏家训	周彦文	闲情偶寄	黄培青
聊斋志异	黄丽卿	围炉夜话	霍晋明
汉　书	宋淑萍	元人散曲	林淑贞
红楼梦	叶思芬	戏曲故事	郑柏彦
鬼谷子	刘君祖	楚　辞	吴旻旻
孙子兵法	刘君祖	水浒传	林保淳
人物志	刘君祖	盐铁论	林聪舜
春秋繁露	刘君祖	抱朴子	郑志明
孔子家语	崔锁江	列　子	萧振邦
明儒学案	周志文	吕氏春秋	赵中伟
黄帝内经	林文钦	尚　书	蒋秋华
指月录	黄连忠	礼　记	林素玟
宋词三百首	侯雅文	了凡四训	李懿纯
西游记	李志宏	高僧传	李幸玲
世说新语	尤雅姿	山海经	鹿忆鹿
老残游记	李瑞腾	东坡志林	曹淑娟
文心雕龙	陈秀美	……	